Na pista da verdade

Thomas Bernhard

Na pista da verdade

Discursos, cartas, entrevistas e artigos

organização
Wolfram Bayer, Raimund Fellinger
e Martin Huber

tradução
Sergio Tellaroli

todavia

1. Jean-Arthur Rimbaud **9**
2. A obra de Josef Weinheber **20**
3. Dos sóis negros e do espírito alegre **23**
4. Salzburgo: Kokoschka e Manzù **26**
5. Salzburgo espera por uma peça de teatro **28**
6. Uma palavra aos jovens escritores **31**
7. Poetas falam sobre Georg Trakl **34**
8. Cabeças jovens **35**
9. O teatro no Tonhof **37**
10. "= POR QUE SÓ DOIS SAFANÕES?" **39**
11. Com a claridade, intensifica-se o frio **40**
12. Oração matutina devotada à política **43**
13. A imortalidade é impossível **49**
14. O passado permanece inexplorado **57**
15. "Meu próximo livro..." **71**
16. "Ilustre senhor ministro, ilustres presentes..." **72**
17. Na pista da verdade e da morte **74**
18. Nada mudou na Áustria **82**
19. Nunca, jamais dar conta de coisa nenhuma **84**
20. "Prezado, ilustre dr. Spiel..." **87**
21. Bernhard telegrafa a Kaut **89**
22. "Aqui de Lisboa..." **91**
23. Ontem em Augsburgo: Bernhard visita o *AZ* **92**
24. Thomas Bernhard: "Eu não preciso do Festival" **95**
25. "De creme de chantili não sai nada" **97**

26. Bernhard Minetti 110

27. Thomas Bernhard fala 112

28. O ofício do escritor hoje 115

29. "Um sujeito destrutivo e horroroso" 116

30. As experiências de Thomas Bernhard em Lisboa 119

31. Amanhã, Salzburgo 121

32. O teatro já não é o que foi? 133

33. Três perguntas aos ganhadores do prêmio literário de Bremen 138

34. "Ilustres presentes..." 140

35. "sobre *hexenjagd schwäbisch...*" 142

36. Por ocasião do feriado nacional austríaco, 1977 143

37. No fundo, é tudo uma piada 146

38. Eu preencho o vazio com frases 158

39. "Exma. sra. Annelore Lucan-Stood..." 161

40. A floresta é grande, a escuridão também 163

41. Thomas Bernhard: Carta ao *Die Zeit* 177

42. "Meu caro *Zeit*..." 179

43. "Ao presidente da Academia Alemã de Língua e Literatura" 181

44. "Caro Peymann..." 182

45. Sobre meu desligamento 184

46. Eu seria capaz de matar alguém no papel 187

47. "Exmo. sr. Ruiss..." 204

48. O socialista de salão aposentado 207

49. "Exmo. sr. Ruiss..." 212

50. Afetação **214**
51. "Membros do Partido Socialista Austríaco..." **215**
52. Mania de perseguição? **216**
53. "Eu e minha obra..." **219**
54. Todas as pessoas são monstros,
tão logo erguem a carapaça **220**
55. "Recém-chegado do exterior..." **227**
56. Na prática, estão todos contra mim **228**
57. Proibição **230**
58. A defesa de Bernhard **231**
59. Não sou um autor de escândalos **235**
60. Vranitzky. Uma réplica **238**
61. Resposta **241**
62. De túmulo em túmulo **243**
63. "Exmo. sr. dr. Temnitschka..." **245**
64. "Minha contribuição..." **246**
65. Pessoas que querem conversar me são suspeitas **247**
66. "Caro Claus Peymann..." **266**
67. De uma catástrofe a outra **267**
68. ... *ainda que apenas como primeiro baixo* **280**
69. Bernhard contra o Europalia **283**
70. "Exmo. senhor ministro..." **285**
71. *Minha Áustria feliz* **287**
72. O bonde é uma preciosidade **294**

Anexo e notas **297**
Sobre esta coletânea **339**

I.
Jean-Arthur Rimbaud
No centenário do seu nascimento

9 de novembro de 1954

Ilustre assembleia,

Dizem que só *homenageamos* os poetas depois de mortos, uma vez tendo a tampa da sepultura ou o amontoado de terra úmida selado a separação definitiva entre eles e nós, uma vez tendo o criador de poemas líricos sufocado na necessidade e na miséria, uma vez tendo ele, como é tão belo e penoso ler nos necrológios de espíritos menores, libertado *seu* espírito. Aí, então, sendo este o desejo de Deus, uma repartição pública começará a folhear seu caderno de endereços, e a obra da posteridade tomará seu curso. Haverá coroas de flores e "tertúlias", e um divertido negócio se estabelece entre a taberna e o ministério até que ou a pasta referente ao poeta torne a desaparecer ou decidam publicar sua obra. Há muita pompa e celebração, descobre-se a produção do falecido, conduzida em direção à luz, "promove-se" o poeta, e em geral apenas para espantar o próprio tédio, pelo qual, de resto, se é pago. E não acontece (entre nós!) de o homenageado não ser o poeta em si, e sim o cavalheiro do Ministério da Cultura que pronuncia a saudação, o senhor administrador de poemas, o ator, o recitador? E assim é que muitos Hölderlins ou muitos Georgs Trakls se revirariam na cova diante de tanta cultura fabricada e enxertada, tanto falatório sobre o mercado da arte do qual nada se extrai além de pouca-vergonha!

Mas trata-se aqui de lembrar Jean-Arthur Rimbaud. Graças a Deus que ele era francês! Acreditemos, pois, no poder e na glória da palavra poética, acreditemos no prosseguimento da vida do espírito, na indestrutibilidade das imagens (das imagens dos mortos e das visões) nascidas dos elementos e presentes nas páginas de dois ou três grandes homens, cada século capaz de produzi-las apenas uma ou duas vezes. Não nos enganemos: o portentoso, o excitante, o perturbador e o tranquilizador, ou seja, o que permanece, nada disso cresce como a azedinha nos prados do verão! Versos tão significativos, aos quais o ser humano deve a visão das profundezas, esses não surgem todo dia, todo ano. É preciso sempre imprimir milhares e milhares de livros para que a máquina, então, de um solavanco elementar, produza e nos ofereça uma obra significativa da literatura universal, ainda que apenas uma. Os que vivem sendo incensados até pelos bêbados nas cervejarias, os poetas das revistas semanais e os produtores de artigos literários para exportação que, vez por outra, ganham um Nobel nos dão, em sua maioria, nada mais que baboseiras retocadas e produtos da moda. Na literatura, o que conta é apenas e tão somente o primordial, o elementar, gente como, precisamente, Jean-Arthur Rimbaud.

O poeta da França foi de fato uma força elementar, seus versos eram de carne e osso. Cem anos não são nada para esse mestre da palavra, o intraduzível Rimbaud. Nada convencional, ele tomou a vida para si, apanhou-a pela raiz a um só tempo cheio de reverência e de uma ânsia de morte. Sua literatura está concluída, aos 23 anos finalizou seu livro, seu *O barco bêbado*, suas *Iluminações*, sua *Temporada no inferno*. Nunca mais apanhou a pena para escrever um único poema, o nojo da literatura tomara conta dele. Mas tinha terminado, escrevera o bastante. "*Absurde! Ridicule! Dégoûtant!*", defendia-se quando lhe falavam com admiração de seus versos, tentando ganhá-lo de volta para a literatura francesa.

Rimbaud nasceu em 20 de outubro de 1854 em Charleville. Seu pai era um oficial, a mãe, uma mulher como as outras, preocupada com o bem-estar do filho, mas, naquele momento, desconfiada e retraída em razão do que começa a fermentar no menino quando ele, aos nove anos de idade, leva da escola para casa seus primeiros versos, seus primeiros "ensaios", suas visões, os primeiros poemas, entre os melhores de toda a França. Em julho de 1870, Rimbaud ganha o primeiro prêmio pelos versos magistrais com que elabora em latim o *Allocution de Sancho Pança à son âne mort* [Discurso de Sancho Pança a seu asno morto]. Ainda durante os estudos, escreve um texto para um jornal das Ardenas atacando com a mesma veemência tanto Napoleão quanto Bismarck. Para ver *e* sofrer a pobreza das pessoas, vai a pé a Paris, mergulha no deserto e no medo humanos e, entre os bulevares, lança-se nos braços dos atormentados e despossuídos. Por essa época, na qual dizem que seus cabelos estavam tão compridos quanto a crina de um cavalo, um passante oferece-lhe um trocado para o barbeiro, que ele, "o poeta de Charleville", investe em tabaco. Depois, testemunha a revolução na caserna de Babylone, em meio à densa mistura de raças e classes, e, ardoroso, exclama: "Trabalhador é o que eu quero ser! Quero lutar!". Passados oito dias de luta, as tropas governamentais tomam de assalto a capital, os revolucionários presos — seus amigos e camaradas — esvaem-se em sangue. Ele próprio, que acaba de viver o primeiro grande abalo de sua vida, escapa como se por um milagre. Em Charleville, porém, já não se sentia em casa.

Rimbaud foi mártir, possuía "consciência social", mas nunca foi político. Não tinha nada a ver e nada em comum com a política, com a alienação da arte. Não era senão um ser humano e, como tal, a violação do espírito o revoltava. Em Charleville, sentou-se e escreveu os ardorosos poemas *O barco bêbado* — embora ainda não conhecesse o mar — e "Paris se repovoa" ["A orgia parisiense ou Paris se repovoa"], a orgia, a acusação ao tumor do ódio, o poema dos vícios humanos parisienses, tudo nele era revolta; caminhando à beira do rio, "precisava de horas para reencontrar a calma interior". Tinha dezessete anos ao escrever os versos maravilhosos de "Os pobres na igreja", com o "coração palpitante, bem junto das crianças imundas sempre a olhar para os anjos esculpidos na madeira e supondo, atrás deles, a presença de Deus...". Rimbaud era comunista, sim, mas não do tipo que queria incendiar os palácios na Champs-Élysées, e sim um comunista do espírito, um comunista de sua lírica e de sua prosa rica em imagens.

Ao enviar seus versos para Verlaine, o único poeta francês vivo a quem reverenciava, recebe deste a resposta tornada clássica: "*Venez, chère grande âme!*". E qual não foi o espanto do "poeta de Paris", que entrava e saía como um deus dos salões enfumaçados, ao, em vez de um homem "digno", deparar diante da porta de casa com um maltrapilho de dezessete anos. Jean tinha acabado de escrever o grande e ardente "Sensação". Sim, bons tempos aqueles!

Com Verlaine, iniciou-se uma nova época para Rimbaud, uma época de amizade profunda, uma época profundamente humana; viajaram juntos para a Inglaterra a fim de conhecer Londres, o ar fétido do maior porto do mundo, o centro do país e suas fábricas negras, e foram para Bruxelas para ali — provisoriamente! — separar-se. Verlaine precisava voltar para "casa", para sua família, que ele "sem consideração", como se diz, um belo dia abandonara. Como eram diferentes aqueles dois vagabundos que podiam atravessar a Europa sem um passaporte, sem nada — o fugidio Rimbaud, sempre de partida e levado adiante pela nova realidade monumental "a digerir na prosa", e o tenro Verlaine, completamente encantado com ele, aspirando ao catolicismo e à salvação, devedor de Rimbaud em sua poesia mais profunda, as canções sagradas do homem tranquilo que o homem acabado escreve na prisão, depois de, numa briga, ter atirado no jovem irmão de Charleville, ferindo-o gravemente. Para Rimbaud, Verlaine era o grande poeta, mas tenro e dependente do vício, ao passo que, para Verlaine, Rimbaud, pelo contrário, se transformara "na única riqueza da vida além de Jesus Cristo". Não o entendamos de forma equivocada: Verlaine amava a força poética de seu "irmão" e o rosto maravilhosamente claro de Arthur, nada mais.

Não cabe arrastar pelas ruas a vida dos poetas, mas a de Rimbaud é tão portentosa, tão grandiosa, tão insondável e, no entanto, tão religiosa quanto a de um santo. Ela se ergue diante de nós como sua literatura: repugnante, verdadeira, bela e divina!

Em Stuttgart, na Alemanha, trabalhou como preceptor em casa de um certo dr. Wagner, vagou pela Bélgica e, depois, rumou para a Holanda. Alistou-se nas tropas coloniais e, após uma travessia de sete semanas, chegou a Java. Mas levava o serviço militar tão a sério quanto, antes, a ideia de "tornar-se missionário para ver o mundo". Ao desembarcar nas Índias Holandesas, parecia-lhe ter atingido seu objetivo: fazer-se inalcançável à civilização repulsiva! Dali, partiu rumo à Batávia, vivendo do pequeno soldo recebido, enfrentando a nova paisagem, convivendo com animais e semi-idiotas até, em 1876, embarcar de volta para casa num navio inglês. Por algum tempo, sentiu-se cansado. Mas, quando o navio passava pela ilha de Santa Helena, exigiu que fizessem uma parada. Como seu desejo não fosse atendido, ele simplesmente pulou no mar, pretendendo nadar até lá. Somente a muito custo lograram trazê-lo de volta a bordo, porque ele queria ver os aposentos de Napoleão. Exatamente em 31 de dezembro, Rimbaud estava de volta a Charleville.

A vida toda foi um aventureiro, passou metade de sua existência viajando. Tinha se afastado da literatura fazia muito tempo, não escrevia mais:

Oito dias de estrada, as botas esfoladas
De tanto caminhar. Em Charleroi, desvio:
— Entro no Cabaré Verde: peço torradas
Na manteiga e presunto; que não seja frio.

Despreocupado estiro as pernas sob a mesa
Verde e me esqueço a olhar os temas primitivos
Sobre a tapeçaria. — Adorável surpresa,
A garota de enormes tetas, olhos vivos,

— Essa, não há de ser um beijo que a afugente! —
Rindo, vem me trazer o meu pedido numa
Bandeja multicor: pão com presunto quente,

Presunto rosa e branco aromado de um dente
De alho, e o chope bem gelado, boa espuma,
*Que uma réstia de sol doura tardiamente.**

O que fazia agora era apenas desfrutar. Está de novo em Marselha, vende chaveiros, viaja para o Egito, retorna à França e, por fim, embarca para a Arábia como comprador de café e perfumes. Em novembro, deixa a Arábia e consegue chegar a Zeilá. Na primeira metade de dezembro, depois de uma cavalgada de vinte dias pelo deserto somali, alcança Harar, uma colônia inglesa. Ali, torna-se representante geral de uma firma inglesa com "salário de 330 francos, alimentação, auxílio para viagens e comissão de 2%". Antes, porém, de deixar Áden, escrevera à mãe solicitando livros científicos. Descartara a arte e aspirava agora a outros âmbitos intelectuais, qualquer que

---

* *Rimbaud livre.* Trad., introd. e sel. de Augusto de Campos. São Paulo: Perspectiva, 2002. [Esta e as demais notas de rodapé são do tradutor.]

fosse sua importância, tendo se dedicado, pois, à metalurgia, à navegação, à hidráulica, à mineralogia, ao trabalho com alvenaria, à carpintaria, às máquinas agrícolas, às serrarias, à mineração, à vidraçaria, à olaria, à fundição, aos poços artesianos — quer apropriar-se de tudo, jamais sentiu tanta fome, e isso, mesmo na condição de representante geral! Sob a direção do poeta Rimbaud, a filial da empresa em Harar experimenta grande florescimento. Para ele próprio, porém, os negócios sempre vão muito mal. Em suas cartas, fala de dinheiro e ouro, que seria preciso buscar. De novo, impacienta-se e quer ir para Tonquim, para a Índia e para o canal do Panamá. Não faz mais nada além de negócios, talvez, apenas para se anestesiar, negocia café e armas, que envia ao mar Vermelho, juntamente com algodão e frutas — a França, tinha presenteado com os mais belos poemas da juventude. E repleto de infelicidade, escreve: "Eu me entedio muito, nunca conheci ninguém que se entedie tanto quanto eu".

Em 1890, desejoso de se casar, sente de súbito uma espécie de gota, a dor física que, criatura fustigada por tempestades, ele não conhecia até aquele momento. Longe da França, no meio de escravos e negros, em pleno deserto fedorento. O fim se aproximava a passos gigantescos. Ele próprio escreveu sobre sua doença:

> O clima de Harar é frio de novembro a março. Por hábito, não me vestia quase nunca: uma simples calça de fazenda e uma camisa de algodão. Além disso, caminhadas a pé de quinze a quarenta quilômetros por dia, cavalgadas alucinantes pelas montanhas abruptas da região. Creio que deve ter se desenvolvido no joelho uma dor artrítica causada pelo cansaço, pelos calores e pelos frios. Na verdade, tudo começou com uma martelada (por assim dizer) na rótula, um leve golpe que me atingia a cada minuto [...].

Continuei sempre a andar e caminhar muito, mais que nunca, achando que tinha sido um simples golpe de ar.*

O exame do médico inglês no hospital de Áden revelou uma artrite perigosa e bastante avançada. Rimbaud resolveu determinar que o embarcassem num vapor que partia em direção ao Mediterrâneo.

Em Marselha, sua perna é amputada. A velha madame Rimbaud está com ele. "Não passo de um troço imóvel", ele escreve em desespero, "depois de tudo o que acabo de sofrer... Seria preferível a morte!"** Isso é o que ele escreve depois de meses de tormentos que o lançam numa cama. Está com câncer. Em 23 de julho, como conta sua irmã, faz-se transferir para Roche, onde a família se estabelecera. Lá, espera encontrar por fim tranquilidade e repouso. Corria o ano de 1891. O trigo já havia congelado quando ele chega em casa e, à visão do quarto preparado para ele, exclama: "Mas isto é Versalhes!". Seguem-se os meses mais terríveis de sua vida. Em outubro, os primeiros sinais da morte se fazem notar. Mais uma vez, quer partir, com uma perna só, para a Índia ou ao menos para junto dos negros, em Harar. Chegam a levá-lo para a estação, embarcam-no num trem, mas ele é obrigado a desembarcar já na estação seguinte. Sente o mais profundo desespero de um ser humano. No Hôpital de la Conception, interna-se sob o nome Jean Rimbaud. Daí em diante, tem-se apenas a luta entre a vida que ele *queria* e a morte. Tem visões maravilhosas, suas *iluminations* retornam. Na agonia, o poeta está de volta, de repente vê-se outra vez no ponto em que havia parado quando, ao partir, aos 23 anos, de todas as partes lhe cuspiam, "o barbarismo da

---

* Arthur Rimbaud, *Correspondência*. Trad., notas e comentários de Ivo Barroso. Rio de Janeiro: Topbooks, 2008.   ** Ibid.

literatura", o "aviltamento do intelecto". É, de novo, poeta, ainda que não escreva mais nada. Está de volta — nunca *se ausentara* afinal, só estivera em Harar, no Egito, na Inglaterra, em Java. Tudo havia sido apenas um desvio, agora tinha claro diante dos olhos a literatura de Charleville, tinha consciência dela: estava *criada*! Ela o recobria como um consolo maravilhoso. "Às duas horas da tarde de 10 de novembro, estava morto", anotou sua irmã Isabelle. O padre, comovido com tamanho temor a Deus, deu-lhe a bênção. "Nunca vi fé tão forte", disse. Graças à ajuda de Isabelle, Rimbaud é conduzido a Charleville e enterrado com grande pompa no cemitério local. Ali, jaz até hoje ao lado da irmã Vitalie, sob um monumento simples de mármore.

A obra de Rimbaud sempre foi contestada por aqueles que não honram a verdade e, no entanto, ela começa com a feliz e revolucionária composição escolar, absolutamente poética, de um menino de nove anos, "O sol ainda estava quente...", que seu professor e amigo Izambard preservou. Está entre as mais portentosas e é a mais primordial jamais escrita em língua francesa, incluindo-se aí a de todos os grandes, de Racine, Verlaine, Valéry, Gide e, mais recentemente, de Claudel. A poesia de Rimbaud não é apenas francesa, ela é europeia, é poesia universal, composta de máximas e profecias, sentimentos e delírios de gigantesca magia.

Não cabe falar de Rimbaud, é preciso lê-lo, deixar que surta seu efeito como um todo, como um sonho da Terra, é preciso adentrar seu mundo como *ele* o fez, com os sapatos sujos e a barriga esfomeada, no caminho para Mézières ou, depois, em Paris, sem nenhuma perspectiva. É preciso olhar para dentro de *suas igrejas* como o próprio Rimbaud, não se limitar a *contemplar* sua obra, e sim vivê-la, sofrê-la com ele, olhá-la simplesmente como uma menina que olha uma coisa qualquer que, esvoaçando, atravessa-lhe o caminho.

"No verão às quatro da manhã/ O sono do amor ainda dura./ Sob o arvoredo se evapora/ O odor da noite de festa."* Algo assim raras vezes é dito, e jamais em versos. É Rimbaud inteiro, comovente, solitário, universal. Ou "Ofélia", os dois poemas que encerram em si o mundo todo e, com ele, Deus. Neles se acha tudo aquilo que falta aos poemas de hoje: beleza e veneração, no verdadeiro sentido da palavra, assim como a desolação e, nesta, o eterno e único Deus, o grande Pai, ainda que queiram expulsá-lo dos versos de Rimbaud. Para ser um crente, não é necessário engolir hóstias nem se confessar duas vezes por ano. Basta que o ser humano olhe para o semblante do mundo, que o olhe bem e profundamente — como Rimbaud. Não se deve jamais zombar da Igreja, mas é lícito caracterizar os maus padres como maus, e as freiras abjetas como abjetas. É preciso, porém, louvar também o esplendor e a bondade de Deus, como Rimbaud o fez do começo ao fim, e com força elementar. Porque o que torna tão grande sua obra é sua informidade cerrada. Rimbaud foi simplesmente o primeiro que escreveu como Rimbaud. Nem ele nem ninguém sabia então que "*isso* não é nada, mas Ele é e sempre será".

Rimbaud é o "Shakespeare menino", e não apenas porque assim disse Victor Hugo. Imorredouro é seu *O barco bêbado*, o sonho fantástico. Aonde lançara a estética? Na grande lixeira da literatura, nesse monte de lixo que se autodevora e a todo momento exala seu terrível fedor: a irrealidade, o caráter vítreo de um Rilke tardio era-lhe estranho. Rimbaud era a um só tempo pudico e animalesco, e dele provêm as mais belas e sensíveis reflexões. Não escrevia em papel feito à mão, e sim em papel fedido de embrulhar queijo — mas *precisamente* isso era poesia pura. *Uma temporada no inferno* foi a única obra que ele

---

* *Rimbaud: Uma temporada no inferno.* Trad. de Paulo Hecker Filho. Porto Alegre: L&PM, 2016.

próprio publicou em vida. Depois da morte de Rimbaud, Verlaine providenciou uma edição completa de sua obra.

A literatura não lhe era senão uma "tentativa de libertação", uma "válvula de escape para o premente excesso de vitalidade", diria dele mais tarde Stefan Zweig. Mas em jorros assim não se logra descarregar *mera* vitalidade, não no caso de Rimbaud, para quem a literatura não constituía refúgio, e sim pátria primordial. "A religião *jamais* o pôs de joelhos", escreveu o mesmo Stefan Zweig (que venerava profundamente Rimbaud!). E, no entanto, *sua* literatura não era senão uma religião, decerto universal, historicamente livre, não atrelada, não refinada, mas triunfante em meio à sujeira e calçando sapatos rasgados. E foi essa sua religião que o derrubou, que o fez ajoelhar-se! A sua "temporada no inferno" atrelou-se sua vida toda; a suas "iluminações", a batida de seu coração. A riqueza em Harar não serviu para nada, aquele dinheiro todo de nada adiantou, tudo, absolutamente tudo, de nada serviu, ele afunda, aparentemente faz-se enfim pequeno e *ajoelha-se* em delírios, suplicando pela derradeira iluminação, pelo Pai eterno!

Só quem suplica ao Pai eterno tem chance de permanecer, pode dizer, como o disse Rimbaud: sempre serei!

2.
A obra de Josef Weinheber*

16 de fevereiro de 1955

Josef Nadler e Hedwig Weinheber, a viúva do autor, reuniram a obra do poeta Josef Weinheber. Serão cinco volumes, dos quais quatro já foram publicados, contendo os primeiros versos, os poemas, os romances e a prosa curta. O primeiro volume abriga a produção nascida entre 1913 e 1931, incluindo-se aí as coletâneas *Ich und Du* [Eu e tu], *Der dunkle Weg* [O caminho escuro], *Einer, der mittrank* [Um que bebia comigo], *Amores, Der einsame Mensch* [O homem solitário], *Anna Fröhlich, Von beiden Ufern* [De ambas as margens] e *Boot in der Bucht* [Barco na baía]. Revela-se aí toda uma plenitude de temas e paixões.

O segundo volume congrega a obra principal do poeta, os conhecidos livros de poesia *Adel und Untergang* [Nobreza e declínio], *O Mensch, gib acht* [Ó homem, presta atenção], *Zwischen Göttern und Dämonen* [Entre deuses e demônios], *Kammermusik* [Música de câmara], *Wien wörtlich* [Viena, literalmente] e *Hier ist das Wort* [Aqui está a palavra]. Neles, Weinheber atinge o ápice da palavra. Muitos louvam este último, *Hier ist das Wort*, como o mais puro. Nas palavras, sim, mas a poesia inspira mais intensamente sobretudo *Göttern und Dämonen*. Neste estão presentes a vida e a morte do autor. Nenhum outro traz a um só tempo tanta alma, é tão austríaco e tão alemão. A linguagem não é cultivada, mas recebe tratamento esplendoroso.

---

* Josef Weinheber, *Sämtliche Werke* [Obras completas], v. 1, 2, 3, 4. Org. de Josef Nadler e Hedwig Weinheber. Salzburgo: Otto Müller Verlag, 1954.

Tem-se aí a essência de "uma vida infame, profunda, que enfim se exaure". Fica perfeitamente claro nesse terceiro livro de poemas que Weinheber obteve sucesso em sua empreitada. E, por isso, que o perdão se espraie sobre o homem, sobre o fervor ardente que busca ajuda, porque todos necessitamos de um esquecimento ao menos parcial.

O terceiro volume traz os três romances de Weinheber: *Das Waisenhaus* [O orfanato], *Gold außer Kurs* [Ouro sem valor] e *Nachwuchs* [Descendência]. O poeta jamais se revelou capaz de escrever uma prosa robusta. Os romances estão impregnados de um grande amor pela pobreza que há séculos vive sua infeliz existência, imperceptível e mortal, entre Ottakring e Heiligenstadt. Autobiografia e saudade é o que apresentam, "romances" belos para o vienense que neles se sente em casa, mas decerto estranhos para quem não conhece a cidade. Já em St. Pölten ninguém os entenderia. Acrescente-se a isso que, do ponto de vista da língua, eles não se sustentam, e falta-lhes sobretudo o necessário senso de composição.

O quarto volume reúne a prosa curta, os discursos, ensaios, escritos críticos e certo número de poemas que, ao longo da vida do autor, não encontraram acolhida em sua obra publicada. Weinheber sempre teve muito a dizer sobre a língua. Volta e meia abriam-se novas fontes para ele, novas "paisagens da legítima palavra alemã". Nos esboços e descrições de sua terra natal, um bem-aventurado sopro austríaco se faz sentir, como em "Wien, das Herz" [Viena, o coração], um de seus textos mais belos e inspirados. Evocam-se aí amorosamente, no verdadeiro sentido da palavra, a cidade, seus arrabaldes e os vinhedos da Baixa Áustria. Nos poemas desconhecidos, coletados de toda parte, o arco das canções populares e das simples histórias cantadas distende-se até os hinos e as odes. Neles, a visão propiciada da oficina do mestre da língua é uma experiência a um só tempo profundamente comovedora e feliz.

Ao lado de versos de ocasião, figuram os testemunhos de uma poesia pura, desprovida de toda e qualquer escória. Nos escritos críticos, encontra-se a passagem que, referindo-se a Hans Leifhelm, o genuíno talento morto precocemente, afirma: "Aí está a grande arte. Pois é somente lá, onde o ser humano se faz visível — justamente o ser isolado, posto a dura prova, que dá voz a todos —, é somente lá, pois, que, pela graça do espírito, se dá o encantamento".

Ao que parece, a edição completa estará publicada em sua totalidade na primavera próxima. O papel-bíblia agrada, ainda que fosse desejável que os organizadores não se tivessem valido de meticulosidade demasiada. As muitas observações, a lápis ou a tinta, escritas de manhã ou à tarde, são descabidas. Ainda assim, o todo revela trabalho íntegro. Bem-sucedida é a ousadia gigantesca de publicar agora, nove anos após sua morte, a obra completa de Weinheber, o que merece total reconhecimento. É com especial ansiedade e com alegria evidente e serena que aguardamos a publicação do último volume (cartas).

3.
Dos sóis negros e do espírito alegre
Um passeio pelas exposições de Salzburgo

23 de julho de 1955

O desenho é mais intenso onde ele, num impulso, sai diretamente do acontecimento, do dia que se vai, da rua, do mercado de peixes, da paisagem, do mundo que beira o maravilhoso e que é o mundo do artista. Assim é com Anton *Steinhart*, que todo ano parte de Salzburgo em direção às laranjas e palmeiras, viajando pelo amarelo das faixas costeiras ao longo do mar, sempre perto do sol, que em parte alguma nasce das margens tão vermelho e pleno de significado como entre Murano e Ischia. Seus desenhos a bico de pena não constituem narrativas; eles são como os poemas de Rimbaud, ardentes e misteriosos, por vezes terríveis em sua beleza, implacáveis na força dos rostos desterrados no tempo. A vida é pecaminosa, a arte é pecado. A dureza extática do traço nos retratos a nanquim não diminui nas paisagens. Mais de cem desenhos da Sardenha espalhados pela Galeria Welz, ordenados ao acaso mas organizadamente, respiram o frescor do momento. Uma Cagliari feita de escuridão e de um calor abafado, o mar, o jardim de Alghero, os sóis negros das manhãs desenrolando-se, os trabalhadores no princípio e no fim do mundo, os dorsos das colinas e as encostas de carste, tudo isso compõe um livro de viagem, um diário intenso e maduro inundado pelo constante sol italiano, que jamais envelhece. Depois dos desenhos de Ponza do ano passado, uma obra nova, ainda mais madura — um pedaço de sabedoria.

Na mesma galeria da rua Siegmund Haffner, Alfred *Wickenburg* e Wilhelm Thöny, fundadores da Secessão de Graz.

Mais de cinquenta obras dão testemunho do longo período criativo de Wickenburg, um compositor de cores fortes com acentuado traço construtivista. A ordenação dada aos quadros nos permite atravessar quatro décadas de sua pintura, quatro regiões estanques de sua arte. A transformação completa-se com clareza na forma. Ao que parece, quatro são os quadros em torno dos quais a exposição se agrupa: *Porträt einer Tänzerin* [Retrato de uma dançarina], *Die überraschte Schläferin* [A surpresa da adormecida] (com as cores magnéticas de Chagall), *Artisten* [Artistas] e *Märchen* [Conto de fadas]. São os sustentáculos de uma arte que é própria de Wickenburg e que hoje encimaria soberana uma arte austríaca (ao lado de Boeckl, Thöny e Kolig), tivesse ela reconhecido e acolhido a abstração, a "espiritualização", como sua única salvaguarda.

Na Künstlerhaus, à beira do Salzach, uma terceira exposição acaba de fechar as portas. Ali, Rudolf *Hradil*, jovem e muito viajado, exibiu pinturas e desenhos. Caracteriza-o algo que se tornou muito raro: personalidade! Arte não é formação. Hradil, que estudou com Fernand Léger, é um exemplo de sucesso. O que se vê dele hoje tem caráter. Suas pinturas valem porque documentam seu tempo. E não apenas o momento. Visões sombrias, cantos austeros de um crente, uma filosofia das cores. Também ele recebe um impulso vindo do sul, "Veneza" e "Roma" são seus temas, usinas de energia e os recantos dos bêbados. Seus desenhos são "resultados" não menos expressivos. Por fim, um artista que, depois dos cinco primeiros quadros, não se revela "asséptico" e envelhecido.

No final de nosso passeio, resta apenas uma visitinha à Residenz, onde a Kunstverein expõe os apliques de Veronika *Malata*. É realmente muito agradável caminhar entre os quadros e pedaços de tecido, tule e seda, veludo e linho grosso. Já nossas bisavós os utilizavam para confeccionar suas mortalhas. Mas como é, muitas vezes, novo e refrescante o velho! Fora a fantasia que dá origem a composições tão belas e modernas quanto a de *Jonas* e sua história. O encanto que Veronika Malata expõe nas paredes da galeria não é grande arte. Ela passou quinze anos costurando e bordando, e hoje nem sequer sabe que o resultado disso é bem-aventurança. Uma bem-aventurança feita de tecidos coloridos e de um espírito alegre.

4.
Salzburgo: Kokoschka e Manzù

30 de julho de 1955

Salzburgo, julho

Oskar *Kokoschka* expõe no salão branco da Residenz suas obras mais recentes. Não há entre elas nenhuma nova descoberta. No centro está o retrato de Pablo Casals, o grande artista dos Pireneus. Nele, a cor se transformou em filosofia, e a filosofia numa grande questão humana. Casals é um combatente desta nossa Terra, sua arma é o violoncelo, seu poder, a música. Nela, não há retorno, apenas existência. Casals significa permanecer imperturbável e imutável. Ou seja: amar a criação na amargura. É o que nos diz essa imagem portentosa. A seu lado, *Termópilas*, o tríptico monumental pintado para a Universidade de Hamburgo e representando a luta dos gregos contra os persas no desfiladeiro das Termópilas. Kokoschka é menos um mestre das grandes superfícies do que seu conterrâneo Boeckl. Daí o ciclo parecer incompleto. Cores selvagens do caos humano: a aniquilação fictícia de toda cultura. Ainda que represente sua visão de mundo, Kokoschka não alcança nessa representação a sabedoria dos últimos desenhos de Picasso, por exemplo. Tentou transpô-la do papel para a tela. São os horrores do inferno moderno que flamejam nessas três pinturas gigantescas: verde, vermelho e amarelo. A mais impressionante é a do meio, contendo o adivinho Megístias, que previu a ruína dos gregos. O tríptico consiste em três grandes tentativas. Será que terminá-las ainda consta do programa do grande artista?

Essa é a primeira impressão — que leva em conta também as "vistas" completas de Londres e Linz — de uma exposição sem dúvida altamente interessante, mas que teria podido prescindir inteira e voluntariamente dos esboços mais ou menos insignificantes para o cenário da atual *A flauta mágica*, em cartaz na Felsenreitschule.

No Bastionsgarten encontram-se as esculturas de Giacomo *Manzù*: *Kardinal* [Cardeal], muito celebrada e conhecida do ano passado, e *Tänzerin* [Bailarina]. No pavilhão, esculturas novas. Todas dotadas de dignidade. A austeridade gótica as alça para fora da "realidade". A mais madura: o relevo em bronze da crucificação e do sepultamento de Cristo. Tudo inteiramente desprovido de páthos, simples e grande. Na tristeza do abandono reside a beleza de *Frauenbüste* [Busto feminino]. Certo é que o filho de sapateiro de Bérgamo é, ao lado de Marino Marini e Giacometti, o maior escultor vivo da Itália.

5.
Salzburgo espera por uma peça de teatro

3 de dezembro de 1955

Estamos à espera. Seguimos sempre à espera de que o Landestheater de Salzburgo por fim apresente uma peça de teatro que se possa discutir nas páginas de cultura. Há dois anos esperamos por uma tal peça e por sua encenação, e o mal-estar aumenta com a programação teatral de cada semestre. Logo o último resquício de esperança desaparecerá, e o palco à direita do Salzach, o palco desse singular teatro de câmara austríaco, terá se transformado apenas num arraial do diletantismo.

Uma opereta sucede a outra, o mau gosto se supera continuamente. Sim, porque, com todo o respeito, o que é o teatro afinal? Apenas divertimento barato, desgastado? Se sim, então melhor fechá-lo amanhã mesmo! E, contudo, nos perguntamos com todas as letras se uma cidade como Salzburgo, que todo verão se torna um centro musical e teatral europeu de primeira linha, pode se dar ao luxo de possuir um teatro subvencionado pelo Estado que, nos dez meses restantes do ano, se reduz ao nível de um teatro camponês. Consideram talvez os habitantes desta cidade — que, se não são simpáticos à cultura, por certo tampouco lhe são hostis — de fato tão estúpidos que não ousam senão apresentar-lhes continuamente contos de fadas de chantili azedo? Pelo visto, na Schwarzstrasse não se tem clareza sobretudo de que *hoje ainda existe* teatro vivo, de que desde Hebbel e Ludwig Thoma toda uma quantidade de peças notáveis têm sido escritas para o palco, inclusive para *esse* palco e até mesmo por dramaturgos austríacos! Nós reconhecemos as dificuldades dos autores, compreendemos a consideração por cada assinante; o que não logramos entender é por que, desde a grandiosa *Diálogos das carmelitas* de Bernanos (há três anos) e das malogradas, mas ainda assim corajosas, tentativas com Felix Braun e Georg Rendl, nenhuma outra peça tenha podido ser ali levada ao palco que fosse satisfatória, se não de todo, ao menos em certa medida. Isso para nem falar nos clássicos, que, por três xelins, efetivamente embrulham a valer o estômago dos estudantes locais. O Landestheater padece de uma falta crônica de fantasia e de um azedume inimitável. A questão aqui é saber se em decorrência de medo ou de comodismo! (Basta comparar seu programa com os de outras capitais estaduais.) É como se, de cima a baixo, faltasse toda e qualquer "consciência", para nem falar em entusiasmo. O teatro, ainda que provincianizado — e o dizemos de boa--fé, e não de má-fé —, não é uma companhia de seguros. Todos sabem por aqui: os bons atores, de que há alguns, vão-se embora, ao passo que os ruins — para lá da ruindade — cantam em operetas, e a sala muitas noites fica vazia. Não tenho nada contra operetas, mas coisas como as que agora se passam nas infindáveis apresentações de *Die lockere Odette* [A leviana Odette] (uma porcaria do pior tipo) não deveriam acontecer. Como último remédio, cabe recomendar uma enciclopédia da literatura teatral com nomes como Williams, Faulkner, Eliot, Miller, Andres e todos os autores austríacos cujas obras se fizeram essenciais além-fronteiras. Que se busque o debate! Não é verdade que Salzburgo se alimenta apenas de cervejarias!

Por razões incompreensíveis, arruinou-se aqui há anos a ópera, que desperta grande interesse; e foi o que fizeram agora com o teatro. Há dois anos, anunciou-se uma peça interessante, oriunda da literatura mais recente. Seguimos esperando por ela...

Independentemente disso, o curso de teatro da Academia Mozarteum, sob a direção muito ágil e responsável de Rudolf

E. *Leisner*, encena há anos os vanguardistas mais interessantes. Ludibriados, os salzburguenses acorrem ao Studio Sankt Peter. Lembremo-nos da primorosa encenação de *Der letzte Raum* [The Living Room], de Graham Greene, de *Ein Phönix zuviel* [A Phoenix Too Frequent], de Christopher Fry, e da bem-sucedida montagem de *Gericht bei Nacht* [Tribunal noturno], de [Ladislas] Fodor, no ano passado. O Studio inaugura sua atual temporada com *Die kleine Stadt* [Our Town], de Thornton Wilder.

6.
Uma palavra aos jovens escritores

18 de janeiro de 1957

O que vocês, jovens escritores, precisam é tão somente da própria vida, de nada mais que a beleza e a ruína da Terra; trata-se da lavoura de meu pai e da perseverança inaudita de minha mãe, da batalha da alma para a qual fome e ruína hão de compeli-los, da sede de glória que torturou um Verlaine e um Baudelaire nos "Campos Elísios". O que é preciso que vocês tenham não são seguros-saúde, bolsas, prêmios e incentivos para iniciantes; precisam, sim, do desterro de suas almas e do desterro da própria carne, do desconsolo cotidiano, do abandono cotidiano, do frio cotidiano, da reviravolta cotidiana, *do pão apenas cotidiano* que, no passado, produziu criaturas tão magníficas e miseráveis como Wolfe, Dylan Thomas e Whitman, cidades, paisagens, conquistas arrancadas ao pó, portanto, a mensagem de uma existência atormentada e incorrigível que se retalha de hora em hora para criar novos e portentosos poemas. Aquilo de que precisam está por toda parte em que alguém se levanta e perece, em que a chuva lava a pedra e em que o sol se torna um tormento.

Mas onde estão vocês, que de bom grado se deixam afagar como os poetas de nosso povo, que caminham como futuros autores de obras completas pelo asfalto que se rompe? Onde estão vocês? O que fazem com o tempo de que só dispõem uma única vez, de que só dispomos uma única vez, e que se desfaz na língua antes que possam saboreá-lo?

Não os vejo onde acontece a vida feroz e conflituosa, e sim como guardas asseados dos fichários de funcionários públicos amargurados, como ajudantes de bem remunerados conselheiros das autoridades responsáveis pela proteção ambiental ou de algum conselho estadual ou municipal de cultura. Ficam sentados em cafés, sem lágrimas e sem humor, odiando a si próprios e ao mundo ao redor, bem distantes da vida, das florestas, das montanhas, da vizinhança, bem longe de toda poesia... Venderam seu caráter e sentem um medo desenfreado da miséria, dos próprios pensamentos, de sua própria maldade, medo da lavoura e da eira, da picareta e da pá, medo da verdade, da própria inferioridade e da própria grandeza. Capitulam ante a pequenez, ante o título de doutor e o partido, hoje diante da autoridade municipal, amanhã da editoria de cultura de seu jornal estadual; fazem mesuras indescritíveis, diante de cada patife "influente" um rapapé. E, assim, conseguiram criar a grande era dos conglomerados de poesia e dos trustes de prosa, que é também a era dos seguros e dos funcionários vitalícios. Mas o que esperar de poetas vitalícios? De vocês, poetas funcionários, que se juntaram para formar uma sociedade anônima e embolsaram um acordo com a indústria que lhes garante todos os prêmios das academias?

Os livros que vocês escrevem são aborrecidos, são de papel, sua língua é falsa (vocês já não são capazes de falar de acordo com sua origem), insulta a de Hölderlin, Whitman e Brecht; seus livros são do papel de que são feitas as guirlandas de flores do Dia de Todos os Santos, seus versos têm o sabor da madeira da escrivaninha. É como se não tivessem vivido coisa alguma, como se vivessem exclusivamente dos livros de primos mais velhos e entupissem o estômago no café da manhã, no almoço e no jantar de tísicos Rilkes e de seus pálidos assemelhados, como se os avós de vocês não tivessem sido cervejeiros, defumadores de carne, comerciantes de grãos, guerreiros, feirantes, ciganos — e poetas de verdade.

Sua prosa não tem primavera nem verão, não tem outono nem inverno, não é preta nem vermelha; ela escorre para o estômago feito mingau de aveia sem sal. Mas, como vocês não vivem mais como cervejeiros, defumadores, feirantes e ciganos, como têm medo do cajado do tempo e de seu próprio desespero, não têm mais o que dizer.

A época em que louvavam a própria fome, em que os jovens escritores se insurgiam contra presidentes, aquela em que vocês faziam a revolução, essa época passou! Foi-se o tempo em que Hamsun vadiava por Nova York, em que Sillanpää não pôde ir buscar seu prêmio Nobel, porque ele, que vivia de fato, tinha sete filhos e nem sequer um único tostão no bolso do casaco para a viagem. E foi-se o tempo em que vocês cantavam seus versos ao som do alaúde. De um povo de poetas e pensadores fez-se um povo de segurados, de funcionários públicos e de membros do partido, uma paisagem de fracos, de homens sem nenhuma paixão carregando pastinhas. De um povo de entusiastas fez-se um povo de representantes comerciais!

Por certo, ninguém mais perece nos recantos da Terra! Ninguém mais se arruína pela glória da poesia. Mas, em compensação, ninguém mais conhece as pradarias e os rios! E se continuarem pagando serenamente seu seguro até os sessenta anos de idade e fazendo seu rapapé diante dos palhaços dos jornais para donas de casa e das folhas para poetas e filósofos, jamais sairá de suas fileiras um Lorca, um Gottfried Benn, um Charles Péguy, nunca, jamais, um Whitman. Os xelins da subvenção que aguardam vão aniquilar vocês.

7.
Poetas falam sobre Georg Trakl

Fevereiro de 1957

O poeta austríaco Georg Trakl faria setenta anos este mês. O *Akademiker* fez a uma série de jovens poetas austríacos a seguinte pergunta: o que Georg Trakl significa para você? Aqui estão as respostas:

Para a literatura universal, Trakl jamais terá o significado de Baudelaire, Rimbaud e Mallarmé; tampouco se pode situá-lo ao lado de um homem como Lorca (1898-1936); na Áustria, porém, ele foi até hoje o único poeta de peso a dar alguma contribuição à poesia moderna, provavelmente porque, como poucos, era capaz de desprezar e foi desprezado — mais incisivamente pelos cidadãos e condutores de mulas de sua cidade natal, Salzburgo, que até hoje não mudaram em nada.

A influência de Trakl sobre meu próprio trabalho foi aniquiladora. Se nunca tivesse conhecido Trakl, estaria hoje bem adiante do que estou.

8.
Cabeças jovens
Thomas Bernhard

Novembro de 1959

Thomas *Bernhard* nasceu em 10 de fevereiro de 1931 em Heerlen, na Holanda. É cidadão salzburguense. Volta e meia, visita a paisagem de seus ancestrais, Flachgau. O tempo que passou em Viena, ele o considera perdido, na medida em que, em meio à arquitetura digna de admiração, foi obrigado a conviver com os habitantes da cidade. Não vê os vienenses como pessoas amáveis, mas antes inebriadas por sua incapacidade de se autocriticar. Essa observação vale também para os literatos jovens da cidade e para os que ali envelhecem tenazmente, os quais, epígonos por natureza, vão apodrecendo vivos nos cafés. Incapazes de compor um hino, desprovidos de intelecto, incensam-se uns aos outros às mesas sobressalentes e nas colunas dos jornais mais imundos, menos espirituosos e mais desimportantes do mundo. A única poeta importante de língua alemã que Bernhard conhece é Christine Lavant. Um poeta alemão vivo pertencente à literatura universal, não encontrou até hoje. Enfurece-o também a ausência de um único crítico relevante na Áustria. Acha Doderer aborrecido, e todos os demais, presunçosos e, além disso, de pouco valor. Resignou-se a viver num país que é o mais belo que conhece e entre artistas e escritores que estão de sessenta a cem anos atrasados. Escreve para não morrer de tédio e do mau humor. Lê sempre os mesmos autores — Péguy, Hamsun, Wolfe, Dostoiévski e Saint-John Perse —, com os quais aprendeu muito, assim como com Góngora e Yeats.

Seu trabalho, no entanto, ele o faz com energia, tenacidade e indiferente a seus inimigos. Até o momento, publicou quatro livros, que lhe parecem um bom ponto de partida para seus planos. Na primavera de 1960, publica *Notizen I* pela S. Fischer, ao qual pensa dar continuidade sob a forma de cadernos. *Das Mysterium der Karwoche* [O mistério da Semana Santa], um poema, será publicado ao mesmo tempo na editora Otto Müller. No outono de 1960, sai *Achtundzwanzig Gedichte* [28 poemas].

9.
O teatro no Tonhof

30 de agosto de 1960

Acerca de seu curioso relato, tenho a dizer que, em primeiro lugar, nunca escrevi "poemas tachistas" (o que é isso?) nem os publiquei numa tal editora Frick (que não conheço). Meus livros, eu os "editei" pela S. Fischer, de Frankfurt am Main, pela Kiepenheuer & Witsch, de Colônia, e pela editora Otto Müller, de Salzburgo.* Há anos, estou vinculado por contrato à editora S. Fischer, que os senhores haverão de conhecer, e, consequentemente, impossibilitado de publicar por outra casa editorial. Em segundo lugar, jamais afirmei que "aquilo que fazem" (em referência clara a mim e ao compositor Lampersberg) "não é apenas moderno, e sim arte contemporânea por excelência"; pelo contrário, abstive-me com sábia cautela de me manifestar sobre a "representação" no Tonhof, que dirá então de uma afirmação adolescente como a que seu crítico "põe em minha boca". A uma solicitação expressa do promotor do espetáculo, de comum acordo com a editora e ignorante dos detalhes, ofereci inteiramente de graça, sem cobrar nenhum honorário, as três peças curtas encenadas para um evento interno, assim supus, no Tonhof; que a representação no "palco" pouco tenha tido a ver com o texto não é culpa do autor, que assistiu perplexo à estreia. Em terceiro e último

---

* No original alemão, Bernhard põe o verbo *verlegen* entre aspas. Ao mesmo tempo que "publicar, editar", o verbo designa o ato de "guardar um objeto e não o encontrar mais". Essa mesma ambiguidade retorna mais adiante, no texto nº 65, p. 247.

lugar, chamou-me a atenção que, na terceira linha da "continuação" do relato, se use apenas meu prenome, "Thomas", o que introduz um tom inteiramente novo nas gazetas austríacas. Mui amavelmente,

St. Veit im Pongau
Thomas Bernhard

10.

30 de novembro de 1960, 17h

= POR QUE SÓ DOIS SAFANÕES? MEUS PARABÉNS OBRIGADO
THOMAS BERNHARD +

II.
Com a claridade, intensifica-se o frio*

26 de janeiro de 1965

Ilustres presentes,

Não posso me apoiar na lenda dos senhores sobre os músicos de Bremen; não quero contar história nenhuma; não quero cantar; não quero fazer nenhuma pregação; uma coisa, porém, é verdade: as lendas pertencem ao passado, as lendas acerca das cidades, dos Estados e todas as lendas científicas, inclusive as filosóficas; o mundo dos *espíritos* já não existe, e o próprio universo não é mais uma lenda; Europa, a mais bela de todas, está morta; essa é a verdade e a realidade. Assim como a verdade, a realidade não é uma lenda, e a verdade nunca foi lenda nenhuma.

Há apenas cinquenta anos, a Europa ainda era uma só lenda, o mundo todo era um mundo lendário. Hoje, são muitos os que vivem nesse mundo lendário, mas o mundo em que vivem está morto, e mortos estão eles também. Quem não está morto vive, e *não nas lendas: quem vive não é uma lenda.*

Eu próprio também não sou lenda nenhuma, não venho de um mundo lendário; precisei viver uma longa guerra, vi centenas de milhares morrerem e outros seguirem adiante, por cima dos mortos; na realidade, tudo seguiu adiante; na verdade, tudo se modificou; ao longo de cinco décadas, nas quais tudo foi revolta, tudo mudou, e nas quais, de uma lenda milenar,

---

* Este texto foi publicado na coletânea *Meus prêmios* (Trad. Sergio Tellaroli. São Paulo: Companhia das Letras, 2011), p. 89.

fizeram-se *a* realidade e *a* verdade, tenho sentido um frio cada vez maior, enquanto um mundo novo surgiu do velho, uma natureza nova surgiu da antiga.

Viver sem lendas é mais difícil, e é por isso que é tão difícil viver no século XX; seguimos *existindo* apenas; não vivemos, ninguém mais vive; mas é bom *existir* no século XX; seguir adiante; *para onde?* Sei que não saí de nenhuma lenda e que não vou entrar em lenda nenhuma, o que já é um progresso, uma diferença entre antes e hoje.

Nós nos encontramos agora num território que é o mais terrível de toda a história. Estamos assustados e, aliás, *assustados enquanto material monstruoso dos novos seres humanos* — e do novo conhecimento da natureza, e da *renovação* da natureza; no último meio século, temos sido, todos nós, juntos, nada mais que uma única dor; é essa dor que somos *nós* hoje; essa dor é agora nosso estado de espírito.

Temos sistemas inteiramente novos, temos uma visão do mundo inteiramente nova, uma visão inteiramente nova e, de fato, extraordinária do mundo em torno do mundo, assim como temos uma moral inteiramente nova, e ciências e artes inteiramente novas também. Sentimos tontura e muito frio. Acreditávamos que, por sermos afinal humanos, perderíamos o equilíbrio, mas não perdemos o equilíbrio; e fizemos de tudo para não congelar.

Tudo mudou porque *nós* mudamos tudo, a geografia exterior modificou-se tanto quanto a interior.

Agora, exigimos muito, não nos cansamos de exigir cada vez mais; nenhuma outra época foi tão exigente quanto a nossa; existimos megalomaniacamente; mas, como sabemos que não *podemos* cair nem congelar, ousamos fazer o que fazemos.

A vida tornou-se ciência apenas, ciência das ciências. Agora, de repente, fomos absorvidos pela natureza. Tornamo-nos íntimos dos elementos. *Nós* pusemos à prova a realidade.

A realidade *nos* pôs à prova. Agora conhecemos as leis da natureza, as infinitas Leis Supremas da Natureza, e podemos, na realidade e na verdade, estudá-las. Já não dependemos de suposições. Quando contemplamos a natureza, não mais vemos fantasmas. Escrevemos o capítulo mais ousado no livro da história mundial; cada um de nós o escreveu *para si*, apavorado, com medo da morte, não em consonância com sua própria vontade ou com seu próprio gosto, mas segundo a lei da natureza, e escrevemos esse capítulo por trás de nossos pais cegos e de nossos estúpidos professores, por trás de nós mesmos; depois de tantos capítulos infindáveis e insossos, o capítulo mais breve e mais importante.

Apavora-nos a claridade *da qual subitamente o mundo se reveste para nós*, nosso mundo científico; congelamos nessa claridade; mas quisemos tê-la, fomos nós que a evocamos e, portanto, não nos é lícito reclamar do frio que agora impera. Com a claridade, intensifica-se o frio. Essa claridade e esse frio é que vão imperar de agora em diante. A ciência da natureza vai nos proporcionar uma claridade maior e um frio bem mais terrível do que somos capazes de imaginar.

Tudo se tornará claro, de uma claridade cada vez maior e mais profunda, e tudo se tornará gélido, de uma frieza cada vez mais pavorosa. No futuro, teremos a impressão de um dia sempre claro e sempre frio.

Agradeço aos senhores pela atenção. E agradeço também pela honra que hoje me concederam.

12.
Oração matutina devotada à política

Janeiro de 1966

Devoção: o direcionamento dos
pensamentos a um objeto...

Meyers Konversationslexikon

Se, pela corda fina em que me escolei, eu agora descer do pensamento que *estou* pensando para a arena do cotidiano, a fim de expressar minha opinião sobre uma das várias visões nacionais existentes da pátria austríaca (*minha* pátria é a história universal); se, mergulhando das alturas desumanas das ideias especulativas e das especulações com ideias, eu me *aprofundar* na cartografia de meus compatriotas e em sua inabilidade física e intelectual (para dizer a verdade e somente a verdade); se de repente, de uma altura que, deixemos claro, eles execram, eu me atirar para ser devorado, como se de súbito houvesse perdido minha capacidade de resistência — se, portanto, eu assim proceder, é provável que, no tocante ao que se segue com toda a brevidade e determinação (o que também é um ato pessoal de autocontrole!), eu venha a ser acusado de prepotência criminosa, de traição à pátria e à nação, bem como de cegueira e de comportamento ridículo; ao ler o que vem a seguir, alguns terão a sensação de que sou um criminoso e de que meu lugar é numa prisão (qual?), outros de que sou louco e de que meu lugar é num manicômio (qual?). Essas perspectivas, no entanto, não me incomodam. Pelo contrário, dão prova de que estou honrando ao máximo a honestidade, ou seja, minha própria autoconsciência.

Perguntaram-me o que penso da cultura (austríaca), convidaram-me indiretamente a me manifestar sobre seu nível neste momento e, fundamentalmente, me abordaram para que eu explicasse (da minha cabeça!) que influência a política (austríaca) exerce sobre a cultura (da Áustria). Levando-se em conta e pressupondo-se que a cultura é desde sempre o espelho da política, e a política o espelho da cultura, dos fenômenos interiores e exteriores à cabeça dos indivíduos isolados, de grupos de povos, de meio mundo e de mundos inteiros, o fato, pois, de política ser cultura, e cultura, política, me autoriza a, para o propósito a que serve esta explicação, valer-me menos da palavra "cultura" e mais da palavra "política". Sim, porque a história de nossa política austríaca, como bem sei, está mais presente nos austríacos do que a história da cultura austríaca — à diferença do que acontecia com os austríacos do passado, os da monarquia, do Império —, e a palavra "política", ao contrário da palavra "cultura", tornou-se menos estranha ao austríaco de hoje; mas, mesmo para o austríaco de hoje, a palavra "política" (e a própria política em si, e em particular a política austríaca) não está tão presente da única maneira suportável e responsável, isto é, aquela que permitiria a cada um de nós saber (e quão desejável e necessário isso seria a todo momento) de que alturas — esplendorosas, iluminando e aquecendo todo o globo terrestre — ela se precipitou no nada definitivo no curso de apenas meio século, vítima lamentável, em seu voo poético pelas alturas, de um desenvolvimento humano devastador e aniquilador: a revolução proletária mundial. Hoje, meio século após a desintegração do Império, a herança se consumiu, os próprios herdeiros estão falidos. (Algo que se aplica também a todos os países e povos alcançados — e ainda a alcançar — pela revolução proletária mundial.) No deserto da República revezam-se, sob estados de espírito os mais pavorosos e pérfidos, a vilania e a estupidez. Para nós, a revolução semeada brotou como nossa própria ruína, entraremos (ladrões de cadáveres) para a história como a geração desprovida de gênio. Uma simetria fantasmagórica da inferioridade e da falta de saída ante essa inferioridade nos constitui. A nosso povo faltam visão, inspiração e caráter. Inteligência e fantasia lhe são estranhas. A todo momento, reproduz-se em sua exclusiva imbecilidade alpina um povo de contrabandistas e diletantes. Ele se exalta na miniatura de território que lhe resta (uma mescla de manicômio e museu a céu aberto para vagamundos ordinários) no mais terrível espasmo imitativo que se tornou para ele um fim em si mesmo. O nível geral jamais se eleva, e os políticos (é dos *políticos* que se trata aqui) e artistas (é dos *artistas* que se trata aqui) — a ciência é um êxodo só! — são, como posso observar diariamente com meus olhos cheios de horror, os inventores-funcionários de um mundo a se afundar cada vez mais na fatalidade e no ridículo. Enquanto o progresso, precipitando-se no nada absoluto e intelectual (e portanto artístico), e portanto fundamental (ou seja, político-estatal), transforma-se na mais horrenda das visões para o cativo do amor por seu país de origem, a escala da hipófise sentimental perversa do povo e de sua sociedade prolonga-se rumo ao grotesco infinito. Para onde quer que se olhe, vê-se uma composição integral de montanhas e torrentes de contemplações teatrais superficiais em agonia. Uma harmonia de dimensões rompidas, em coma.

Nessas horas, nas ruas da capital, que crê precisar demonstrar ao mundo uma comovente autodegradação desprovida de um sentido claro e reconhecível, ouve-se muito falar em pátria e governo, em democracia, em comunismo e em socialismo... Mas os democratas não sabem, ou não querem saber, o que é democracia, os comunistas, o que é comunismo, os socialistas, o que é socialismo etc. É parte desse quadro também que, se há cem anos era trancafiado e decapitado quem dizia que a monarquia era nada, hoje é trancafiado (ou "decapitado") quem diz que o comunismo é nada, que o socialismo é nada etc. É sempre a mesma coisa, mas prefiro a *mesma coisa com cultura* (porque *desta, exclusivamente*, extraio benefícios para a vida inteira) à *mesma coisa sem cultura* etc. etc. Se não acresço aí nenhuma justificativa, inteiramente supérflua, àquele que sabe pensar e, portanto, olhar e, portanto, observar (detesto todos os partidos etc.!), é porque não tenho tempo nem vontade para tanto... E que os proletários não têm cultura (assim há de ser!), que o proletariado não tem cultura, que proletários e proletariado nem sequer querem cultura, porque a cultura não é em absoluto conciliável com o conceito de proletariado etc., isso é um fato incontestável. Igualmente incontestável é o fato de que minha existência, por mais digna de repúdio que ela possa ser, não vale a pena sem o conceito de cultura e de que eu, quando emprego o termo "cultura", tenho em mente o padrão mais elevado, o mais elevado dos padrões, isso sempre fiz e sempre farei, até o fim da minha vida... "O monarca mau e o pobre proletário" sempre foram um conto de fadas (mesmo nas piores épocas), e "o pobre proletário" (os proletários hoje se envergonham de serem proletários) é uma mentira completa... Sem reprimir minha ironia diabólica, posso caracterizar como nada mais que um fio de esperança propagandístico o fato de que, por exemplo, "metade do governo foi para a oposição" — reflita-se bem sobre essa afirmação! —, um fio de esperança que mantém o horror vigente, porque toda e qualquer mudança é já impossível. A partir de uma catástrofe política mundial, de um grandioso embaraço político mundial tanto para os indivíduos quanto para a massa, estabeleceu-se na Áustria, insistindo nos direitos mais absurdos, uma sociedade de idiotas reluzentes e multicoloridos que, protegida por milhares das assim chamadas blasfêmias democráticas, decide sobre o direito e a lei, expande-se cada vez mais e, ao fim e ao cabo, aniquilará completamente tudo quanto poderia reivindicar para si uma ideia clara e decisiva de glória. A verdade é uma operação dolorosa que, sob certas circunstâncias, sacrifica a totalidade do corpo do paciente. A Áustria, com a ideia que fazemos dela, precisa ser sacrificada em benefício da verdade. A aniquilação da monarquia, há meio século, e a de Hitler, há vinte anos, nós não as aproveitamos! A verdade é que, com uma precisão que haveria ainda agora de nos arrepiar (se nos rendêssemos ao menos por um momento à verdade, como única atitude consequente possível), os republicanos transformaram a Áustria em piada ante o mundo todo, destruíram-na, e que, nas últimas duas décadas, por exemplo, fomos conduzidos para um abismo ainda mais profundo por uma *ditadura* bipartidária perversa, impotente e nazista que, no Parlamento, na chamada *Câmara Alta* da República, lava sua montanha de roupa suja. A isso se junta o fato de que a ideia republicana em si (se não ignoramos as pernas fracas sobre as quais ela se ergue), e em particular o comunismo e o socialismo, todos esses são conceitos desde sempre vagos e inteiramente irrealizáveis, sonhos poéticos de alguns incompreendidos isolados que nada compreenderam, esquizofrênicos dotados de cérebros de alta tensão que, no século XIX, apaixonaram-se pelo mundo e por sua estrutura altamente sofisticada, não foram correspondidos e que, mediante curtos-circuitos nacionais e catastróficos, intentaram eletrizar o mundo todo e, por fim, o eletrizaram e incendiaram... e assim por diante.

Eu abomino encompridar o que deve ser breve, mas não posso deixar de assegurar que nós, na Áustria, nada mais temos a esperar do "conceito Áustria". Vamos nos dissolver numa Europa que talvez só venha a nascer em outro século e seremos *nada*. Não vamos nos transformar em nada da noite para o dia, mas um dia seremos nada. Absolutamente nada. E nada já é quase o que somos. Um nada cartográfico, um nada político. Um nada em matéria de cultura e arte. Abra os olhos e você verá que a escuridão completa é só uma questão de um milionésimo de segundo no conjunto da história. No momento em que contemplo todo o desespero sem dúvida reinante no povo em meio a labirintos lacrados para sempre, o que pensar da *lógica das tradições*, do conhecimento assustador de toda a matéria? A Áustria no palco do mundo — e sua própria tragédia (no sentido shakespeariano) —, que, ao abrir-se a cortina, perdeu o juízo e a própria consciência! Nossa existência haveria de ser tão somente *puro* pavor, mas ela é apenas deplorável.

13.
A imortalidade é impossível

Fevereiro de 1967

Um traço que une minha grande família, uma família cujos vestígios se deixam seguir sem esforço até a escuridão da história — essa genética dotada de todas as possibilidades humanas e que, na verdade (*nomen est omen*), se projeta ininterruptamente de todas as direções para um descampado de cerca de cem quilômetros quadrados ao sul do Wallersee, genética da qual me sinto o rebento escritor —, é o desprezo. Os que possuem terras desprezam os que não precisam de terra nenhuma, os sedentários desprezam os que não têm sossego, os ricos, aos pobres, e os pobres, aos ricos, os religiosos desprezam os ateus, os que vivem no campo desprezam os da cidade, e os da cidade, aos do campo, e assim por diante. Como uma especialidade de caráter, porém, até os que vivem no campo desprezam os demais que também vivem ali, assim como os que moram na cidade desprezam os outros que também vivem na cidade; os camponeses desprezam os açougueiros e os açougueiros, aos camponeses, os cervejeiros desprezam os curtidores, assim como os curtidores, aos cervejeiros, os taberneiros desprezam os caminhoneiros, bem como os caminhoneiros, aos taberneiros, os criadores de porcos desprezam os criadores de porcos, os padres, aos padres, os professores desprezam os filósofos e os filósofos, aos professores, assim como os professores desprezam os professores e os filósofos, aos demais filósofos... Todos desprezam todos. No desprezo (e sobretudo no desprezo por si mesmos), todos eles encontraram seu estilo inconfundível, desenvolveram suas regras inconfundíveis. Seu intelecto hoje (tamanha é sua esperteza!) só é temido por eles próprios. O que lhes falta é a burrice, que torna a vida suportável. Somando-se tudo, levam, cada um por si, uma vida mais ou menos admirável, mas insuportável, até que eles próprios (como fazem em metade dos casos) a jogam fora, exterminam ou, mediante sua capacidade de extrair prazer da existência miserável, aceleram com apaixonada inteligência o caminho rumo a uma morte natural. Seguem o princípio:

A morte torna tudo insuportável,
ela é a única coisa que ser humano algum pode refutar; aniquilaram-se e seguem se aniquilando.

Minha família sempre me pareceu uma despensa infinita, cheia de todas as vigorosas possibilidades de desenvolvimento possíveis e imagináveis, cada uma delas, à sua maneira, tão absurda quanto se pode conceber em relação às demais. Seu caráter inesgotável, conduzindo a todas as direções da inutilidade humana, desde cedo se transformou para mim numa consciência a alçar-me bem acima e além da estupidez coletiva, rumo à liberdade total. Sempre tive a escolha de fazer de mim o que fosse, tornando-me por fim aquilo que sou no momento. A reflexão sobre a surpresa com o fato de eu possuir tantos caracteres quantos é possível conceber, os quais me cabe controlar com as qualidades cada vez mais refinadas da disciplina (e da indisciplina), segue sendo para mim, ainda hoje, fonte segura de fascinação, em primeiro lugar em relação a minha estirpe, em segundo, no tocante ao sistema da natureza. Eu teria podido seguir a carreira de açougueiro, ou de serrador, ou o sacerdócio, ou trilhado o caminho do criminoso comum, teria podido, no melhor momento (ou no último possível), escapar da indecisão, da brenha da infância e da juventude e me encaminhar para uma profissão normal ou para um desvio profissional marcante e compreensível a todos (especular com terrenos, por exemplo), mas não foi assim, infelizmente; sou tudo isso junto; sou mais ou menos teoricamente a própria especulação de *ser* tudo e todos. Assim, passo meu tempo sendo tudo e todos e emprego meu pensamento cada vez mais complexo, porque lhe cabe acima de tudo ordenar tudo em mim, na experiência de ser também eu miserável. De tempos em tempos, aqueles que me geraram se reconhecem, na verdade sem *se* horrorizarem interior e mortalmente com isso (o que comprova sua tenacidade), como um elenco pré-alpino tornado rotineiro e indiferente ao longo dos séculos, figurantes dotados de uma capacidade física ou mental mais ou menos sã ou enferma postados, heroicos e infames, num palco central que nem sequer existe mais. Mas justamente esse *centro não mais existente* da capacidade de resistência, da astúcia, da brutalidade e da poesia da posse e do desperdício (num palco que é o mesmo e, no entanto, é outro, muito diferente) é a causa de sua enfermidade que não sossega, na qual se revezam desavergonhadas e sem fim (tanto em mim como nos outros) a perfídia vigilante e a fria melancolia.

Vez por outra — nos últimos tempos apenas em pensamentos, e não na realidade —, numa mescla intelectual de ingênuo desespero e curiosidade calculista, que foi de onde saí há 35 anos, mergulho na paisagem de minha estirpe (e de suas estirpes), na estirpe de minha paisagem, e convenço a mim mesmo de que o tempo todo que passo ali — onde há de estar o centro de meu abalo, onde procuro o que não acho nem posso achar (o "nunca mais" do ridículo torna-se desvario!) —, eu o faço incógnito, transfigurado na juventude perdida, na infância perdida, tendo por único propósito estudar — *e me descubro*. Fica claro para mim que sou vítima de todos aqueles objetos que ali reconheço como inatos em mim, disso não resta dúvida. "Você é a causa, pedaço de terra, base perversa da existência!", exclamo, e fico de pronto sozinho com meu eco. A natureza é séria *e* mortal. A partir da mistificação dos anos posteriores, dos posteriores estados na velhice, que são estados doentios, e passando pelo engodo da culpa pessoal, mediante o qual sempre se alcança um grau de destruição que há de evocar antes nossa repugnância que nossa compaixão, a catástrofe pessoal de cada um se deixa reconstruir facilmente até a paisagem da infância como uma catástrofe facultativa, em última instância só espetacular em nós mesmos, e isso sem um conhecimento especialmente aprofundado da matéria que, nesse meio-tempo, se degradou. Pesquiso, portanto, a etiologia relativa a minha pessoa (nos riachos, rios, colinas e vales) quando toco a fatalidade, isto é, as conjecturas sobre o sentido e o propósito perdidos, mas em especial as iluminações momentâneas a partir das quais compreendo tudo que sou (e, no entanto, não sou), quando, pois, *com precisão*, transformo em certeza igualmente momentânea minha terra natal, a terra de meu pai e de minha mãe: adentro casas e cômodos, restaurantes e abatedouros, ponho-me a encafifar em chiqueiros e sacristias. Procuro a origem de minha derrocada. Investigo, intervenho. Mas, como é natural, a terra natal se mostra uma arrogância, uma ignorância enojante àquele que pretende condená-la. Irritado por uma substância que não compreendo, permuto as estações do ano, as pessoas e os métodos das pessoas, dotado que sou de destreza espantosa em cenografia teatral. Embriago-me com o trabalho manual e com as ideias dele decorrentes (do trabalho manual), bem como com a tradição e a consciência. Medito com a tradição. Circundo, multiplico e divido. Extraio das suas as minhas conclusões, calculo a partir das suas minha potência, impotência, inimputabilidade. Ocupam-me as noites dormidas na inocência da infância ou aquelas da perfídia precoce, repletas de crueldade e megalomania?

Cativam-me os momentos naturais ou sobrenaturais de emoção? Não é a comoção com *essa* infância que me alça agora a uma altura emocional que, na verdade, já me parecia perdida (inadmissível)? Quem *foi* minha mãe? Quem *foi* meu pai? Pergunto porque não sei nada disso. Quantas vezes já não perguntei! Amar, amei apenas meus avós, os pais de minha mãe. Com eles completou-se a minha infância. Rumo ao improvável, com certeza! Ali, naquele lugar (debaixo *daquela* árvore) e naquele momento, descobri há mais de 25 anos que pensar é *a* grande tolice. Sempre amei essa paisagem de colinas atrás da qual *ainda se veem* as altas montanhas. Resta quase tudo a investigar. Por exemplo: um lago no qual se pode mergulhar e se afogar, um riacho no qual se pode mergulhar e se afogar, um ser humano que *poderia* nos matar, uma floresta na qual podemos nos perder *inexoravelmente*, e assim por diante. Provavelmente ainda nem sabia falar quando descobri um filósofo que me descobriu e me esclareceu: meu avô. Jogamos um jogo que durou doze anos, até sua morte, e no qual eu (porque eu era o neto) nunca perdi. Sou apresentado às ciências naturais, às ciências humanas. Conheço pessoas. De repente, tenho um programa: quero viver várias vidas ao mesmo tempo. Da noite para o dia, o mundo compõe-se tão somente de elementos filosóficos. Há leis. Leis da natureza. E, de súbito, há *a* ilusão, conceitos, nada mais que conceitos. A palavra "tragédia" torna-se um dia tão oca que, de repente, aos seis anos, só posso rir dela. "Dói, *não* dói" — nesse jogo de bancarrota aprendo a me equilibrar na corda bamba no plano dos seres humanos. Tenho professores que se agarram à estupidez. "Quem *é* o professor?", pergunto incisivo. Meu professor não é um Montaigne, um Pascal, um Schopenhauer, nomes que ouço com frequência. Desenho (fielmente) um candeeiro e sou publicamente premiado (na escola primária). Vejo: a desconfiança é legítima. Mas minha inteligência me atrapalha o caminho, como hoje sei. Sou bom em geografia, em história e amo matemática, o que explica minha predileção pela música. Onde quero ser instruído, porém, "o sinfônico" é execrado. Tenho um amigo na maior propriedade rural que já vi e decido crescer nessa propriedade (Hipping), porque não é a minha.

Os avós (mãe e pai, não conheço) me dão aulas, o avô das matérias filosóficas, a avó, das demais, quando não estou na propriedade. Cresço na companhia de cavalos, vacas, porcos e de uma filosofia fantasmagórica. De noite, tenho *tudo* à minha disposição. Firmei um pacto de amizade com os trabalhadores (peões e empregadas); agora, minha relação com os astros, com os "erros universais" (segundo meu avô), com os espíritos e os espíritos superiores está *completa*. Não leio, mas ouço *como é*. A receptividade, como a desconfiança, é um instrumental mediante o qual a riqueza do "patrimônio natural pessoal" se deixa ampliar da forma mais proveitosa. Nós, meu avô — o filósofo — e eu, estamos na floresta, estamos aqui e ali, vencemos as maiores distâncias no tempo mais curto, somos mestres da distância e da ausência de distância, estamos juntos quando ele não está trabalhando e eu não estou na propriedade. Frequento a escola do silêncio. A escola da ironia. A escola da independência. Sou interrogado e interrogo. Nossa convivência é um ininterrupto tribunal de instrução. Minha infância, assim como a idade dele, é capaz de grandes esforços. Mas, dizemos a nós mesmos, nada há a lamentar. A morte *torna tudo possível*. Vivemos na inquietude. No mundo das dúvidas. Apreciamos desprezar tanto quanto apreciamos amar. Observamos o mundo como se ele não existisse a não ser por nosso intermédio. Temos duas vidas, dois mundos *reais* a explorar, vivemos duas instâncias executivas, *provavelmente*: triste palavra! Vivemos juntos, lado a lado, duas décadas inteiramente diversas, inteiramente idênticas, duas guerras, eu vivo a minha, meu avô, a dele, a mesma guerra. A caminho da escola, ouço de repente a vizinha vulgar: "Ainda vou mandar seu avô para Dachau!". O que é Dachau? Pergunto e não entendo a informação. O que é a "pátria"? Bombas caem sobre a cidade em que frequento a escola secundária. O que ela representa para mim? O que é, senão um martírio? Alterno as idas do inferno do internato para o inferno da cidade com as idas do inferno da cidade para o inferno do internato. Estou só comigo mesmo e assim permaneço. Toda noite, me afogava no dormitório como se numa torrente humana turva, fétida e podre. Salzburgo: essa estupidez é criminosa! Os filósofos de meu avô, que se tornaram os meus, não se manifestam mais. A cidade se transforma para mim numa psicose de angústia. Torna-se cada vez mais feia, enquanto, a contragosto, aprendo e esqueço o inglês e o francês. Obrigam-me a tocar violino. De súbito, um esquadrão de bombardeiros americanos aniquila todos os pré-requisitos para meus estudos e para minha permanência na cidade odiada. Queima meus cabelos, destrói o estojo do meu violino. Estou perturbado, mas vivo. Em casa, trabalho nos estábulos e nos campos. A guerra transforma-se num barulho cada vez mais alto e inescrupuloso. Mas estou sob a guarda de Montaigne, Pascal, Goethe. Enquanto o mundo sangra, meu avô me ensina a compreender os atos, a compreender em meio aos atos. Reina uma escuridão que não vejo. Tormento político, o que é isso? Tenha medo! Aquilo que você não experimenta dormindo é dor. Não julgue! Mas contrair a epilepsia da ausência de juízo é o que há de mais repugnante. A infância encapsulada no maior dilema político da história. Tudo que você ouve, vê, respira, é mortal. Agora, vê muitas pessoas, antes queridas, mortas. Ouve falar dos alvejados, os vê, e vê os que atiram. O avô tenta distrair você do morticínio reinante por meio da leitura em voz alta de Cervantes — não, não dos irmãos Grimm! Ouve dizer que um tiro matou seu pai. Mas você nunca o viu, afinal. No fim, a guerra acabou, você tem catorze anos, conhece sua mãe, uma mulher bonita, o que você só vê agora. Hoje, todos os que eu citei estão mortos. Mas morta está também a maioria dos que não citei. Quase todos estão mortos. Quase tudo morreu. Também a paisagem de minha infância está morta.

14.
O passado permanece inexplorado

5 de março de 1967

VIKTOR SUCHY: É uma alegria para mim poder recebê-lo aqui, e eu lhe agradeço, sr. Bernhard, pelo fato de o senhor ter se disposto a esta conversa para nosso centro de documentação. Em primeiro lugar, vamos esclarecer uma coisa sobre sua cidade natal holandesa, Heerlen. Afinal, o senhor na verdade é austríaco.

THOMAS BERNHARD: Sim, sou austríaco, só austríaco.

VIKTOR SUCHY: Da região de Salzburgo?

THOMAS BERNHARD: De Flachgau, mais exatamente de Kobernaußer Wald, que já fica quase na Alta Áustria, ou da região do Wallersee; vêm de lá todos os meus ancestrais.

VIKTOR SUCHY: Comecemos, então, com perguntas rotineiras. O senhor acaba de fazer 36 anos, mas, sendo um observador bastante arguto de si mesmo, já pensou alguma vez em publicar anotações autobiográficas, um diário ou algo assim? Ou já não é o tipo de pessoa que mantém um diário ou faz anotações autobiográficas?

THOMAS BERNHARD: Naturalmente, eu tomo notas mais ou menos todo dia; ou não, dependendo do que me vem à cabeça. Fazemos isso sobretudo para nós mesmos, queremos lançar um olhar para o passado, mas esquecemos alguns períodos e meses ficam então em branco, manchas brancas como o polo Norte. Nelas, o passado permanece inexplorado.

VIKTOR SUCHY: Aliás, em que medida estão corretas as parcas indicações biográficas a seu respeito constantes das enciclopédias dedicadas à literatura?

THOMAS BERNHARD: Elas são parcas e, em parte, bastante equivocadas. Por culpa minha ou de outros.

VIKTOR SUCHY: Talvez possamos, então, juntos, retrabalhar um pouco essas informações. Sua data de nascimento deve estar correta: 10 de fevereiro de 1931.

THOMAS BERNHARD: Não está muito claro se 9 ou 10, isso eu mesmo não sei. Até os 25 anos, sempre pensei que tivesse nascido no dia 10, mas então, uma vez, escrevi para Heerlen para pedir uma certidão de nascimento, e eles, de repente, me escrevem que nasci no dia 9, foram enfáticos, como se diz, insistiram no dia 9. Invalidaria meu passaporte e essas coisas, mas fico com o dia 10.

VIKTOR SUCHY: Portanto, o senhor nasceu na Holanda por acaso, em Heerlen...

THOMAS BERNHARD: Sim, por mero acaso.

VIKTOR SUCHY: E onde passou a infância?

THOMAS BERNHARD: Os primeiros dois ou três anos, em Viena, na Wernhardtstraße, no 16º distrito, isso é perto da Maroltingergasse, onde moravam meus avós, cresci com eles. A parada seguinte foi Henndorf, onde meus antepassados tinham uma espécie de casa.

VIKTOR SUCHY: Henndorf, onde morava Zuckmayer...

THOMAS BERNHARD: Zuckmayer e Richard Mayr, o Csokor também, e o Horváth...

VIKTOR SUCHY: Então o senhor cresceu num ambiente literário.

THOMAS BERNHARD: Sim, mas, como disse, morei lá aos três, quatro, cinco anos de idade. Foi onde morreu o Stelzhamer.

VIKTOR SUCHY: E, depois, foi para Salzburgo?

THOMAS BERNHARD: Não, depois fui para Seekirchen, onde comecei a escola primária. Depois de Seekirchen, em 1938, fui para Traunstein, que fica à beira do Chiemsee, onde morei no campo e fui à escola por dois ou três anos, na Baviera.

E, depois, para o internato em Salzburgo, isto é, para o Colégio Interno Nacional-Socialista, como se chamava na época. Depois de 1945, passou a se chamar Johanneum, que era a mesma coisa. Fui um dos poucos que voltaram automaticamente para o mesmo lugar. Aí, em vez da imagem de Hitler, penduraram a cruz na parede, exatamente no mesmo prego.

VIKTOR SUCHY: Vamos falar um pouco sobre isso, sobre suas experiências num internato católico. O senhor se sente marcado pelo nacional-socialismo da época da juventude, ou seja, isso teve uma forte influência sobre o senhor ou foi coisa que passou ao largo?

THOMAS BERNHARD: Não, eu naturalmente era muito receptivo naquele tempo, é o que a gente é nessa época, afinal, e, num internato assim, as regras eram naturalmente seguidas com rigor, os alunos se levantavam, diziam: "*Heil Hitler*", mas isso todo mundo da minha idade viveu; levei um número maior ou menor de safanões do diretor, que não me suportava. Foram de fato impressões muito fortes... os bombardeios e as corridas para os túneis em Salzburgo. Depois, o Schranne foi destruído, o mercado, que ficava defronte do internato na Schrannengasse, alvejado por uma bomba *blockbuster*. Em seguida, retornei a Traunstein e, durante meses, ia todo dia de trem para a escola. Mas, em geral, ficava na escola só até as nove da manhã, quando já soava o alarme, ou seja, escola mesmo nem sequer teve durante meses. Era algo romântico e só, na verdade, muito... Enfim, não se aprendia coisa nenhuma.

VIKTOR SUCHY: E, depois de se formar, o senhor ainda foi para a universidade?

THOMAS BERNHARD: Sempre frequentava um curso ou outro...

VIKTOR SUCHY: Tanto quanto sei, o senhor, de início, sempre teve um interesse muito grande por musicologia.

THOMAS BERNHARD: Sim, música, eu estudei no Mozarteum, matérias teóricas, estética musical. Os professores na época eram muito bons, refugiados de cidades bombardeadas; o professor Werner era então uma sumidade em Salzburgo. Tocávamos instrumentos também, mas, na verdade, isso era menos importante para mim. Terminei o curso e parei com tudo, só continuei cantando, em igrejas, por exemplo, Bach e coisas assim, o que faço até hoje.

VIKTOR SUCHY: E aí veio a época como jornalista; o senhor já foi repórter que fazia a cobertura dos tribunais. Provavelmente, adquiriu aí um olhar muito perspicaz para as fraquezas e os baixios humanos.

THOMAS BERNHARD: Acho que essa é uma escola muito boa.

VIKTOR SUCHY: Não ficou horrorizado?

THOMAS BERNHARD: Bom, quando se é bem jovem, não se fica tão horrorizado. Aí, primeiro, achamos mesmo é interessante.

VIKTOR SUCHY: Eu pergunto porque tive uma experiência pessoal. Originalmente, estudei direito e fugi da advocacia por uma razão bastante específica. Eu estudava e trabalhava, como todo mundo naquela época, e tinha um emprego num tabelionato. Na prática, saí correndo quando vi como os herdeiros já começam a brigar por uma perna de cadeira ainda antes de o morto esfriar.

THOMAS BERNHARD: É, nesse campo, também tive minhas experiências.

VIKTOR SUCHY: As enciclopédias de literatura já registram um certo número de obras do senhor. Eu gostaria muito de confirmar as datas com o senhor, para saber se estão corretas. Creio que a primeira é de 1955, uma narrativa radiofônica chamada *Die heiligen drei Könige von St. Vitus* [Os três reis magos de são Vito]. Confere?

THOMAS BERNHARD: Mas essa nunca foi publicada.

VIKTOR SUCHY: Nunca foi publicada? E como é que as enciclopédias ficaram sabendo dela?

THOMAS BERNHARD: Era para ter sido publicada na Biblioteca Stifter, que era uma coleção publicada em Salzburgo, mas nunca chegou a tanto.

VIKTOR SUCHY: O senhor tem o manuscrito?

THOMAS BERNHARD: A Biblioteca Stifter o enviou certa vez a um conde, o conde Dombrowski, e nunca mais ouvi falar coisa nenhuma.

VIKTOR SUCHY: Então é preciso perguntar ao Dombrowski se ele ainda tem o manuscrito.

THOMAS BERNHARD: Não, não, é horroroso...

VIKTOR SUCHY: Mas é interessante, é seu primeiro trabalho, na verdade. Em seguida, as enciclopédias indicam outra data, 1956, que é a do conto "Der Schweinehüter" [O porqueiro]. Está correto?

THOMAS BERNHARD: Sim, esse foi publicado na série *Stimmen der Gegenwart* [Vozes do presente] e, depois, numa edição à parte.

VIKTOR SUCHY: E, em seguida, já surge o poeta Thomas Bernhard, e, aliás, em 1957, com o volume de poemas *Auf der Erde und in der Hölle* [Na Terra e no Inferno], ao qual se segue outro, em 1958: *In hora mortis*. É isso?

THOMAS BERNHARD: Está certo.

VIKTOR SUCHY: E, em 1959, vêm os diálogos...

THOMAS BERNHARD: Em 1958 teve mais um volume, pela Kiepenheuer & Witsch, chamado *Unter dem Eisen des Mondes* [Sob o ferro da lua], que foi o terceiro volume de poemas, terceiro e último.

VIKTOR SUCHY: E, em 1959, os diálogos.

THOMAS BERNHARD: Isso, na verdade era um texto para uma ópera dodecafônica.

VIKTOR SUCHY: Que foi *Rosen der Einöde* [Rosas do deserto]?

THOMAS BERNHARD: Sim, que sempre caracterizam equivocadamente como um poema...

VIKTOR SUCHY: Mas era, na verdade, um libreto para uma ópera dodecafônica. Quem seria o compositor?

THOMAS BERNHARD: A ópera foi composta pelo Lampersberg.

VIKTOR SUCHY: E chegou a ser encenada?

THOMAS BERNHARD: Uma parte, no Wiener Festwochen do ano passado, e agora, em maio, será apresentada na Deutsche Oper de Berlim.

VIKTOR SUCHY: E então, depois de quatro anos, vem o primeiro romance, *Frost* [Gelo], em 1963, e, em 1964, foi publicada a novela *Amras*. E, no momento, há também um volume sendo publicado...

THOMAS BERNHARD: Sim, acaba de sair.

VIKTOR SUCHY: ... *Perturbação*, de novo pela Insel. E já acrescento uma pergunta: o senhor ainda tem os manuscritos de seus livros e textos isolados? Costuma ainda escrever à mão, ou os textos são datilografados e, depois, corrigidos à mão?

THOMAS BERNHARD: Isso varia muito. A maior parte, escrevo à mão, mas tem também...

VIKTOR SUCHY: Por favor, guarde os manuscritos, os estudos literários vão precisar deles.

THOMAS BERNHARD: Em geral, não guardo nada.

VIKTOR SUCHY: Isso é uma pena, porque, com eles, poderiam estudar com precisão a gênese de cada obra, o que, num autor como o senhor, poderia ser muito importante. E antes de 1955, o senhor tentou escrever alguma coisa, ou seja, em sua juventude?

THOMAS BERNHARD: Sim, logo depois da guerra, na verdade.

VIKTOR SUCHY: E, quando começou a escrever, ainda tinha certos modelos, professores, obras, que, de início, pretendia seguir como exemplo, como fazem os jovens? Estava, talvez, ainda um pouco voltado para o passado ou já era, de saída, um autor do presente?

THOMAS BERNHARD: Quando criança, na verdade sempre detestei os livros como à peste, porque eram muitos. Afinal, meu avô era escritor, e, quando criança, se a gente sente que precisa, que deve fazer alguma coisa, aí é que não faz mesmo, tem resistência a fazer. Só comecei a ler bastante tarde.

VIKTOR SUCHY: Saberia ainda me dizer alguns modelos dessa época?

THOMAS BERNHARD: Isso tudo se misturou na minha cabeça. Charles Péguy e autores desse tipo me interessaram muito desde cedo, autores franceses revolucionários cristãos.

VIKTOR SUCHY: Ou seja, Péguy, Bernanos, talvez um pouco de Claudel...

THOMAS BERNHARD: Sim, e Michaux, esses eram grandiosos.

VIKTOR SUCHY: O senhor ainda é relativamente jovem, sr. Bernhard, mas, passando em revista essa época tão cheia de acontecimentos em que o senhor se viu obrigado a crescer, acha que já deparou com contemporâneos de importância, que lamentaria não ter encontrado? Ou acredita que, aqui e agora, ainda é muito cedo para esta pergunta?

THOMAS BERNHARD: Isso é difícil dizer. Claro, um ou outro...

VIKTOR SUCHY: Mas o senhor há de querer ou poder mencionar algum nome.

THOMAS BERNHARD: Agora, neste momento, não me ocorre nenhum...

VIKTOR SUCHY: Sr. Bernhard, o senhor é tido como vanguarda da prosa austríaca...

THOMAS BERNHARD: Sim, mas com muito cuidado.

VIKTOR SUCHY: "Vanguarda" é uma palavra perigosa, eu sei.

THOMAS BERNHARD: Na verdade, nós não temos vanguarda nenhuma. Na Áustria, o que muitas pessoas fazem não é vanguarda, é infantil. Fazem brincadeirinhas, o que se deve mesmo fazer até os 25 anos, mas aí é necessário realmente criar juízo. Se isso não acontece, seguem fazendo brincadeirinhas com trinta, quarenta anos, e, naturalmente, vão se tornando cada vez mais ridículos.

VIKTOR SUCHY: Há um conceito literário teórico por trás de seus trabalhos? Ou eles surgem da prática? O senhor tem grande interesse na filosofia.

THOMAS BERNHARD: Uma história ou descrição superficial não me interessa nem um pouco.

VIKTOR SUCHY: Chegamos, então, à teoria da prosa moderna. Eu creio que, em alguns pontos, Wittgenstein há de ter exercido uma forte influência sobre o senhor.

THOMAS BERNHARD: Sim, não deixa de ser um fenômeno fascinante.

VIKTOR SUCHY: Por outro lado, muita coisa no senhor me lembra Schopenhauer.

THOMAS BERNHARD: Sim, também.

VIKTOR SUCHY: Precisamente a representação volitiva, o mundo como representação, torna a reverberar no senhor de uma forma interessante. Schopenhauer não teve grande recepção na Áustria. Como o senhor se posiciona em relação a isso tudo? Em alguma medida, pode-se às vezes pensar que o senhor teria sido influenciado também pelo romance e pela prosa da Nouvelle Vague, a tendência ao protocolo, ao registro dos fatos.

THOMAS BERNHARD: Isso é provavelmente inconsciente, porque não gosto nem um pouco desse tipo de romance, que é mera literatura descritiva, oposta, portanto, àquela que aprecio.

VIKTOR SUCHY: O que é tão decisivo no senhor é sua busca de situações extremas do ser humano, algo que é pensado quase de uma forma existencialista. Nos dois últimos livros, *Amras* e *Frost*, é a situação extrema de uma doença fatal ou de uma doença mental. Essa situação extrema da doença o fascina a ponto de o senhor querer diluir o positivo no aguçamento do negativo?

THOMAS BERNHARD: O mero caminhar na corda bamba psíquica, provavelmente. Claro que esticar a corda cada vez mais alto é um grande prazer.

VIKTOR SUCHY: Pode-se, claro, depreender com facilidade desses livros — e é o que muitos críticos fazem — que o senhor é um rematado pessimista. Mas, ao conhecer o senhor pessoalmente, não é em absoluto a minha impressão.

THOMAS BERNHARD: Não, não, em pessoa, sou na verdade muito diferente do que se lê em meus trabalhos; sim e não, isso é talvez o que há de interessante, mas não é coisa que eu investigue.

VIKTOR SUCHY: Mas, de novo, é sobretudo a situação extrema que aguça o que é mostrado: a situação extrema do medo, da morte, da doença grave, dos distúrbios mentais, delas o senhor extrai uma infinidade de coisas. Do que se trata, afinal, neste romance, *Perturbação*?

THOMAS BERNHARD: É, o livro começa... como posso dizer? É como uma cumeada. O livro começa na planície com um homicídio físico e termina com um homicídio psíquico. São as visitas de um médico a seus pacientes em um único dia.

VIKTOR SUCHY: Nos quadros clínicos, o senhor quer ao mesmo tempo comunicar uma sintomatologia da época? São, portanto, livros de advertência?

THOMAS BERNHARD: Sim, talvez.

VIKTOR SUCHY: Da mesma forma como percebo as peças de Jean-Paul Sartre como advertências: vejam aqui, assim são vocês, e, se não mudarem, vai ficar ainda mais terrível. O senhor acha que há ligações subcutâneas entre seu trabalho literário e a música, a escultura ou a pintura? No senhor, o elemento musical também é decisivo na formatação, na composição da obra?

THOMAS BERNHARD: Sim, tem um papel central. Na medida daquilo que conheço de música.

VIKTOR SUCHY: E a que técnicas de trabalho dá preferência ao escrever um livro?

THOMAS BERNHARD: Isso também é difícil dizer, porque circulo um ano inteiro só pensando, tomando notas e mais nada, e aí não consigo escrever enquanto não sinto que chegou a hora. Aí começo, e provavelmente mais dois anos são necessários. Não é um processo muito rápido.

VIKTOR SUCHY: Como o senhor vem da estética musical e, portanto, conhece também os problemas estéticos, o problema da forma é crucial para o senhor?

THOMAS BERNHARD: Sim, o ritmo, ele precisa estar certo a cada sílaba, para minha sensibilidade. Senão, a meus ouvidos, o todo desanda.

VIKTOR SUCHY: O senhor já teve livros traduzidos para outras línguas?

THOMAS BERNHARD: Sim, agora, no verão, *Frost* e *Amras* saem pela Gallimard e, depois, no outono, pela Garzanti, na Itália.

VIKTOR SUCHY: Mas ainda não teve nenhuma experiência com as traduções de suas obras?

THOMAS BERNHARD: *Frost* está sendo traduzido pela segunda vez. A primeira quase malogrou. O tradutor queria me adaptar para o espírito francês e, com isso, saiu uma coisa pavorosa. O segundo está fazendo isso muito bem. Vai sair nos Estados Unidos também.

VIKTOR SUCHY: O senhor guardou as resenhas de seus livros?

THOMAS BERNHARD: Em parte, sim, a não ser quando me irrito com alguma, aí jogo fora logo, para não ter de vê-la nunca mais.

VIKTOR SUCHY: Agora, duas perguntas bem diferentes, voltadas não para o Bernhard criador, e sim para o receptor. Que espetáculo teatral mais o impressionou? Incluindo-se aí a música no teatro.

THOMAS BERNHARD: Foi *A flauta mágica*, com certeza, e o *Don Giovanni*, esses dois — e tudo o mais de Mozart, provavelmente.

VIKTOR SUCHY: A marca da cidade de Mozart, decisiva aqui...

THOMAS BERNHARD: Sim, nisso estou envolvido desde a infância, e fiz muita assistência de direção também, peças de Shakespeare em Munique, e Kleist, naturalmente, *A bilha quebrada*, ou Büchner. Além dos trabalhos na universidade, encenações, seminários.

VIKTOR SUCHY: E as outras artes, tem alguma obra de arte muito específica que o impressionou profundamente? Nas artes plásticas?

THOMAS BERNHARD: Eu me dedico a muitas coisas, inclusive agora, por intermédio do Wieland Schmied. Mexe com meu coração ou com minha inteligência, mas na exata medida em que as crianças também têm certa capacidade de julgamento, nada mais do que isso.

VIKTOR SUCHY: Antes, nós falamos da vanguarda e de seus próprios trabalhos. Que possibilidades o senhor vê, para onde acredita que caminha a prosa moderna? Que direção o senhor próprio gostaria de tomar?

THOMAS BERNHARD: Eu gostaria de seguir sempre crescendo intelectualmente, ganhar cada vez mais clareza, e, como vivo no tempo, o que penso há de corresponder inteiramente a este tempo em que vivo. A experimentação resulta de certo desamparo e, na minha opinião, não conduz a nada, ou apenas a uma fragmentação.

VIKTOR SUCHY: Ou seja, toda a técnica de montagem e essas coisas...

THOMAS BERNHARD: Isso é mera brincadeira divertida, pode ser excitante também. Mas acho que há cinquenta, sessenta anos, não?

VIKTOR SUCHY: É quase como se, tornando-se um pouco mais conservador, inclusive na forma, se possa ser hoje muito mais excitante — se se é capaz disso — do que experimentando.

THOMAS BERNHARD: Muitas pessoas são incapazes de pensar, ou não teriam prazer nenhum nessas brincadeiras; quem consegue pensar tira proveito dessa capacidade. Quero dizer, isso eu também sei fazer, e foi o que fiz em *Rosen der Einöde*. Escrevi muitas peças curtas aos vinte, 21 anos de idade, foi excitante, incrível; várias dessas peças, o Wochinz montou, e com atores muito bons.

VIKTOR SUCHY: Ontem, fiz algumas anotações e me chamaram a atenção certas correspondências. Ao que parece, por um tempo o senhor se ocupou bastante de Kant também.

THOMAS BERNHARD: Sim, com certeza.

VIKTOR SUCHY: E como o senhor se posiciona, e este é um dos problemas centrais do romance moderno, da prosa moderna, diante da questão da realidade? Como kantiano, o senhor diria que não chega nem perto da realidade, porque tudo que lhe é dado é o fenômeno? Doderer pensava exatamente o contrário, dizia que o que é dado é também o que é. Eu creio que, aí, o senhor se situa numa posição intermediária entre Kant e Wittgenstein.

THOMAS BERNHARD: Eu penso que não é possível precisar.

VIKTOR SUCHY: No capítulo final [de *Perturbação*], uma frase chamou-me a atenção com relação a seu posicionamento frente à infância, quando o senhor diz: "A infância não é um alicerce e, portanto, ela é mortal". É exatamente a posição contrária à de Rilke e George, que transfiguram, endeusam a infância e dizem, como em Rilke, que a infância precisa ser, em primeiro lugar, recuperada. O que o leva a pensar dessa forma?

THOMAS BERNHARD: A infância que essas pessoas tiveram foi bem o contrário da que temos hoje, qualquer comparação já se tornou impossível. De todo modo, quando criança, sempre brinquei em cima de um palco, era tangível, estava ali.

VIKTOR SUCHY: É bem possível que essa seja a experiência da sua geração, que teve a infância roubada com violência.

THOMAS BERNHARD: Sim, é algo que se pode mesmo dizer.

VIKTOR SUCHY: E essa infância roubada, é ela que o senhor acredita exercer um efeito mortal?

THOMAS BERNHARD: Isso seria preciso ver dentro do contexto.

VIKTOR SUCHY: Para voltar a falar do conceito de realidade na literatura, o senhor parte de Broch ou de Musil ao sustentar que precisamos, com os métodos da ciência, circunscrever a realidade e, então, dissolvê-la na forma artística do romance, ou seja, unir o ensaístico à pura narrativa? Hoje, o puro narrar não é mais possível, diz Broch.

THOMAS BERNHARD: Sim, isso está muito claro, porque não há verdade aí, o conceito de verdade é, afinal, bastante problemático. A vida, os momentos que vivemos já não são simplesmente elementos de uma história, o que temos são apenas interpolações. Como Musil de fato escreveu, assim é o que vivemos, uns poucos passos...

VIKTOR SUCHY: Dr. Kaufmann, o crítico musical do *Neue Zeit* de Graz, desenvolveu uma teoria curiosa sobre o austríaco na forma musical: ao contrário dos grandes clássicos, Schubert e Bruckner, por exemplo, buscam construir elementos adicionais, que vêm se somar, ou seja, a forma aberta em vez da forma fechada, uma forma, portanto, na qual as interpolações são adicionadas em variações infinitesimais. Isso lhe parece possível na prosa de hoje? O senhor almeja algo parecido?

THOMAS BERNHARD: Não é o que almejo, mas acho coisa absolutamente natural; não se trata de uma violência, mas de algo simplesmente natural.

VIKTOR SUCHY: O senhor ainda se sente acossado pela dialética antiquíssima de conteúdo e forma? Acredita na existência de algo como uma forma interior a forçar uma forma exterior, ou rejeita essa noção?

THOMAS BERNHARD: Não rejeito, porque isso provavelmente está sempre presente. Tudo permanece sempre igual e vai se modificando a todo momento. Na verdade, pode-se dizer isso de todas as coisas. O novo não existe, e tampouco o velho se perde.

VIKTOR SUCHY: Sim, permita-me, então, parabenizá-lo de coração pelo novo romance, ao qual eu desejo toda a sorte possível. Agradeço por nossa conversa de hoje e espero que possamos dar continuidade a ela quando saírem novos livros de Thomas Bernhard.

15.

29 de maio de 1967

Meu próximo livro, por favor, façam-no logo resenhar por um chimpanzé ou algum idiota boquiaberto, claro que igualmente natural da Alta Áustria ou ali radicado.

Ohlsdorf (Áustria)
Thomas Bernhard

16.*

4 de março de 1968

Ilustre senhor ministro, ilustres presentes,
Não há nada a louvar, nada a amaldiçoar, nada a condenar, mas muito há de *ridículo*; tudo é ridículo quando se pensa na *morte*. Vai-se pela vida, impressionado, *não* impressionado, atravessa-se a cena, tudo é intercambiável, escolado em maior ou menor grau no Estado-adereço: um equívoco! É compreensível: um povo sem noção de nada, um belo país — são pais mortos ou de uma conscienciosa *in*consciência, gente simplória e vil, com a pobreza de suas necessidades... É tudo uma história pregressa altamente filosófica e insuportável. As épocas são imbecis; o demoníaco em nós, um cárcere pátrio permanente, no qual os elementos da burrice e da falta de consideração se transformaram em necessidade básica cotidiana. O Estado é uma construção condenada para todo o sempre ao fracasso; o povo, à infâmia e à idiotia ininterruptas. A vida, desesperança na qual se *apoiam* as filosofias, um desespero que, em última instância, *há de* conduzir todos à loucura.
Nós somos austríacos, somos *apáticos*; somos a vida como desinteresse abjeto na vida, somos, no processo da natureza, a megalomania como futuro.

---

* Este texto foi publicado na coletânea *Meus prêmios* (Trad. de Sergio Tellaroli. São Paulo: Companhia das Letras, 2011), p. 92.

Tudo que temos a relatar é que somos deploráveis, presas, pela força da imaginação, de uma monotonia filosófico-econômico--mecanicista.

Um meio cujo fim é o declínio, criaturas da agonia; ainda que tudo se explique, não compreendemos. Povoamos um trauma, temos medo, temos o direito de ter medo, porque logo vemos, ainda que ao fundo, sem nitidez, os gigantes do medo.

Tudo que pensamos foi pensado *depois*; o que sentimos é caótico; o que somos não está claro.

Não precisamos nos envergonhar, mas *não somos* nada nem merecemos nada além do caos.

Em meu nome e em nome dos demais agraciados, agradeço ao júri e, expressamente, a todos os presentes.

17.
Na pista da verdade e da morte

Maio de 1968

Quando estamos na pista da verdade sem saber que verdade é essa, que nada tem em comum com a realidade senão a verdade que não conhecemos, então é na pista do fracasso, da morte, que estamos... de nosso próprio fracasso, de nossa própria morte; até onde nossa memória ou nossos sentimentos ou nossa fantasia alcançam no passado, ou até onde conseguimos *enxergar* no futuro, é da morte que se trata, do desassossego ou da paz como fenômenos da fraqueza, do fracasso... trata-se das ciências, das artes, da própria natureza, *sinais característicos da morte*... é-nos possível fazer uma análise letal quando falamos da vida, quando chamamos a atenção para a vida, quando nos ocupamos da vida como um engodo conceitual constante que é a natureza, nós, os elementos teatrais...

Trata-se, assim ouvimos, vemos, sentimos e pensamos, de um conceito de infinitude no qual se cruzam as linhas da extinção, da aniquilação e as da ruína, um conceito em que há apenas aniquilação, em que *tudo que há entre enfim e finalmente é fatalidade*, antinomia patológica, honestidade sem origem, meta ou propósito em nossa reflexão e em nossa pureza inatas, em que tudo é método, método da morte: aquilo de que fugimos, como sabemos, está em nós, o que tememos está em nós, o que somos está em nós... etc. Prometemos muito a nós mesmos, aprendemos tudo, contestamos e tornamos a aprender sempre de novo, e enferrujamos, apodrecemos por dentro dos pés à cabeça e da cabeça aos pés, e partimos constantemente de uma natureza a outra, *rumo à morte*... Em nosso ser, somos incapazes de agir, materialista e filosoficamente, somos mistificação mesmo *na morte*... O que possuímos é a experiência, algo metafísico diante do qual, quando temos tempo para sentir medo, temos medo, e diante do qual, como a própria digressão, capitulamos: perecemos, solitários que somos em nossa impotência, órfãos completos da história, articulações mortas da natureza... Estamos na pista de uma coerência, de circunstâncias, de pré-requisitos da morte, de estados físicos e mentais da morte...

Nascemos no interior de uma anamnese, tangenciando o universo, não regenerando senão a morte. A morte se explica para mim como história natural, como possibilitadora do entendimento. Se temos uma meta, assim me parece, essa meta é a morte, aquilo de que falamos é da morte...

Portanto, hoje falo aos senhores da morte, mas não vou falar dela *diretamente*, o que seria demasiado pretensioso, inútil; vou falar agora *in*diretamente da morte, aludida a partir dessa experiência que possuímos, da experiência que seguimos tendo sem cessar, que *seguiremos* tendo até o infinito; falo agora da morte porque os senhores me pediram um discurso, por certo algo sobre a vida, mas, sobre o que quer que eu fale, mesmo quando falo da vida, estou falando da morte... Tudo que é dito é sempre sobre a morte... Mas não vou falar hoje sobre um ponto específico da morte, não vou tratar de nenhum detalhe — o que, como disse, seria pretensão demasiada —, não nos reunimos aqui, afinal, para ouvir um estudo, o que seria infame e melancólico em excesso; não quero pintar este salão com minhas cores escuras, com a sombria escuridão generalizada, embora os senhores tenham, sim, me pedido um discurso, e precisamente *a mim*, e embora este salão ofuscante me cegue, este salão me cega, todos os salões nobres me cegam, compreendam... mas, ainda que eu nada tenha de levar em consideração, não vou ensombrecer nem este salão nem *os senhores...* vou, sim, falar sobre a morte, porque, falando da vida, falo sobre a morte, a morte, por exemplo, dos homens e de suas conquistas, porque gostamos de ouvir sobre conquistas, sobre as cidades e suas conquistas, sobre os Estados e suas conquistas, sobre o *macro*cosmo e o *micro*cosmo... Sobre a capacidade, sobre a incapacidade, sobre as doenças mortais, sobre os restos do Império... Sobre os restos!, compreendam... sobre como, todos nós juntos, causamos a pior impressão concebível, e seria necessário, aqui e agora, dizer a todos o que em geral só dizemos entre nós, em particular... mas isso levaria longe demais, isso levaria de fato a uma catástrofe... também não vou falar de nossos lagos, dos vales entre altas montanhas, de como nossa bela paisagem é arruinada pelo mau gosto e pela cobiça de engenheiros, assim como tudo vai sendo arruinado; não vou falar de nossa literatura pequeno-burguesa, de nossa inteligência covarde, não, se vou falar, vou falar da morte... *vou aludir à vida e falar da morte...* não vou falar da história das ideias, e sim da morte, não vou falar das aproximações fisiológicas e psicológicas, mas da morte... não vou falar das ordens de grandeza, das realidades desoladoras, do gênio e do martírio, da idiotia e da sofística, da hierarquia e da amargura, vou somente aludir a isso tudo e falar da morte... de religiões, não falo; de partidos, parlamentos, academias, de apatia, simpatia e afasia tampouco... eu precisaria aqui falar de tudo, falar de tudo ao mesmo tempo, mas falar de tudo ao mesmo tempo é impossível, não tem sentido, razão pela qual, desse tudo, só posso lhes dizer do que, hoje e aqui, eu *poderia* falar, sugerir aquilo sobre o que, por não *poder* abordar, vou, na verdade, calar, sobre o filosófico, por exemplo, o poético, sobre ignorância e vergonha, apenas sugiro... não tem sentido eu me aprofundar aqui, diante dos senhores, em um único desses temas que imagino, desenvolver aqui, neste salão nobre, um único desses temas... para tanto, falta-nos a maior e a mais elevada atenção necessária, da qual não dispomos, não dispomos mais, já não dispomos da maior e da mais elevada atenção... mas eu poderia, como os senhores hão de imaginar, falar aqui sobre o Estado, sobre as alianças estatais, sobre o declínio do Estado, sobre a impossibilidade do Estado, e sei que os senhores ficam felizes por eu não falar disso, têm um medo constante de que eu profira alguma coisa que os senhores temem e, no fundo, ficam felizes de que eu, *na realidade*, não fale aqui sobre nada, e de fato não falo aqui sobre nada, porque só falo da morte... faço uma alusão à ditadura, a um judiciário criminoso, ao socialismo e ao catolicismo, a nossa Igreja hipócrita... Os senhores não precisam ter medo... aludo *ligeiramente* ao sarcasmo, ao idealismo, ao sadismo... a norte e sul... e ainda a uma coisa ridícula: ao fato de que a cidade de Viena é a mais imunda de todas as capitais, paralisada nos membros, podre na cabeça e destroçada nos nervos... aludo a meu tio açougueiro, a meu tio serrador de madeira, a meu tio agricultor, e assim por diante... a minha propriedade rural em Nathal, às pessoas de lá, a sua beleza, a aleijados, a variedades de cereais e à ceva dos porcos, aos animais de caça na floresta, a um circo itinerante em meio ao verde... a Alexander Blok, Henry James, Ludwig Wittgenstein... a como da noite para o dia pessoas honradas são tachadas de criminosas, a como vão para a prisão e como saem de lá... a manicômios e a como dividir e multiplicar... ao conceito de degradação e a nevralgias sociopolíticas... ao Estado e ao *não* Estado, ou mesmo aos que outorgam prêmios... a como causar o maior embaraço a pessoas simples... Ou devo aqui fazer um *discurso de agradecimento*, falar um pouco sobre a dor do mundo?... ou sobre os industriais, ou talvez sobre o gênio ignorado... ou sobre a inescrupulosidade, a baixeza, algo sobre a moral, não sei... sobre a velhice como exemplo assustador ou sobre a juventude como exemplo assustador, sobre suicídio, sobre o suicídio de povos... eu poderia também contar uma história, porque trago algumas histórias na cabeça, ou um conto de fadas como *A fábula da bela Áustria, quando ela ainda era alguma coisa*, ou *Sobre a bela cidade de Viena, quando ela ainda era alguma coisa*, ou *Sobre os austríacos, quando eles ainda eram alguma coisa*... ou *A fábula da viagem por alto-mar que não vale mais a pena*, *A fábula da ceva de porcos que não vale mais a pena*, ou a *da fórmula mágica* CEE... ou a *da literatura que não vale mais a pena*, *da arte que não vale mais a pena*, *da vida que não vale mais a pena*... Ou os senhores gostariam de ouvir *A fábula do futuro?*... Eu falo da mentira e do ridículo, não vou contar *A fábula da profundidade*... apenas toco nisso tudo e lanço algumas palavras neste salão, por exemplo as palavras "isolamento", "degeneração", "vulgar", a palavra *"sensibility"*... noto a idade chegando, a inutilidade chegando e que, já muito cedo, nos fartamos da comédia, do espetáculo da existência, de toda a arte dramática... um dia, num momento único e decisivo, vamos mergulhar de cabeça na morte... A morte é meu tema, assim como é o tema dos senhores também... portanto, falo da vida, aludo à morte, à estupidez do presente, por exemplo, à incapacidade catastrófica deste governo, por exemplo, a todo este grande escândalo governamental de que agora participamos... todo este absurdo das democracias, por exemplo, este caleidoscópio constantemente repugnante dos povos... mas não estou fazendo um discurso sobre as massas terrestres e os seres humanos, sobre essas massas gigantescas e absurdas, nem mesmo sobre uma nova concepção de mundo, porque não vejo nenhuma, não falo nada sobre questões atômicas nem sobre leprosários ou sobre as revoltas negras, nada sobre a Inglaterra que pede socorro, sobre a Alemanha hipócrita, a América esquizofrênica, a Rússia diletante, a China temida, a minúscula Áustria... falo sobre a morte, o que digo diz respeito à morte, não falo da repugnante e simplória indigência mental...

nem do fato de que as revoluções não nos trouxeram o que esperávamos delas, não falo dos impérios apodrecidos, das monarquias, das repúblicas embotadas, das ditaduras, não falo de patriotismo nem da neutralidade vil, não apresento comprovação de cidadania... mas tampouco falo de Ferdinand Ebner ou de T. E. Lawrence... pergunto-me, porém, se não deveria, afinal, apresentar alguma coisa aos senhores, algo otimista, algum texto de cabaré... algo fatalista e grotesco, alguma coisa sobre a tristeza, a fantasia, a melancolia... sobre como se faz dinheiro e se ganham amigos ou sobre como se perdem dinheiro e amigos, não, não, é tudo um mal-entendido, é tudo indubitavelmente um mal-entendido... assim como também a morte nada mais é, afinal, que um mal-entendido, e o fato de eu estar aqui, e *aqui* estou, postado diante dos senhores, falando, também isso é um mal-entendido, da mesma forma como a morte, que é do que falo o tempo todo... A morte é meu tema, porque meu tema é a vida, incompreensivelmente, inequivocamente... quer eu faça a viagem ou não... ao acordar, procuro refúgio nesse tema, no sujeito e no predicado, nas sílabas tônicas e nas átonas... haveria tanto a dizer, mas este não é o lugar para fazer uma intervenção cirúrgica no estado de coisas, que é um estado catastrófico, não é o lugar para transplantações filosóficas, para malabarismos do cálculo filosófico; para tanto faltam aqui, neste belo salão nobre, os instrumentos... embora me agradasse levar a cabo tantas operações, fazer incisões, costurar de volta, estancar, amputar... mas odeio toda afetação... não digo nada sobre Shakespeare, nada sobre Büchner, não importuno os senhores com Flaubert... eu poderia muito bem, de um modo bastante penetrante, talvez até mesmo bastante explícito, me valer dos elementos cômicos, divertidos, irônicos em mim, e desses mesmos elementos nos senhores... Desperdiçar inteligência dizendo algo novo sobre Homero, sobre Turguêniev... Ou simplesmente acrescentar Deus e mexer, acrescentar o diabo e mexer, acrescentar a burguesia e mexer, acrescentar o proletariado e mexer... Não nos esqueçamos de falar sempre da primeira metade do século como de uma metade louca... é inteligente citar um verso de Baudelaire, uma frase de Proust, uma de Montaigne, uma frase do cardeal de Retz, se preferirem, ou alguma outra obscenidade filosófica... não nos esqueçamos dos padres, dos médicos, dos físicos e dos comunistas, dos soldados do Exército Vermelho e da Guarda Suíça, da indústria de metais leves e, sobretudo, dos anfitriões...

Creiam os senhores ou não, queiram ou não admiti-lo, tudo isso tem a ver com a morte; quer eu me refira aos senhores ou a mim, quer eu conduza os senhores ou a mim ao erro, trata-se da morte, é ela que nos conduz... se tenho algo contra o governo ou contra os oprimidos, contra os negros ou os brancos, contra este governo, por exemplo, que, como todos, é o pior que se pode imaginar, contra nossos parlamentares, contra nosso chanceler, contra nossos professores universitários e contra nossos artistas, contra Heine e outros, contra Marx e outros, se tenho algo contra todos esses senhores, é a morte, a irreparabilidade... é *a* catástrofe... tudo é *im*possível, *in*audito...

Mas creio que agora já disse ou falei o bastante, como creem os senhores, *aludi*, como creem os senhores, *silenciei* sobre temas, como veem, silenciei quase tudo, como os senhores hão de se convencer a si próprios, e manifesto agora tão somente meu agradecimento pelos poucos milhares de xelins que os senhores, já há algum tempo, enviaram para meu endereço na Alta Áustria, pelas férias magníficas que vou tirar com essa soma em dinheiro; quero permitir-me um tempo de desperdício, duas ou três semanas à beira do Mediterrâneo ou duas ou três maluquices em Bruxelas, Paris ou Londres, ainda não sei... de todo modo, longe daqui, longe de Viena, longe da Áustria, da pátria que amo... Agradeço aos senhores, embora ainda nem saiba *por que* agora lhes agradeço, possivelmente agradeço-lhes na verdade por uma maluquice... talvez por um bom propósito, porque a vida é sem dúvida um bom propósito, algo que, como os senhores agora sabem, tem muito a ver com a morte... e, apontando para o fato de que tudo, na verdade, tem a ver com a morte, de que tudo é morte, de que a vida toda nada mais é que a morte, desejarei aos senhores uma boa-noite, quem sabe uma noite notável, e deixarei este salão, partirei deste salão, de Viena, partirei por um tempo da Áustria rumo ao prazer e ao trabalho, e torno a dizer: agradeço aos senhores pela distinção, pelo mal-entendido que essa distinção sem dúvida é, porque, como os senhores sabem, tudo é um mal-entendido, e volto a lembrá-los expressamente da morte, de que tudo tem a ver com a morte, não esqueçam a morte... não a esqueçam, não esqueçam a morte...

18.
Nada mudou na Áustria

1969

Há vinte anos, quando eu tinha nada mais que dezoito, o então superintendente do teatro de Salzburgo me processou, levou-me a um tribunal porque, como respeitável crítico de teatro da, na época, melhor revista austríaca de cultura e política, *Die Furche* — que hoje, no entanto, não passa de um expoente da estupidez perversa católico-nazista —, expus minhas impressões sobre o teatro de Salzburgo. Escrevi que os atores não eram atores, que os cantores não eram cantores, que os dançarinos não eram dançarinos, que os diretores não eram diretores, que o superintendente não era superintendente, e assim por diante. Autointitulava-se teatro, mas nada mais era do que imbecilidade e patifaria, nada além de uma lixeira pantomímica acéfala etc. Comparado aos teatros das hospedarias no campo, o teatro em todas as cidades levava ao palco, noite após noite, algum cadáver pré-histórico... por todos os palcos (inclusive no Burgtheater, o cúmulo do provincianismo!), tinha-se o império do diletantismo. Onde, juntas, a burrice e a arrogância abrem as cortinas — argumentei —, o teatro está morto e, sobre o palco, tem-se uma piada de mau gosto. O proscênio exalava nada mais que o hálito fétido da burocracia... Por frases como essas e por outras, semelhantes, há vinte anos fui condenado por um juiz austríaco (que provavelmente entendia de pernas amputadas de pedestres mas não tinha ideia do que fosse teatro) a pagar 4 mil xelins. Naquela época, e sobretudo para mim, 4 mil xelins era uma montanha de dinheiro. Durante a audiência de quatro horas, o juiz, que contava com o auxílio de dois escrivães, não parou de folhear os fichários cheios de críticas empilhados sobre sua mesa, que haviam sido trazidos pelo superintendente Stanchina e por dois diretores de dramaturgia feitos sob medida, e volta e meia dizia: "... e sob calorosos aplausos... e sob calorosos aplausos... e sob calorosos aplausos...". Sem cessar, ele folheava e dizia: "... e sob calorosos aplausos...". A todo momento, dizia: "... e sob calorosos aplausos... portanto, o que mais o senhor quer?...". Por quatro horas inteiras, fez-me ficar ali em pé, rijo, vigiado por um agente da guarda judiciária. E, antes de pronunciar a sentença, disse que o teatro era um bom teatro, assim como, depois de pronunciá-la, tornou a dizer que o teatro era um bom teatro.

Hoje, passados vinte anos — nesse meio-tempo, já lá se vão quinze anos, estudei e me formei em arte dramática numa escola superior (no fim, fiz uma exposição oral sobre o grande Artaud, mas os dezessete membros da "banca examinadora" ao longo da mesa verde e comprida nunca tinham ouvido o nome Artaud até aquele momento), de todo modo um estudo completamente supérfluo —, passados vinte anos, portanto, sou obrigado a dizer que o teatro austríaco não mudou em nada, ou, na verdade, que hoje tudo é ainda mais diletante e deprimente do que naquela época. Como, porém, não quero ser condenado a nova e elevada pena pecuniária (ou à prisão), porque não faz sentido enfiar dinheiro pela goela de um Estado inútil ou ser preso, não vou expor aqui minhas impressões sobre nosso teatro.

19.
Nunca, jamais dar conta de coisa nenhuma*

17 de outubro de 1970

Ilustres presentes,

Aquilo de que falamos não foi investigado; não vivemos, mas conjecturamos e existimos como hipócritas, ofendidos, numa fatal e, em última instância, letal incompreensão da natureza, uma incompreensão em que hoje nos perdemos graças à ciência; os fenômenos nos são mortais, e as palavras que, por desamparo, manipulamos em nossa cabeça, milhares, centenas de milhares de palavras desgastadas, perceptíveis em todas as línguas e em todas as situações como mentiras infames na qualidade de verdades infames, ou, ao contrário, como verdades infames na qualidade de mentiras infames; as palavras que ousamos calar no discurso e na escrita, que ousamos silenciar como fala; as palavras feitas de nada, palavras que nada são e de nada servem, como bem sabemos e ocultamos; as palavras às quais nos aferramos, porque enlouquecidos pela impotência e privados pela loucura de toda e qualquer esperança — as palavras apenas infectam e ignoram, apagam e pioram, envergonham e falsificam, mutilam, ensombrecem e obscurecem; vindas da boca ou do papel, constituem abuso daqueles que delas abusam; o caráter das palavras e de seus abusadores é

---

* Este texto foi publicado na coletânea *Meus prêmios* (Trad. de Sergio Tellaroli. São Paulo: Companhia das Letras, 2011), p. 94.

desavergonhado; o estado de espírito das palavras e desses abusadores é o do desamparo, da felicidade, da catástrofe...

Dizemos que estamos representando uma peça teatral, sem dúvida estendida ao infinito... mas o teatro, no qual estamos preparados para tudo sem sermos competentes em nada, sempre foi, desde que aprendemos a pensar, um teatro da velocidade crescente e das deixas perdidas... primeiramente, é em absoluto um teatro da angústia física e, em segundo lugar, um teatro da angústia mental e, portanto, da angústia diante da morte... não sabemos se se trata da tragédia por amor à comédia ou da comédia por amor à tragédia... mas tudo tem a ver com pavor, com miséria, com incapacidade mental... nós pensamos, mas nos calamos: quem pensa, dissolve, suspende, catastrofiza, demole, decompõe, porque o pensar é, logicamente, a dissolução coerente de todos os conceitos... O que somos é (e isto é história, é o estado de espírito da história) a angústia, a angústia física, a angústia mental e a angústia diante da morte enquanto força criadora... O que publicamos não é idêntico ao que é, o abalo é outro, a existência é outra, nós somos outros, o insuportável é outra coisa, não é a doença, não é a morte, são bem outras as relações, outras as situações...

Dizemos ter direito ao que é justo, mas só temos direito ao que é injusto...

O problema é dar conta do trabalho — e isso significa da resistência interior e da estupidez exterior... isso significa passar por cima de si mesmo e de cadáveres de filosofias, de toda a história, de tudo... é uma questão de constituição e de concentração mental, do isolamento, da distância... da monotonia... da utopia... da idiotia...

O problema é, sempre, dar conta do trabalho, tendo em mente que nunca, jamais se vai dar conta de coisa nenhuma... esta é a questão: seguir em frente, sem nenhuma consideração, ou parar, pôr um ponto-final... a questão é a dúvida, a desconfiança, a impaciência.

Agradeço à Academia e agradeço aos senhores pela atenção.

20.

Grande Hotel Imperial, Dubrovnik

2 de março de 1971

Prezado, ilustre dr. Spiel,

Prometi ao senhor uma contribuição para sua *Ver Sacrum* — "algo sobre Ludwig Wittgenstein", o senhor me escreve, e esse pensamento não me sai da cabeça há duas semanas, ou seja, desde o dia em que retornei de Bruxelas —, mas agora estou novamente de viagem, Ragusa, Belgrado, Roma etc., e enorme é minha dificuldade para escrever alguma coisa sobre a filosofia de Wittgenstein, e acima de tudo sua poesia, uma vez que, na minha opinião, Wittgenstein é um cérebro (uma MENTE) inteiramente poético, uma MENTE filosófica, portanto, e não um filósofo. É como se eu fosse obrigado a escrever alguma coisa (frases!) sobre mim mesmo, e isso é impossível. Trata-se de um estado da cultura e da história do cérebro que não se deixa descrever. A questão não é escrever sobre Wittgenstein. É: posso *ser* Wittgenstein por *um* momento sem destruir a ele (W.) e a mim (B.)? Não tenho como responder a essa pergunta e, portanto, como escrever sobre Wittgenstein. — Na Áustria, filosofia e poesia (matemático-musical) são um mausoléu absoluto, *nós* contemplamos a história verticalmente. É, por um lado, assustador e, por outro, progressista; em resumo, ao contrário do que acontece com outros povos, filosofia e arte não existem na consciência dos austríacos, apenas na consciência de sua filosofia e de sua poesia (cultura lírica) etc., o que constitui uma vantagem para o filósofo e para o poeta, caso eles tenham consciência dessa vantagem.

No tocante a Wittgenstein, ele reúne em si a pureza de Stifter e a clareza de Kant e, desde Stifter (e com ele), é o maior de todos. Aquilo que não tivemos por intermédio de NOVALIS, alemão, é o que Wittgenstein nos dá agora, e mais uma coisa: W. é uma pergunta que não pode ser respondida, o que o situa naquele patamar que exclui (toda e qualquer) resposta.

Nossa cultura atual, em todas as suas manifestações insuportáveis, é de um tipo a que se poderia responder com facilidade, caso nos interessássemos por ela — só que, com Wittgenstein, é diferente.

E o mundo é sempre de uma burrice excessiva, incapaz de compreender, razão pela qual jamais dispõe de conceitos — os conceitos representam a si próprios, como conceitos. Isso é letal para a MASSA de cabeças, mas não se há de ter consideração para com a massa de cabeças. Por isso, não é *porque não posso* que não escrevo sobre Wittgenstein, e sim porque *sou incapaz de responder a ele*, o que por si só já explica tudo.

Com meus melhores cumprimentos e desejos, seu
Thomas Bernhard

21.
Bernhard telegrafa a Kaut

9 de agosto de 1972

Presidente Kaut, Festival de Salzburgo.

Com serenidade, só posso caracterizar como infâmia os argumentos dados a público hoje pela direção do Festival contra Claus Peymann e seu grupo, e como absolutamente distorcidos os fatos. O senhor, isto é, a direção do Festival, acusa Peymann e seu grupo de quebra de contrato, mas foi o senhor que rompeu os contratos com Peymann e seu grupo, na medida em que, em primeiro lugar e, na verdade, traiçoeiramente, quebrou no último minuto a promessa feita no ensaio geral — isto é, a de uma estreia idêntica ao ensaio geral — e, com isso, pôs em risco a estreia e, mediante intervenção escandalosa, desfigurou a conclusão do espetáculo. Numa conversa comigo depois da estreia, o senhor mesmo admitiu ter tapeado Peymann a fim de garantir a estreia. Mediante sua intervenção insidiosa, uma quebra de confiança sem igual para com o grupo — à parte o fato de que o cenógrafo Karl-Ernst Herrmann foi surrado por desconhecidos atrás do palco, numa ação criminosa da qual o senhor até o momento não se desvinculou —, o senhor se fez absolutamente inconfiável, assim como, graças ao cancelamento arrogante de todas as apresentações futuras, descumpridor do contrato firmado.

A quebra de contrato procede inteiramente de sua parte, e não da parte do grupo, ao qual recomendo insistir nas apresentações futuras no Landestheater. Trata-se aqui do rigor e da incorruptibilidade de uma arte que demanda muito dos nervos, do princípio mesmo dessa arte, e não da vileza de uma matéria de mau gosto num caderno de cultura qualquer. Caso o senhor cancele de fato as apresentações, incorrerá — o senhor, o que significa a direção do Festival — em quebra de contrato e será responsabilizado por todos os prejuízos, inclusive os já causados. O senhor, e não o grupo, é o responsável pelo engodo praticado contra o público. Sob essas temíveis circunstâncias, é natural por parte do diretor do espetáculo e dos atores vitimados por semelhante zombaria que deem queixa da direção do Festival, uma vez que Peymann e seus atores, ao lado dos quais me posiciono integralmente, têm toda a razão, algo que o senhor busca astutamente fraudar com suas declarações falsas e, sou obrigado a repetir, infames.

Thomas Bernhard

22.

12 de agosto de 1974

Aqui de Lisboa, sinto que Augsburgo é de uma atrocidade ainda mais elementar do que em minha nova peça de teatro. Minha compaixão por seus cidadãos e por todos na Europa que se entendem como cidadãos de Augsburgo é gigantesca, ilimitada e absoluta.

23.
Ontem em Augsburgo:
Bernhard visita o *AZ*
O controverso autor da "cloaca do Lech" se submete a interrogatório

7 de setembro de 1974

Dra. Thea Lethmair, da redação do jornal

O prefeito já lhe fizera um convite oficial. Mas a cidade permaneceu sem resposta. Dezenas de cidadãos o xingaram pesadamente e exigiram uma explicação. Não houve reação. E, de repente, ali estava ele. Thomas Bernhard, o detrator de Augsburgo, apareceu ontem de surpresa na cidade. Sem aviso prévio, fez uma visita-relâmpago à redação do AZ. *A revolta patriótica local contra sua peça* Die Macht der Gewohnheit [*A força do hábito*] *é coisa com que, sorridente, ele se espanta.*

Hora do almoço na redação do caderno de cultura. O telefone toca. O porteiro da entrada situada na Ludwigstraße: "Tem aqui um sr. Bernhard que gostaria de falar com a senhora". Pausa curta para reflexão. Pergunta ao porteiro: "Ele se chama Georg?". No telefone, uma voz ao fundo: "Sim, esse mesmo". Resposta: "Pode subir". A editora de serviço aguarda o pintor Georg Bernhard. Mas, pela porta, entra o escritor Thomas Bernhard, autor da peça Die Macht der Gewohnheit, *inventor da expressão já transformada em slogan "Amanhã, Augsburgo" e também daquela que deflagrou a mais enfurecida revolta (além de sorrisos divertidos): "a cloaca do Lech".*

Como vai? Como a maior parte do tempo, é a resposta. Como raras vezes é visto, ele não é reconhecido de imediato. Além disso,

92

em aparência, é a pessoa mais inconspícua que se pode imaginar. Nenhum charme na roupa, nenhum ar de poeta. Calça cinza-escura, camisa cinza-escura de malha clareada apenas pelo bordado dourado representando uma pequena coroa de louros. Engraçado. Ninguém pensaria em levar a coroa a sério. Denuncia-o, então, um sorriso maroto quando, ao reconhecê-lo, exclamo: "Mas o senhor é Thomas Bernhard!", ao que ele responde com: "Sim, sim, eu mesmo. Só vim fazer uma visitinha rápida. Mais nada".

Não quer nenhum espalhafato nem quer ver ninguém em particular, atesta-o inclusive por escrito, "como álibi", na eventualidade de o recriminarem pelo caráter secreto da visita. Em viagem com amigos, está vindo de sua casa, à beira do Traunsee, a caminho de Estrasburgo. Mas apenas passar pelo "local do crime" na autoestrada, isso ele não quis.

Em primeiro lugar, decide, vai até o jornal. Ao porteiro, revela, perguntou antes de mais nada: "A editora tem senso de humor?". A uma resposta insatisfatória, não teria subido.

O humor, no entanto, não é o tema central, e sim a afronta a Augsburgo. Bernhard está pronto para ser interrogado.

O senhor já esteve alguma vez em Augsburgo para falar tão mal da cidade em sua peça?

RESPOSTA: "De passagem, em 1945. Só me lembro ainda da estação e da miséria dos refugiados".

E, desde então, nunca mais esteve aqui?

RESPOSTA: "Nunca mais".

Quem sabe, atravessou a cidade alguma vez. E por que fala justamente de Augsburgo em sua peça?

RESPOSTA: "Poderia ter dito Nuremberg também, mas é que Augsburgo soa melhor. A senhora sabe como é com a escrita. O ritmo, a sonoridade — precisa combinar".

Então, Augsburgo foi para o senhor uma questão meramente fonética?

RESPOSTA: "Sim, foi isso".

E a "cloaca do Lech"?

RESPOSTA: "É a mesma coisa. Não se trata das coisas em si. São designações para algo fictício".

Quando pergunto como ele recebeu a vaga de indignação deflagrada por essa "designação", Bernhard responde com espanto: "Ah, é? Teve isso? Eu não notei tanto assim."

Thomas Bernhard não perde a calma. Permanece gentil, sorri, ri, deixa-se pacientemente fotografar. Não dá a reconhecer o negrume pessimista que se manifesta em suas peças nem mostra sinais da obstinação de um cínico ou querelante. Possível seria acreditá-lo, antes, o "ignorante" do título de uma de suas peças; o "louco", do mesmo título, de forma alguma [*Der Ignorant und der Wahnsinnige*]. No fim, será ele — "apenas" — "quase" — um poeta dotado de uma situação ontológica própria?

"Foi tudo só uma brincadeira", ele diz, "essa história de Augsburgo."

Ao partir, Thomas Bernhard deixa a sensação de ter demonstrado a inversão da máxima de sua peça. No tocante a Augsburgo, o que muitos sentiram como uma "tragédia" é, para ele, uma "comédia". Já não pensa em Augsburgo, ruma para sua próxima peça. Ela se chama Der Präsident [*O presidente*] *e não trata de Augsburgo.*

24.
Thomas Bernhard:
"Eu não preciso do Festival"
A negativa enviada por carta ao
presidente do Festival de Salzburgo

Ohlsdorf, 20 de agosto de 1975

Caro sr. Kaut,
Depois de minha conversa com o senhor, em julho, na casa
do sr. Schaffler, uma conversa que me deixou uma impressão
bastante ambígua, e depois da leitura de diversas matérias absurdas na imprensa, como a da edição de hoje do *Münchner Merkur*, na qual "se destaca" (ou seja, o Festival destaca) "que não é possível aceitar de antemão uma novidade inacabada nem se pode montar Bernhard em Salzburgo verão sim, verão não" — segundo o tom inflado das matérias mais recentes sobre *Die Berühmten* [Os famosos] —, eu, de consciência limpa, o desobrigo de cumprir nosso acordo, não faço mais questão nenhuma de ver meu trabalho encenado no Festival de Salzburgo.

Um trabalho conjunto no teatro só me é possível quando essa colaboração é integral e se assenta numa confiança muito clara; isso, em Salzburgo, já não acontece.

Como o senhor sabe, foi seu desejo, e não o meu, ver encenada em Salzburgo, em 1976, uma peça de minha autoria; o senhor, na verdade, já queria uma peça minha em 1975, o que, naquele momento, logo após o sucesso nada menos que sensacional de *Die Macht der Gewohnheit*, caracterizei como "maluquice". Mas aceitei de bom grado sua sugestão de que eu escrevesse uma peça para o Landestheater e para 1976, o que fiz com entusiasmo, assim como estabeleci contato com Dieter

Dorn, o que também atendeu a um desejo seu, porque o senhor queria Dieter Dorn na direção de minha peça em 1976. Espero que o senhor se lembre com exatidão desse processo, do contrário posso comprová-lo a qualquer momento.

O fato é que, a despeito de todas as manifestações imbecis dos jornais, terminei de escrever minha peça, e de minha parte poderia de fato, pelo senhor, deixar-me arrastar outra vez para a lama em 1976, por obra da imbecilidade da imprensa austríaca local, e isso porque estou acostumado a cumprir minha palavra.

Contudo, com sua fraqueza e, na verdade, como sei agora, com sua incorreção, o senhor pôs fim à base para uma cooperação, de forma que, em Salzburgo, mais nenhuma peça de minha autoria será encenada. A história do teatro já decidiu há tempos quem é mais importante para quem: se Bernhard para o Festival ou o Festival para Bernhard. No fundo, esta minha despedida do senhor é um alívio, embora todo o processo pudesse ter sido outro, mais agradável, portanto.

Desembarco de seu comboio de fraquezas humanas — e não quero dizer diretamente "fraquezas de caráter" —, e isso, com certeza, para meu benefício.

Tenha, por favor, o cuidado de não permitir que mais nenhum anúncio equivocado chegue à imprensa de dentro dos muros de seu Festival — é de seu conhecimento que ambas as peças, *Der Ignorant* e *Die Macht der Gewohnheit*, foram anunciadas como parte do programa, sem que ninguém do Festival tenha tomado conhecimento prévio dos textos. Do contrário, eu seria obrigado a publicar um esclarecimento.

Eu não preciso do Festival.

Seu,
Thomas Bernhard

25.
"De creme de chantili não sai nada"

12 de setembro de 1975

RUDOLF BAYR: Sr. Bernhard, para começar bem do começo, o livro se intitula *A causa*.* Causa do quê?

THOMAS BERNHARD: A causa de todos os meus sentimentos atuais a favor ou contra Salzburgo, minha cidade natal, a causa de minhas preferências ou tensões atuais, positivas ou negativas, em relação a esta cidade que, ocasionalmente, duas ou três vezes por ano, visito.

RUDOLF BAYR: No subtítulo, o senhor diz *Uma indicação*. A que se refere essa indicação? É uma indicação em que sentido?

THOMAS BERNHARD: É uma indicação porque se trata de um recorte bem pequeno, eu quase diria mesmo modesto, desta vida. Dada essa extensão, tudo que se pode fazer é indicar. Mas eu não sou do tipo que escreve um grande volume autobiográfico ou se estende longamente numa narrativa. Só pode ser mesmo um recorte pequeno. E esse recorte, por sua vez, também é uma indicação muito específica, muito subjetiva, bastante limitada a fatos, lembranças, sentimentos e emoções do jovem que eu era então. O período compreendido está entre os meus treze e meus quinze anos, de um ano antes a um ano depois do fim da guerra, um período muito decisivo para

---

* No Brasil, os cinco volumes autobiográficos escritos por Thomas Bernhard ("A causa", "O porão", "A respiração", "O frio" e "Uma criança") foram reunidos em *Origem* (Trad. de Sergio Tellaroli. São Paulo: Companhia das Letras, 2006).

mim, *o* período decisivo, creio, da minha juventude. A infância estava terminada; a juventude começa nesse livro.

RUDOLF BAYR: Muitos leitores podem supor que "indicação" é algo bastante suave, bastante incidental. Na verdade, porém, quando se lê o livro, essa indicação já não é indicação nenhuma no tocante às passagens contempladas, são formulações bastante precisas, declarações muito precisas sobre um tema, um posicionamento. Importante me parece também o senhor ter escrito no livro que ele — ou seja, o narrador — registra o que sentiu na época, e não o que pensa hoje.

THOMAS BERNHARD: Aqui eu preciso fazer uma correção: registra o que percebeu na época *e* o que hoje pensa, como está dito bem no começo. Só que um jovem abriga sentimentos, o pensar, creio, começa relativamente tarde, antes dos trinta não se pensa muito. Também esse jovem rapaz de outrora tinha sentimentos e pensava pouco, pode, portanto, apenas absorver; a partir dos trinta, então, começa a processar. Minha tarefa foi a de registrar, conforme ia me ocorrendo durante a escritura, o que vivi, senti, experimentei e vi no passado, e não o que pensei, porque o que um jovem assim faz não é pensar.

RUDOLF BAYR: No que, precisamente, consiste então essa diferença entre o pensar presente e o sentir de outrora? O senhor reproduz as impressões de então e reflete sobre elas. Qual é, pois, a relação com o pensamento atual, com sua postura atual no tocante à cidade?

THOMAS BERNHARD: Durante a escritura, voltei a ter, no presente, exatamente os mesmos sentimentos do passado, e isso é que foi decisivo para mim. Portanto, não escrevi o que penso hoje, mas como me sentia no passado, embora meu pensamento hoje coincida com meu sentimento no passado. Senão teríamos algo como: no passado, ele se sentiu assim, mas hoje pensa bem diferente. Isso não é verdade. O que penso agora corrobora aqueles sentimentos. Nada além disso.

RUDOLF BAYR: Sr. Bernhard, falando agora menos em causa própria e sobretudo nos pensamentos que o livro poderia suscitar no leitor, e talvez suscite...

THOMAS BERNHARD: Tomara que suscite algum pensamento! Em geral, não se pensa coisa nenhuma.

RUDOLF BAYR: Eu creio que o senhor e seu livro já trataram de suscitar esses pensamentos. Se o senhor escreve ali indicações, e acabo de dizer que o livro contém frases bastante precisas...

THOMAS BERNHARD: Uma indicação, para mim, é algo não desenvolvido em sua plenitude. É uma espécie de cutucão, não é necessário dar logo uma bofetada, pode-se sugeri--la. Ainda há sensibilidade no livro, do contrário o leitor não o aceitaria, não conseguiria digeri-lo ou mesmo acolher a carga concentrada ali. Na verdade, acredito que se trata de um livro bastante contido.

RUDOLF BAYR: Há longos trechos bastante contidos. Mas, no tocante a certas afirmações isoladas, tenho dificuldade em ver contenção nelas, sobretudo quando as indicações surgem em afirmações feitas no presente do indicativo, dificultando assim a constatação por parte do leitor: trata-se aqui de como ele se sentia ou de um julgamento atual? O senhor entende a que me refiro? Por exemplo, já na introdução!

THOMAS BERNHARD: Meu empenho — uma expressão escolar e, portanto, caduca, na verdade — foi o de estabelecer um vínculo entre o sentimento de outrora e o que penso hoje e, desse modo, o de alcançar certa objetividade, e, como em todas as coisas, só *uma certa* objetividade é possível.

RUDOLF BAYR: Mas, quando se leem as primeiras orações, por exemplo, já na primeira página, relativas à temática do suicídio e vinculadas à cidade de Salzburgo, afirmando que o pensamento no suicídio e que a disposição para se suicidar seriam uma característica de Salzburgo...

THOMAS BERNHARD: Por certo, não só de Salzburgo e de seus habitantes; todos os jovens pensam em se suicidar, morem eles em Wuppertal ou Salzburgo, em Paris, Londres ou em algum ponto de Irkutsk, mas aqui, em Salzburgo, a junção das belas-artes ou da arquitetura com o clima horroroso predestina todos a ter pensamentos suicidas no mínimo constantes. E, como estabeleci logo de cara, na epígrafe, Salzburgo está bem na frente como deflagradora de suicídios, e em relação ao mundo todo!

RUDOLF BAYR: Mas, quando o senhor escolheu essa citação, o livro já estava escrito...

THOMAS BERNHARD: Estava escrito, sim, mas ela me atravessou maravilhosamente o caminho enquanto eu escrevia.

RUDOLF BAYR: A notícia de jornal, de 6 de maio de 1975, diz: "Cerca de 2 mil pessoas por ano tentam pôr fim à própria vida na província de Salzburgo, cerca de um décimo dessas tentativas de suicídio termina em morte. Salzburgo detém, assim, o 'recorde' austríaco, num país que, juntamente com Hungria e Suécia, apresenta as mais altas taxas de suicídio". O senhor não acha, sr. Bernhard, que, mediante essa simples notícia — retiro o adjetivo "simples", porque ela trata, afinal, de um fato chocante —, a realidade já atropela diretamente o capítulo de abertura ou suas frases iniciais?

THOMAS BERNHARD: A epígrafe é o alicerce de meu livro. Ela surgiu de repente, durante a escritura. Mais do que isso eu não poderia pedir, porque, do contrário, vão dizer que é tudo muito vago, ele está inventando isso tudo, nada disso é verdade; em Salzburgo, os sinos tocam, as pessoas são todas divertidas, é maravilhoso, tudo é festa e música. A epígrafe já diz tudo. Fundamentação melhor é impossível obter. Eu não diria que me agradou. Mas é sempre bom quando um fato bem estabelecido ganha uma segunda fundamentação.

RUDOLF BAYR: Um pequeno parêntese, se o senhor me permite: o poeta Georg Trakl também tem uma relação íntima com o luto, a decadência, a ganância, a putrefação etc.

THOMAS BERNHARD: Eu creio que isso — me perdoe interrompê-lo — com certeza todos os criadores sempre tiveram nesta cidade. Foi o caso já do famoso quase neto de Salzburgo, Mozart. No seu caso, foi ainda pior do que no de Trakl, mas ele conseguiu encobri-lo com sua arte, com sua música. Para ele, Salzburgo foi algo bastante sinistro. Além disso, ele, ao mesmo tempo, detestava e amava a cidade, e daí resultou o que foi capaz de fazer. Com Trakl, foi exatamente a mesma coisa. Uma cidade que as pessoas veem como Salzburgo é vista, como o mundo a vê, como uma mocinha dançante e coquete, como cidade europeia, nela não há como ser criativo, não é possível. Isso só é possível mediante esse alicerce. E isso, por sua vez, é o ideal, devo dizer. Quando você leva um pontapé da cidade, aí talvez faça algo de bom, talvez componha uma sinfonia, ou, se leva uma pancada na cabeça, um bom livro — talvez, sob certas circunstâncias. Senão não. De creme de chantili não sai nada.

RUDOLF BAYR: O senhor considera o pontapé um pré-requisito imprescindível?

THOMAS BERNHARD: Eu acho que algum pontapé, e um pontapé bastante decisivo, todos na vida precisam levar. Ou um safanão que nos arranque de casa e nos jogue do outro lado da rua. Senão não dá. É necessário, sim, disso estou convencido.

RUDOLF BAYR: Vou voltar a Trakl ainda uma vez. No que diz respeito a Salzburgo, Trakl deu-lhe um epíteto que a propaganda do turismo mais ou menos pendurou nela como um apelido: "a bela cidade" [*Die schöne Stadt*].

THOMAS BERNHARD: Tudo bem, aqui tudo é incorporado, seja a "bela cidade" de Trakl seja o bombom de Mozart, o *Mozartkugel* — tudo é incorporado. Mas só se pode fazer isso com os mortos, não com os vivos, que não deixam que neles se pendure esse tipo de coisa. Quem está vivo precisa, no momento em que o estilizam como "bombom de Mozart" — ou, como no meu caso, quando dizem que agora sou parte disso tudo —, correr porta afora e desaparecer, porque, do contrário, será mesmo um "bombom de Mozart", e não um Bernhard ou coisa do tipo. Precisa ir embora, e com prazer.

RUDOLF BAYR: Sr. Bernhard, o senhor não consegue se imaginar de forma alguma como pertencente a esse contexto?

THOMAS BERNHARD: Que contexto?

RUDOLF BAYR: A realidade de Salzburgo...

THOMAS BERNHARD: À realidade pertencemos todos, seja ela horrorosa ou bela. Disso não escapamos.

RUDOLF BAYR: Mas o senhor faz ataques violentos a Salzburgo e, sobretudo, a seus cidadãos...

THOMAS BERNHARD: Aí, eu repito: Mozart e Trakl naturalmente amaram a cidade como a nenhuma outra. Porque, é natural, sempre amamos aquele lugar em que estamos em casa, em que conhecemos tudo muito intimamente. Ao mesmo tempo, nós o detestamos também, e como à famosa peste, que ninguém conhece. Assim é comigo também. Aquele lugar ou coisa que conhecemos muito bem e com o qual estamos absolutamente familiarizados — é necessário criticá-lo também, porque, sendo assim, temos o direito de fazê-lo. Não admito que ninguém me diga como Salzburgo é. Mas tenho a obrigação de dizê-lo.

RUDOLF BAYR: Eu só queria perguntar — e por isso citei Trakl — se alguma coisa em Thomas Bernhard está "vinculada" a Salzburgo... e eu não gostaria de dizer "vinculada", o senhor sabe por quê. Enfim, se Thomas Bernhard afinal gosta de Salzburgo, se tem nela algum tipo de contexto.

THOMAS BERNHARD: Tudo em mim tem relação com Salzburgo. Mas só pode ser uma relação de amor e ódio, porque sou um ser vivo e, sendo assim, não poderia ser diferente. Do contrário, deixo-me incorporar, entro na dança, desisto de mim mesmo por completo, construo uma Salzburgo de papel machê e glacê e desisto. E isso eu não quero. Não é possível nem é algo que, de alguma forma, me passe pela cabeça.

RUDOLF BAYR: Certamente que não. Provavelmente, a gratidão seria ainda menor pelo glacê e pelo papel machê.

THOMAS BERNHARD: Gratidão é uma idiotice, afinal, como se sabe.

RUDOLF BAYR: Bem, pode haver situações nas quais, no entanto...

THOMAS BERNHARD: Se deixamos cair alguma coisa, e alguém a apanha para nós, aí temos o direito de agradecer. Mas eu não saberia o que agradecer nesta cidade. Nunca ninguém apanhou coisa nenhuma para mim aqui, embora eu tenha deixado cair um bocado. Pelo menos, não me lembro de nada assim.

RUDOLF BAYR: Quando o senhor diz que deixou cair muita coisa, está com certeza se referindo ao conteúdo desse livro, isto é, aos anos nele descritos.

THOMAS BERNHARD: Acima de tudo, sim, porque é desse livro que estamos falando, desse recorte. E essa é a história de um jovem rapaz que, na verdade, só foi pisoteado, seja pela cidade, seja por seus habitantes, pelos parentes, tanto faz. Mas não quero dizer com isso que eu era o único nesse estado de espírito e nessa situação. Assim é, no fundo, com todos os jovens que crescem em cidades parecidas, desse mesmo tamanho e nesse mesmo ambiente. Disso, contudo, ninguém fala, ou porque as pessoas não querem falar, porque têm alguma outra profissão, não podem falar ou não têm vontade de fazê-lo. Eu, de repente, não apenas senti vontade, mas era minha obrigação registrar por escrito aquilo de que ninguém fala. E, de todo modo, minha única mola propulsora é, na verdade, dizer o que ninguém diz, ou escrever o que ninguém escreve. O que todos escrevem — que a cidade é bonita —, isso todo mundo já sabe. Mas o fato é que, por trás da beleza, tem outra coisa, e deixar isso claro por escrito era minha tarefa e também meu prazer, devo dizer, foi um grande prazer me livrar disso tudo na escritura desse livro. Tinha de acontecer algum dia. Além disso, nas minhas coisas, nos meus livros — que agora já são dezessete, vinte, não faço outra coisa que não seja escrever —, fica tudo no ar. Há vinte anos, não dou nenhuma indicação biográfica, não deixo transparecer nada sobre mim. Aí, leio as coisas mais impossíveis — sobre de onde vem tal pessoa ou o que é tal coisa. Tudo errado. Então é preciso agora dar algum pequeno ponto de apoio, biográfico, no qual as pessoas possam, como se diz, enganchar a obra toda, um ponto de referência. Foi o que se deu com esse livrinho, creio — sobretudo para mim. E não apenas para mim: quem presta atenção percebe isso também.

RUDOLF BAYR: Apesar disso, fico procurando alguma coisa em benefício de Salzburgo.

THOMAS BERNHARD: Mas tudo isso é em benefício de Salzburgo, é uma salvação para Salzburgo, todas essas monstruosidades! Afinal, quem quer viver numa fortaleza de merengue?

RUDOLF BAYR: Vou me ater a uma observação que, naquilo que disse, o senhor agora fez de passagem, qual seja: sobre a beleza ninguém precisa falar, porque ela é muito óbvia.

THOMAS BERNHARD: Isso também está no livro: a cidade é uma obra de arte, a natureza é um prodígio. Mas tem de haver quem acrescente aí um "mas". Só se veem pessoas, sempre, a confirmar as coisas. Tudo, porém, sem nenhum "mas". No fundo, a verdade está sempre em acrescentar um "mas" e concluir a frase.

RUDOLF BAYR: Ou seja, é lícito pensar também no belo?

THOMAS BERNHARD: É necessário, senão não seria objetivo. Só que a beleza sem o "mas" é um completo absurdo, uma falsificação.

RUDOLF BAYR: E aí seria kitsch.

THOMAS BERNHARD: A cidade sem o "mas" ou sem esse livro nada mais é que kitsch, cheia de gente kitsch e de monstruosidades superficiais.

RUDOLF BAYR: Sr. Bernhard, há no livro uma passagem em que se fala de uma parede do Johanneum — onde o senhor morou durante os estudos — em que se reconhece uma superfície clara da qual, agora, pende um crucifixo.

THOMAS BERNHARD: Sim, antes do fim da guerra, era onde ficava o retrato de Hitler e, depois, quando voltei, lá estava a cruz. Mas provavelmente economizaram o dinheiro da pintura. Na época, talvez tivessem coisas mais importantes a fazer do que transformar Hitler em Cristo — o que, aliás, aconteceu muito rapidamente na cidade, logo depois da guerra. Agora, isso volta a acarretar dificuldades, eu diria. É uma cidade bastante apta a transformar-se. Ela se adapta de imediato. As igrejas, a catedral, essas seguem existindo, porque são de pedra. Mas, se amanhã chega o sr. Meier, vão todos correr e gritar: "Meier". Poderia acontecer amanhã mesmo, estou totalmente convencido disso.

RUDOLF BAYR: Afinal, a igreja se assenta sobre rocha.

THOMAS BERNHARD: Sobre rocha — na Roma alemã. É uma caracterização magnífica, está tudo aí: Roma, a Igreja, alemão, nazista — está tudo aí. Uma mistura maravilhosa.

RUDOLF BAYR: Mas o senhor não acha isso um tanto afiado demais? É que, quando leio as partes de seu livro que tratam da transformação ou da virada do nacional-socialismo para a dominação católica, parece-me que Salzburgo só teria duas facetas, de acordo com o período histórico: ou a nacional-socialista ou a católica.

THOMAS BERNHARD: Para mim, são duas, sim. Só que a católica tem quinhentos anos ou mais, ao passo que o nacional-socialismo ainda não é tão antigo. E, desde o seu surgimento, essa dualidade, eu diria, constitui uma verdadeira âncora para cada um que circula pela cidade. Basta conversar com as pessoas, seja numa loja ou em qualquer outro lugar. Se é um católico falando do púlpito, ouve-se na verdade um nazista falando, e, quando se ouve um nazista, ele se ergue na verdade sobre uma base católica. Assim é nesta cidade, não há como esconjurar isso. Nem se deve esconjurar ninguém.

RUDOLF BAYR: O senhor acredita que esse comportamento, que o senhor segue caracterizando ainda e sempre como nacional-socialista...

THOMAS BERNHARD: Eu não diria "ainda e sempre". É "ainda e sempre", mas é também "de novo", porque é coisa que já voltou a ganhar muita força!

RUDOLF BAYR: Esse tipo de comportamento, esse padrão de comportamento, já não existia muito tempo antes de ser incorporado ao conceito de "nacional-socialista"?

THOMAS BERNHARD: O impulso rumo ao germânico sempre foi muito forte.

RUDOLF BAYR: O impulso rumo ao germânico, justamente: isso não é algo apenas e tão somente nacional-socialista!

THOMAS BERNHARD: Mas existem elementos deflagradores ou certas letras de canções que põem todo mundo em marcha. Posso bem imaginar que, ao ouvir de novo sons desse tipo, vão todos de pronto correr para a rua outra vez. É no que acredito. E não apenas acredito, sei que provavelmente assim será de novo algum dia.

RUDOLF BAYR: O senhor teme isso?

THOMAS BERNHARD: Não temo, porque isso significaria um medo constante. Mas assim será de fato. Vão entrar em formação nos pátios, são muito próprios para isso esses pátios arquiepiscopais, e dali vão partir de novo.

RUDOLF BAYR: Graças a Deus que essa cena...

THOMAS BERNHARD: "Graças a Deus" é muito boa!

RUDOLF BAYR: ... é imaginação, e não realidade; digo graças a Deus por isso também. Por falar em cena, em que pé está a situação entre o Festival de Salzburgo e Thomas Bernhard?

THOMAS BERNHARD: Para mim, o Festival é assunto encerrado. Eu queria dar uma alegria ao sr. Kaut, caracterizado como amigo paternal nos jornais e com quem sempre me entendi muito bem, escrevendo uma peça para ele. E foi o que fiz. Mas agora isso já não é possível. Não tenho mais o seu apoio, que ou é integral ou não é apoio nenhum. Você não pode querer uma coisa, encomendá-la, discuti-la, a pessoa passa um ano inteiro escrevendo a peça, e aí vem alguém de um jornal qualquer e diz: "Ah, não, Bernhard de novo...", e o sujeito ouve isso cinco ou seis vezes. Infelizmente, o bom e velho amigo paternal mudou de atitude e, de repente, começou a exibir uma reserva artificial. O título, *Die Berühmten* — aí ele pensou lá consigo, ah, já sei, agora são os famosos que se apresentam em Salzburgo todo ano, Karajan ou como quer que se chamem, todo mundo sabe quem são. Ficou desconfiado. Eu contei a ele do que se tratava. Mas ele faz como se não soubesse de nada. Disse a ele: estou escrevendo a peça, é sobre isso e aquilo, tem essa e aquela personagem. E ele: ótimo, fazemos então como sempre fizemos. Mas, de repente, pede para ver a peça — pela primeira vez, porque, em Salzburgo, jamais alguém leu uma única palavra minha antes de a peça ir a público; só viam a peça já nos ensaios. Naturalmente, você não pode agir assim duas vezes e, na terceira, dizer que quer ver a peça. E, quando dizem que agora querem ver a peça e não se deixam convencer de que não podem fazer isso na terceira peça, aí estou fora. É isso, caí fora, e de uma vez por todas — daqui.

RUDOLF BAYR: Mas — talvez uma perguntinha idiota: é tão incomum assim...

THOMAS BERNHARD: Eu sei o que o senhor vai dizer. Foi o que disseram: a pessoa que vai montar uma peça tem o direito de, em primeiro lugar, ver o que é. Isso é normal. Mas, no meu caso, não é normal. E por quê? Minha primeira peça, *Uma festa para Boris*, foi escrita para o Festival, uma espécie de anti- *Everyman*, pessoas a uma mesa, uma festa, mas pessoas estropiadas, à minha maneira. Mostrei essa peça ao Kaut, que a havia pedido na época, seis ou sete anos atrás. Kaut a devolveu dizendo que aquilo não era uma peça, que não era nada. Dois anos mais tarde, tendo a peça se tornado famosa — *Uma festa para Boris* foi encenada na Inglaterra, na França, em toda parte —, um assistente do Festival vem atrás de mim na rua e diz que o Festival ficaria muito feliz se eu escrevesse uma peça para eles. O sujeito me segue por metade da cidade, e eu digo, está bem, a peça se chama *Der Ignorant und der Wahnsinnige*. E assim foi. Com isso, a história estava resolvida até o começo dos ensaios: ninguém viu coisa alguma, os ensaios começaram, a peça foi encenada; no que deu, todos sabem. Dois anos depois, veio *Die Macht der Gewohnheit*. O mesmo procedimento — não viram nada, nem uma palavra. Um ano mais tarde, o sr. Kaut, desconfiado graças à influência dos jornais e a sugestões de outras pessoas, quer ver o texto. Eu digo: o processo tem de ser o mesmo de antes, cem por cento. Noto que ele muda de atitude, começa a hesitar. E caio fora. Ponto. Uma coisa muito simples.

RUDOLF BAYR: Muito simples mesmo, admito, mas também bastante lamentável. Daí a minha pergunta: não há mesmo nenhuma possibilidade de, no verão, Thomas Bernhard...

THOMAS BERNHARD: Não, eu não quero. Isso não deve acontecer por força do hábito, *Die Macht der Gewohnheit*. Além disso, compreendi: três peças seguidas não faz sentido. Duas foi maravilhoso. Eles que escrevam suas próprias peças. Eu bem poderia imaginar o sr. Kaut escrevendo ele próprio uma peça, montando-a, chamando Häusserman para encená-la com atores famosos, e que a intitulem *Die*

Berühmten. Seria um sucesso estrondoso. É o que desejo a eles — como a peste!

RUDOLF BAYR: Mas isso agora é uma contribuição a "Thomas Bernhard como pessoa divertida".

THOMAS BERNHARD: Eu sou uma pessoa divertida. Isso infelizmente não é possível alterar, por mais que todo o resto seja trágico.

26.
Bernhard Minetti

1975

Caro Henning Rischbieter,

Seria loucura, um golpe contra minha própria cabeça, portanto, enviar-lhe um pedaço da peça que escrevo especificamente para Minetti, que assim se intitula, *Minetti*, mas que simplesmente ainda não está pronta e que pretendemos apresentar em Stuttgart na véspera de Ano-Novo, se ainda estivermos vivos, Minetti, Peymann e eu. Antes que não se possa mais fazê-lo, tenho ainda de explorar esse grande ator, provavelmente o maior de todos e, portanto, o maior ator vivo, que encanta seu ofício, enfeitiça, portanto, sua própria e também a nossa loucura dramática, esse *espírito* absolutamente teatral. Em todo um século, não são muitos os artistas capazes de *efetivamente* nos dar nos nervos! E, como o senhor sabe, ou não sabe, e portanto esclareço aqui, nunca escrevo nem uma só palavra (não faço, portanto, nem um único *movimento físico* ou *intelectual*!) para o público, que não me interessa nem um pouco nem tem por que me interessar, e sim, sempre, para os atores, *sempre escrevi para os atores, nunca para o público*, porque nunca escrevi para a imbecilidade, apenas e sempre para os atores, portanto, e naturalmente para aqueles como Minetti, ou seja, para os *espíritos*, ainda que muitos idiotas tenham atuado em peças minhas. O público é inimigo do espírito, do intelecto, razão pela qual não o aprecio nem um pouco, ele detesta o intelecto, detesta a arte, quer apenas divertir-se com o que há de mais imbecil, qualquer afirmação em contrário é mentira; eu, contudo, sempre detestei a diversão imbecil e devo, portanto, detestar o público, que é e deve permanecer sendo o inimigo; ter outra opinião significa pertencer a esse monte de esterco que é o público que hoje abomino, porque ele pisa no que me é mais importante. Como ex-estudante e provavelmente estudante eterno da arte dramática, sempre me interessei apenas em escrever para os atores e *contra* o público, como, de resto, sempre fiz tudo contra o público, tudo contra meus *leitores* e *espectadores*, e isso a fim de poder me salvar, de poder me disciplinar até o mais alto grau de minhas capacidades.

Agradeço muito cordialmente ao senhor pela solicitação.

Seu,
Thomas Bernhard

27.
Thomas Bernhard fala

Novembro de 1975

ZDF: Sr. Bernhard, o senhor escreve que o público não lhe interessa. Não teria por que interessar-lhe. Penso, no entanto, que ele há de ser de seu interesse, porque o senhor precisa de um público para seu trabalho.

THOMAS BERNHARD: Que ele não me interessa, não se pode dizer. Naturalmente, tudo no mundo há e haveria de nos interessar. Mas eu escrevo em primeiro lugar para os atores e, na verdade, apenas para eles. Eles é que, então, o transmitem para o público. Para mim, o público está atrás dos atores. Eu vejo só os atores.

ZDF: Mas o senhor também disse que escreve contra o público.

THOMAS BERNHARD: Sim, contra o público, naturalmente, porque, para mim, o público é como um muro contra o qual preciso lutar. Tenho de ser contra o público para poder fazer meu trabalho.

ZDF: O senhor odeia o público?

THOMAS BERNHARD: Em certo sentido, sim. Somente a partir do ódio ao público consigo escrever alguma coisa que, talvez, em dez ou vinte anos, venha a ser de seu interesse. Porque hoje o público não se interessa por aquilo que faço. A massa, as pessoas que vão ao teatro, elas não querem o que eu faço, querem ver seus atores. Tampouco querem ouvir o que escrevo. Não querem minhas frases, minhas palavras, em absoluto. Querem ver seus atores. Mas o poeta, ou aquele que as escreve, nesse elas não têm interesse nenhum. Isso a gente sente. Quando vou ao teatro, noto como todos, na verdade, estão predispostos contra o que ouvem.

ZDF: Como se poderia mudar isso, essa "predisposição contra algo"?

THOMAS BERNHARD: Não, de minha parte, fico feliz por minha própria predisposição contrária. Porque essa animosidade é só o que me capacita para fazer o que faço.

ZDF: Mas o senhor não se limita a apenas provocar o público com sua peças?

THOMAS BERNHARD: Sim, naturalmente elas são uma provocação. E isso porque luto contra o público, contra esse muro, e ele não recua. Nem sequer um passo. Não absorve, não acolhe.

ZDF: O senhor vê uma possibilidade de educá-lo?

THOMAS BERNHARD: Não, eu não. Mas, da mesma forma como é necessário educar os atores, para que eles possam enfim subir num palco, falar, caminhar, compreender uma peça, o que é um processo que leva anos, assim também seria necessário mandar o público para a escola. E, aliás, por anos, até que ele possa, então, ir ver as peças de hoje. Só que não aquelas peças rançosas, que todo mundo entende ou que são o de sempre.

ZDF: Heiner Müller disse que se deveria encontrar um caminho para dar ao público aquilo de que ele precisa.

THOMAS BERNHARD: Isso é completamente absurdo. Porque, no fundo, o público só precisa comer, ter algo para vestir e, no fundo, além de comer e se vestir, não quer outra coisa a não ser uma forma a mais barata possível de se divertir sem nenhum esforço. E essa coquetice com o público é a maior hipocrisia que conheço. Ou se educa o público ou se desiste de vez de toda a arte, ou de todo esse palavrório sobre arte, cultura. O público não está interessado nisso.

ZDF: Mas o senhor mesmo disse que, em vinte anos, talvez suas peças sejam entendidas.

THOMAS BERNHARD: Aí, quem as escreveu já terá morrido. Terá sido transformado num nada, numa criança enjeitada que jaz numa cova. E isso as pessoas podem contemplar com tranquilidade, porque não traz perigo, não está mais ali, já não pode se defender.

28.
O ofício do escritor hoje
A comédia da vaidade

27 de fevereiro de 1976

O novo doutor honoris causa, Canetti, o aforista dos dias que correm e que, portanto, nasceu para ser doutor honoris causa, aquele que, há cerca de quarenta anos, deu inspirada amostra de seu talento sob a forma de um fantástico "ofuscamento", declara-se agora — numa, por assim dizer, autoencenada "comédia da vaidade", num acesso de senilidade aguda e por certo galopante — (o único) poeta! A senilidade é comovente; embaraçosa é, porém, a arrogância de um ancião, de um pai temporão e filósofo estrambótico de última hora que, como disse, deu-nos há quarenta anos inspirada amostra de seu talento, mas, nesse meio-tempo, como uma espécie de Kant estreito e Schopenhauer minúsculo, foi, pela via da incoerência, perdendo coerentemente seu nível e, na Universidade de Munique, reduziu a nada a própria inteligência em frases efetivamente estúpidas pronunciadas sem nenhuma vergonha. Embaraçosa ou apenas grotesca. O auxiliar de profeta, há anos viajando diligentemente por todos os recantos de língua alemã na condição de literato, deu vazão em solo acadêmico, por assim dizer, a sua consciência pesada.*

Thomas Bernhard, Ohlsdorf

---

* O discurso proferido por Elias Canetti na Universidade de Munique, "O ofício do poeta", integra a coletânea de ensaios intitulada *A consciência das palavras* (Trad. de Márcio Suzuki. São Paulo: Companhia das Letras, 1990). *Die Blendung* [O ofuscamento] é o título original de *Auto de fé*. *A comédia da vaidade* é um drama em três partes publicado por Canetti em 1964. Canetti é autor também de diversos volumes de anotações, muitas delas de caráter aforístico.

29.
"Um sujeito destrutivo e horroroso"

2 de junho de 1976

De volta de Portugal, onde, graças à mediação do Instituto Goethe alemão, dei palestras relativas a meu trabalho e o discuti com estudantes das universidades de Lisboa e de Coimbra, é-me impossível — à minha pessoa ou, melhor dizendo, à minha cabeça sensível à capacidade dos austríacos no exterior de responder por seus atos — ocultar de nosso chanceler e do público a experiência que tive na embaixada da Áustria e, em particular, com o embaixador austríaco em Lisboa, Weinberger. Tenho, pois, simplesmente o dever de relatar o que segue:

O diretor do Instituto Goethe em Lisboa, Curt Meyer-Clason, tradutor excepcional e, com toda a justiça, mundialmente famoso de literatura latino-americana, ou seja, de literatura portuguesa e espanhola, foi, juntamente comigo, convidado para um jantar que, após minha primeira palestra, teria lugar na casa de uma família austríaca domiciliada na cidade, jantar do qual deveria participar também o embaixador austríaco. Pouco antes de minha palestra, porém, Meyer-Clason comunicou-me de súbito que o embaixador austríaco, Weinberger, não aceitaria o convite caso *eu* — e o embaixador externara com toda a clareza: esse *"sujeito destrutivo e horroroso"* — estivesse presente, de forma que, sendo os anfitriões austríacos domiciliados em Lisboa, provavelmente temerosos de alguma pressão por parte do embaixador, foi-me sugerido com toda a gentileza que eu não comparecesse ao jantar, ao qual naturalmente não compareci.

Nessa ocasião, fiquei sabendo na universidade que a fineza do Instituto Goethe alemão e da embaixada alemã em Lisboa — qual seja, a de informar a embaixada austríaca de minha estada e de minhas palestras em Lisboa e Coimbra mediante convites e folhetos gentilmente impressos e não impressos — tinha sido recebida com áspera rejeição a minha pessoa e indubitável e decididamente utilizada pela embaixada austríaca e pelo próprio embaixador para me insultar e me fazer desprezível à colônia austríaca em Lisboa e mesmo por todo o país, uma vez que o embaixador austríaco dera a entender publicamente que eu era *"um sujeito destrutivo e horroroso"*, embora eu nem sequer conheça o embaixador austríaco em Lisboa e embora esse embaixador, como sei, até hoje jamais tenha lido uma única linha de minha autoria. Também aos representantes do Instituto Goethe alemão e da embaixada alemã — ou seja, a meus anfitriões, crentes de que a embaixada austríaca em Lisboa estaria de algum modo interessada em Thomas Bernhard —, o embaixador Weinberger se referira a mim como *"um sujeito destrutivo e horroroso"*, o que se há de caracterizar, no mínimo, como falta de tato.

No dia seguinte a esse desconvite para o jantar mencionado acima, e depois de o embaixador austríaco ter se valido ainda várias vezes e fartamente da possibilidade de me fazer desprezível aos alemães e austríacos em Lisboa, fui convidado pelo embaixador alemão, Caspari, a ir a sua residência privada, nas proximidades da capital, para participar de uma mesa-redonda com Cunhal, Soares e o ex-rei Umberto, e foi então, no mais estranho dos contextos que se possa imaginar, que, de repente, e não sem exibir certo humor nos olhos, Meyer-Clason me chamou a atenção para o fato de que o embaixador austríaco Weinberger, no bojo de seu empenho por tornar minha pessoa desprezível e tendo esse seu propósito por objetivo, seguida e intransigentemente trocara meu verdadeiro sobrenome,

Bernhard, por um nada desinteressante, reconheço, *Bernfeld*. O saldo foi, como tantas vezes, provocar gargalhadas nos alemães. Minhas experiências com as representações austríacas no exterior são, há muitos anos, as mais grotescas possíveis e, portanto, não as melhores, e hoje, no fim dessa viagem de resto tão proveitosa e extraordinária, eu me pergunto por que, afinal, elas têm sempre de ser as piores. Nesse caso, em que, à parte outros convites alemães, fui convidado com toda a cordialidade pelo embaixador alemão — não como um "*sujeito destrutivo e horroroso*", mas simplesmente como *Thomas Bernhard* —, o insulto a minha pessoa é, afinal, naturalmente também um insulto às pessoas do Instituto Goethe e da embaixada alemã em Lisboa.

Com toda a humildade, e naturalmente munido também de grande consternação, eu pergunto se, em vez de, como seria natural, ser útil aos austríacos em viagem, ou de simplesmente deixá-los em paz, há de ser tarefa de um embaixador austríaco no exterior, como é o caso em Lisboa, desprezá-los e, o que é ainda pior, desdenhar deles *em público* e, dessa forma, ridicularizar a Áustria no exterior e torná-la fonte inesgotável e, com o correr do tempo, por certo deprimente de zombaria.

Thomas Bernhard
Ohlsdorf

30.
As experiências de Thomas Bernhard em Lisboa

5-6 de junho de 1976

Na edição de hoje (2 de junho) do *Die Presse*, foi publicada uma versão completamente mutilada e, na verdade, inadmissível de minha "carta aberta ao senhor Chanceler Federal", e de uma forma contra a qual me cabe protestar com a maior veemência. Não escrevi uma "carta do leitor", como foi publicada hoje a mutilação de minha "carta aberta ao senhor Chanceler Federal", e sim uma "carta aberta", e o conceito de "carta aberta" é claro. Além disso, a redação fez intervenções na minha maneira de escrever que me horrorizam (por exemplo, eu sei por que escrevo *"com toda justiça"*, em vez de *"com toda a justiça"*!). Não digo em parte alguma que enviei essa "carta aberta ao senhor Chanceler Federal" também ao chanceler em pessoa, como deturpa a redação do jornal, falseando a verdade.

Com toda a gentileza, todo o meu amor à verdade e com o máximo fanatismo pela clareza, tenho de solicitar-lhes que publiquem sem demora minha primeira carta aos senhores, de 30 de maio, e a "carta aberta ao senhor Chanceler Federal", enviada juntamente com a primeira — esta, em sua integralidade e sem intervenções da redação —, assim como esta carta de hoje, e, aliás, que as publiquem de acordo com sua cronologia, o que restitui aos fatos sua nitidez.

Se, por qualquer que fosse a razão, não lhes era possível publicar minha "carta aberta ao senhor Chanceler Federal" na forma manifestada muito claramente em meu pedido, os senhores deveriam tê-lo comunicado a mim. Não posso nem devo me contentar com uma solução que vira os fatos de cabeça para baixo, que esfuma e desfigura a verdade de modo a infelizmente lembrar-me com toda a nitidez da experiência "portuguesa" pela qual acabo de passar. Espero que seja possível imprimir num jornal austríaco (qual?), e em consonância com a verdade, os fatos de que se trata aqui, não desprovidos de certo caráter picante.

Com o mais elevado respeito,
Thomas Bernhard
Ohlsdorf

31.
Amanhã, Salzburgo

24-25 de julho de 1976

ARMIN EICHHOLZ: O senhor hoje está sofrendo mais que de costume com Salzburgo não apenas porque domingo começa o Festival, mas também...

THOMAS BERNHARD: Nunca sofri com Salzburgo. Aonde o senhor quer chegar?

ARMIN EICHHOLZ: ... porque ele vai coincidir com os Jogos Olímpicos de Montreal, e o esporte, é sabido, "diverte, atordoa e emburrece as massas", como se lê em Bernhard?

THOMAS BERNHARD: Todo fenômeno de massa é difícil de suportar. Sempre detestei os esportes. Quando uma centena de pessoas marcha numa mesma direção, o centésimo precisa marchar na direção contrária. Sem se perguntar por quê.

ARMIN EICHHOLZ: Portanto: amanhã, Salzburgo! Sua peça *Die Macht der Gewohnheit* de fato diz sem cessar: "amanhã, Augsburgo", mas, como suspeita o presidente do Festival de Salzburgo, dr. Josef Kaut, o senhor na verdade se refere a Salzburgo quando fala em "cidadezinha mofenta e execrável".

THOMAS BERNHARD: O Kaut sempre tem opiniões equivocadas. Mas, para mim, tanto faz o que ele pensa. Ele sempre foi muito amável. Mas, às vezes, por alguma razão, a amabilidade acaba. Acho que não se deve mentir sobre alguém de quem se é amigo. O mundo, de todo modo, já consiste apenas em mentiras, falsidades e distorções...

ARMIN EICHHOLZ: Mas sua Augsburgo é mesmo Salzburgo ou não?

THOMAS BERNHARD: Ah, mas isso já faz muito tempo.

ARMIN EICHHOLZ: Aliás, o senhor sabia que, no século XVI, depois da Paz de Augsburgo, "ir para Augsburgo" também significava "ir ao banheiro"? Golo Mann cita uma carta que a esposa alemã do rei Felipe III, Margareta, escreveu de Madri, em 1599, para seu irmão, o arquiduque Ferdinando da Estíria. Ela se queixa de sua aia rigorosa, dizendo: "... ela não sai do meu lado o dia todo, não posso nem ir a Augsburgo que ela vem atrás de mim...". Ou seja, ela não podia nem ir ao toalete [*Lokus*] sem ser vigiada.

THOMAS BERNHARD: A história é muito simpática. Mas *Lokus* é uma palavra usada na Baviera. Aqui, não se diz *Lokus*.

ARMIN EICHHOLZ: Aqui em Ohlsdorf, no máximo em conexão com *genius loci*...

THOMAS BERNHARD: ... mas eu compreendo, é claro, cresci em Traunstein. Tenho, portanto, uma certa relação com o *Lokus*.

ARMIN EICHHOLZ: Sr. Bernhard, é possível, diante do senhor, citar aquele velho mote de Max Reinhardt sobre o Festival de Salzburgo sem que o senhor logo...

THOMAS BERNHARD: Por mim, o senhor pode citar o que quer que sinta vontade.

ARMIN EICHHOLZ: Então preciso lhe dizer o quanto me agrada ainda, a despeito dos muitos carros e do autor Thomas Bernhard, aquela primeira ideia de Max Reinhardt sobre o Festival: a de ver "a cidade como cena".

THOMAS BERNHARD: Agora você se refere a Salzburgo? E não ao *Lokus*? Ou seja, ao locus Salzburgo.

ARMIN EICHHOLZ: E, a rigor, o senhor, tanto enquanto dramaturgo como em seu último livro, *A causa*, faz a mesma coisa: o senhor vê a cidade como cena. Só que, ao contrário de Reinhardt, o senhor chega a um quadro de horror. Vê Salzburgo como uma "cidade letal", como "museu da morte", como "fachada pérfida" e crê que os habitantes da cidade "sucumbem direta ou indiretamente, lenta e miseravelmente a seu solo mortífero, fundamentalmente avesso à humanidade, letal em sua arquitetura, em seu arcebispado, na tacanhez, em seus nacional-socialismo e catolicismo".* Isso, o senhor ousa dizer a si mesmo diante da casa em que Mozart nasceu?

THOMAS BERNHARD: Bom, eu sou de Salzburgo! Não sou? Minha relação com esta cidade é de *pré*-dileção.

ARMIN EICHHOLZ: Então, na sua opinião, foram os que chegaram depois, os que se estabeleceram na cidade, que criaram uma reputação melhor para Salzburgo?

THOMAS BERNHARD: Sim, e os próprios salzburguenses criaram a outra. Trakl, por exemplo. Ele não chegou depois. Ou dê uma olhada no que Mozart falou sobre a cidade. E milhares de outros — só que eles não o disseram por escrito.

ARMIN EICHHOLZ: Quer dizer que o senhor se vê no solo mortífero de uma certa tradição...?

THOMAS BERNHARD: ... da qual, uma vez aqui, não se pode escapar. Pode-se fingir, fazer o que se quiser. As pessoas, com seus negócios, não podem de repente parar com a brincadeira... Quem é que vai querer deter uma engrenagem tão lucrativa? — aí, fica-se de mãos vazias, não é?

ARMIN EICHHOLZ: Toda essa atividade poderia nos ser indiferente: a cidade como cena continua valendo. Nela, não se quer ler Mozart, quer-se ouvi-lo. Há quem queira inclusive ver Thomas Bernhard, dizem.

THOMAS BERNHARD: Bom, se não tivesse vivido em Salzburgo desde a infância, se, aonde quer que vá, não topasse com parentes transbordando de monstruosidades, eu iria até lá de bom grado. Gosto muito de mostrar a cidade a um visitante por uns 45 minutos, mas aí chega. Conheço muito bem

---

* Thomas Bernhard, *Origem*. Trad. de Sergio Tellaroli. São Paulo: Companhia das Letras, 2006, p. 122.

as entranhas espirituais desse corpo salzburguense. Mesmo uma pessoa muito bonita, quando você a disseca, não é tão agradável por dentro... E quem é que vai querer remexer no intestino quando quer estar com uma pessoa bonita, não é?

ARMIN EICHHOLZ: Mas, no teatro, o senhor obteve os melhores resultados remexendo no intestino...

THOMAS BERNHARD: Bem, parti do intestino, em última instância...

ARMIN EICHHOLZ: ... e, para tanto, desenvolveu uma linguagem médica bem vigorosa. Veja o doutor, em *Der Ignorant und der Wahnsinnige*, quando ele descreve a autópsia: "Inspeciona-se o *omentum majus*/ ele desce da *taenia omentalis* do *colon transversum* — como um avental, note bem — rumo à pélvis/ basta erguê-lo e contemplar o local dos órgãos do abdome/ veja se as alças intestinais estão muito inchadas...". Hofmannsthal abordou de outra forma o corpo salzburguense: viu ali "o coração do coração da Europa" e quis expressamente excluir do Festival "o sombrio, o interiormente vulgar, o absolutamente profano" — mas agora é precisamente isso que o senhor quer levar para lá com sua peça anti-Festival, *Die Berühmten*, que o Festival recusou.

THOMAS BERNHARD: No caso de *Der Ignorant* e de *Die Macht der Gewohnheit*, Salzburgo tinha justamente a vantagem de que se podia fazer ali o que se quisesse...

ARMIN EICHHOLZ: Meu ponto é...

THOMAS BERNHARD: Qual é o seu ponto?

ARMIN EICHHOLZ: ... estabelecer algo como uma dramaturgia salzburguense das peças de Bernhard. No momento, por exemplo, Maria Becker está fazendo em Munique uma "presidenta" inteiramente psicologizada, ao contrário de, digamos, Bruno Ganz, que, no passado, desnaturalizou por completo seu doutor (no *Ignorant*) e o transformou numa marionete falante. Portanto, um faz o contrário do outro com seu texto. Como é que o próprio Bernhard vê suas personagens?

THOMAS BERNHARD: Em tudo, há centenas de milhares de possibilidades. Pode-se pintar uma paisagem de 20 mil maneiras diferentes, até cansar, e sempre o resultado será outro. Minha peça, na verdade, oferece um modelo. A atores medíocres, ela não interessa nem um pouco, porque eles são idiotas demais. Para os muito grandes, e existem talvez uns cinco ou seis, isso é estimulante. Mas cada um faz do seu jeito. E esse é o sentido da coisa. Meu texto não é escrito como as pessoas normais escrevem peças, demarcando cada passo: você precisa ir até ali, inspirar, expirar... Para mim, isso tudo é da alçada do ator. Eu só forneço o esqueleto. O que o ator faz dele me é, a rigor, indiferente, contanto que seja grandioso e corresponda às capacidades dele. Não estou fechado. Não quero convencer ninguém. Não quero marchar sob bandeira nenhuma... Quero criar algo estimulante. E, em primeiro lugar, para mim mesmo. Isso é o que mais me interessa. Se isso então é representado, e por pessoas extraordinárias, excelente. De todo modo, na maioria das vezes dá errado, inclusive com os melhores atores. Porque eles só suportam meu texto por 45 minutos e, no fim, não mais acreditam de fato na coisa. A resistência é sempre muito grande, em todos os teatros e por parte de todos. De início, eles se engajam, mas, dois dias depois, dizem: "Mas que porcaria"... E aí ficam inseguros. Só que algo assim só funciona se for cem por cento. Aí, também os espectadores se interessam. Mas se, por trás, só tem gente fazendo intriga e dizendo "isso é uma merda", aí dá errado. Também não se pode escalar um grande ator apenas para um papel e, com isso, amordaçar todos os demais. De corpo e alma — isso não existe mais. Quando escrevo, me dedico cem por cento. Mas os outros teriam de fazer a mesma coisa. Shakespeare fazia algo parecido: escreve os textos, tem-se de encená-los e só aí, então, é que se vê se o ator é de fato um ator.

ARMIN EICHHOLZ: É correto supor que o senhor escreve peças bem mais divertidas do que elas são quando encenadas?

THOMAS BERNHARD: Tudo é cômico. Assim como na minha prosa, a pessoa nunca pode saber ao certo: devo agora gargalhar ou não? Essa corda bamba é que dá prazer. Mas as nuances... quem as entende hoje em dia? Basta ler as críticas — quando eu as leio, elas não têm o menor humor, são idiotas. Quem é que sabe o que essa gente espera de mim? Que eu carregue uma cruz preta? Que eu desmorone?

ARMIN EICHHOLZ: Mas, se o senhor lê crítica teatral, a culpa é sua.

THOMAS BERNHARD: Eu leio. É idiota dizer que não me interessa. Leio tudo o que está ao meu alcance, formo um quadro. Não sou feito de granito nem sou surdo. Sou uma pessoa muito vital, graças a Deus, mas sou também uma pessoa sensível...

ARMIN EICHHOLZ: Sensível o senhor foi sobretudo quando Salzburgo recusou *Die Berühmten*. Mas o senhor mesmo não é lá muito melindroso no trato com os ícones do Festival: a soprano arrebenta a cabeça de Lotte Lehmann, representada por uma boneca, com uma garrafa de champanhe; a atriz espanca Helene Thimig até a morte com um candelabro; Max Reinhardt termina com uma faca nas costas; um tenor estrangula Richard Tauber; e um editor dá um tiro na nuca de Samuel Fischer... "Uma brincadeira", diz o senhor. Mas, quando o presidente do Festival de Salzburgo disse não, aí o senhor escreveu: "Não preciso do Festival".

THOMAS BERNHARD: Eu poderia ter encenado a peça no Theater an der Wien até mesmo com veteranos. Contra toda a resistência e contra todos os meus amiguinhos. Queria botar isso no passado. Essa história precisa ter fim, ela só me bloqueia.

ARMIN EICHHOLZ: Sr. Bernhard, o senhor sente o cheiro de carne humana em Salzburgo, na Fanny-von-Lehnert-Straße. Diante da Bürgerspitalkirche, segue vendo a mão de uma criança decepada pelo primeiro bombardeio. Nas proximidades da estação, vê os corpos cobertos por lençóis... Disso tudo, não há indicação verdadeiramente desproporcional em suas memórias do internato em Salzburgo, ou seja, em *A causa*, a que o senhor deu o subtítulo *Uma indicação*?

THOMAS BERNHARD: As pessoas já nem veem mais. Só se irritam quando lembradas.

ARMIN EICHHOLZ: No senhor, porém, isso soa como uma tal reprovação que é como se todas as outras pessoas tivessem de sentir até hoje o cheiro da carne humana em Salzburgo. Isso, como leitor, eu não admito.

THOMAS BERNHARD: Alguém que simplesmente lembre disso é importuno. E mais: um ser pensante é importuno. São tempos muito ruins — Trakl não fez mais que transformar e intensificar isso tudo em seus poemas.

ARMIN EICHHOLZ: O seu truque é que o senhor apresenta seus sentimentos como aluno do internato com seu intelecto adulto de hoje. Dá à formulação de sua juventude uma ajuda bastante poderosa.

THOMAS BERNHARD: As coisas todas que tenho de suportar...

ARMIN EICHHOLZ: Eu acho que, depois do tanto que já se disse sobre Thomas Bernhard, o senhor está suficientemente curtido. Afinal, superou bem os primeiros exercícios de violino na saleta dos sapatos em Salzburgo, e a tentativa de suicídio com os suspensórios. O que estava tocando, afinal?

THOMAS BERNHARD: Na verdade, eu não conseguia tocar nem a sequência mais simples de notas. Postei-me ali, atrás da porta, e pus-me a tocar o violino. Soou como algo de Paganini ou coisa parecida. Mas, claro, era tudo invenção minha mesmo. É que, com frequência, uma coisa soa como se fosse outra.

ARMIN EICHHOLZ: Contra a sua vontade, o senhor tem centenas de parentes entre os cidadãos de Salzburgo. Hoje, são médicos, donos de moinhos, juízes que frequentaram o ginásio juntamente com o senhor. O que o senhor acha: por que é mais fácil para eles viver em Salzburgo? Será que se empenharam mais do que o senhor?

THOMAS BERNHARD: Juízes? Conversar o quê, com um juiz? Só se pode ficar ali, parado. E, se possível, se controlar. Se possível, não dizer nada. Não dizer coisa nenhuma, se nada for perguntado. Não há como convencer juízes de algum tipo de verdade e tampouco da coisa mais simples do mundo...

ARMIN EICHHOLZ: E ninguém há de depreender daí que o senhor já cobriu os tribunais como repórter do jornal socialista *Demokratisches Volksblatt*... Mas tudo isso soa como se o senhor reprovasse os demais cidadãos de Salzburgo por não serem tão críticos como o senhor, como se eles não sofressem também, mas tivessem se adaptado.

THOMAS BERNHARD: Mas a magistratura, escrever sobre os outros, no fundo é uma coisa legal...

ARMIN EICHHOLZ: A rigor, o senhor extrai tudo que escreve dessa região: em Ohlsdorf e pela redondeza, a gente encontra essas pessoas bernhardianas, as fábricas e as paisagens de Thomas Bernhard. Mas o senhor próprio, ao que parece, se exclui por completo. Escreve, por assim dizer, como uma personagem artística, não como o senhor próprio. Eu acho que as pessoas identificam o senhor equivocadamente com essa sua personagem.

THOMAS BERNHARD: Isso é completamente impossível! Tenho uma propriedade nas montanhas da qual preciso cuidar, tenho muito que fazer, preciso sair com meu trator... O que me interessa essa personagem artística? Devo publicar anúncios em todos os jornais: eu não sou eu? Aí as pessoas vão pensar: olha ali o sujeito, raquítico, remoendo seu último pensamento, um pobre cão do intelecto, o revólver a seu lado... Nem pensar. Eu sinto é pena de todas essas pessoas.

ARMIN EICHHOLZ: Mas, depois de seu livro mais recente, todos ainda veem o senhor com o suspensório enrolado no pescoço, sentado na saleta dos sapatos em Salzburgo.

THOMAS BERNHARD: A rigor, todo jovem faz a mesma coisa. Há outros temperamentos, um pouco mais ou um pouco menos sensíveis.

ARMIN EICHHOLZ: O senhor, afinal, ainda vai a Salzburgo de livre e espontânea vontade? Tenta estacionar o carro por lá de vez em quando?

THOMAS BERNHARD: Tenho uma vaga fixa.

ARMIN EICHHOLZ: Ah, entendi. Mas um *Mozartkugel*, isso o senhor nunca comprou, ou já?

THOMAS BERNHARD: Acho que já comprei um e dei de presente — e, uma vez, comi um. Marzipã faz muito mal à saúde, não é? É péssimo! Foi meu irmão quem me disse, ele é médico. Disse que marzipã é o que há de pior. Mas isso o senhor há de saber...

ARMIN EICHHOLZ: De todo modo o *Mozartkugel* não o marcou — se li corretamente, seu avô não o abasteceu de marzipã, e sim de Montaigne...

THOMAS BERNHARD: Esse, meu avô me inculcou. Provavelmente, com dificuldade. Mas eu era receptivo. Naquela época, apenas ouvia com atenção, não lia quase nada, porque, no fundo, detestava livros.

ARMIN EICHHOLZ: Então talvez nem lhe tenha chamado a atenção que Montaigne escreveu frases que parecem aforismos de Thomas Bernhard? Ou que é como se o senhor tivesse ido buscar ali o seu estilo?

THOMAS BERNHARD: Ah, é? Como assim?

ARMIN EICHHOLZ: Por exemplo: "Por natureza, tenho um estilo ímpar e sucinto". Ou: "A mim, me desagrada dizer mais do que penso". Ou: "Refletir sobre a morte significa refletir sobre a liberdade". Ou: "Tomo as coisas todas pelo pior dos lados". E naturalmente: "Revelo inclusive pensamentos que, na verdade, não podem ser publicados...".*

---

* Frases traduzidas do alemão.

THOMAS BERNHARD: É bem o meu mundo. Refletiria o meu estado.

ARMIN EICHHOLZ: De onde vem, afinal, sua relação tensa com o esporte, se, no passado, o senhor, na verdade, era tão rápido nos mil e nos cem metros? Em quanto tempo o senhor corria os cem metros?

THOMAS BERNHARD: Tudo que eu sabia era: quando corro, ninguém me alcança!

ARMIN EICHHOLZ: Em Salzburgo, muitos não conseguem segui-lo, nem mesmo hoje. Será que sua escandalosa *Die Berühmten* não será, enfim, liberada algum dia?

THOMAS BERNHARD: Não tenho nenhum contato nessa área. Mas as pessoas um dia vão partir ou morrer. Só que, enquanto não morrerem, Salzburgo estará morta, provavelmente... A não ser que eu morra primeiro...

ARMIN EICHHOLZ: Um dia, o senhor decerto será canonizado como parte da Salzburgo barroca. O Festival promoverá "jornadas Thomas Bernhard"...

THOMAS BERNHARD: Disso não há escapatória. Jogam a gente na panela, mexem e nos cozinham juntamente com todo o resto, a gente queira ou não. É preciso ser osso duro.

ARMIN EICHHOLZ: Supondo-se que, apesar de tudo, procurem o senhor e lhe peçam inclusive para fazer o obrigatório discurso de abertura do Festival de Salzburgo, o senhor o faria?

THOMAS BERNHARD: Não! Nem mesmo Canetti topou fazê-lo.

ARMIN EICHHOLZ: Pena. Seus discursos solenes sempre causaram um belo furor. Por exemplo, por ocasião do prêmio Nacional Austríaco, em Viena, quando o ministro da Cultura se levantou e saiu, dizendo: "Ainda assim, temos orgulho de ser austríacos".

THOMAS BERNHARD: Pessoas simplesmente desqualificadas em todo e qualquer governo... Sempre foi assim...

ARMIN EICHHOLZ: E o senhor próprio, como pessoa qualificada, jamais faria o que critica nos outros? Fica aí sentado, zomba de praticamente tudo. O senhor tem essa posição privilegiada...

THOMAS BERNHARD: Tão privilegiada assim, nunca foi. Há onze anos, quando reformei minha casa, recebi do ministério um empréstimo de 30 mil xelins. Depois, durante onze anos, nunca mais ouvi nada deles, até um mês atrás. Eu estava em Lisboa, e o embaixador me ridicularizou, espalhou entre a colônia austríaca que não fosse ver o sujeito destrutivo e horroroso... Mais uma vez, o Instituto Goethe, os alemães se divertem com isso, não é? E tendo eu voltado para casa, agora eles exigem que eu pague o empréstimo. E que pague de imediato. Me ameaçam depois de onze anos. Sem mais, sem um pingo de educação no tratamento, sem assinatura. O senhor pode imaginar isso com uma pessoa privilegiada? Paguei na hora, para me libertar desse ministério.

ARMIN EICHHOLZ: Mas suponhamos que o senhor morasse em total anonimato numa cidade grande. Não teria mais problemas — é possível que nem conseguisse mais escrever. O senhor precisa de Salzburgo, precisa de Ohlsdorf.

THOMAS BERNHARD: Sim, sim, problemas. O melhor é viver numa região não muito bonita. Porque aí, com certeza, nenhuma ideia vai nos ocorrer. Londres talvez me interessasse. É preciso ter uma ocupação que todo dia nos solicite, como um contrapeso. Eu não conseguiria me sentar e ficar esperando que algo surgisse. Só posso evocar o horror fazendo meus trabalhos domésticos e, então, escrever a partir desse horror, e tornar a evocar o horror ao escrever, e voltar ao ponto de partida. É uma interação que se repete o tempo todo. E, no inverno... bom, aí vem a neve. Torna tudo branco, e eu volto ao papel com a neve branca...

ARMIN EICHHOLZ: ... também o poeta *toda alvura repudia.**
E o que o senhor está escrevendo agora?

THOMAS BERNHARD: Será provavelmente uma peça de teatro. Sobre um juiz e um crítico. São funções semelhantes, não são?

ARMIN EICHHOLZ: Prevejo encrenca. Mas chegou a hora de agradecer ao senhor pela entrevista...

THOMAS BERNHARD: Chama isso de entrevista?

---

* Citação do *Fausto* de Goethe. Trad. de Jenny Klabin Segall. Belo Horizonte: Itatiaia; São Paulo: Edusp, 1981, p. 59.

32.
O teatro já não é o que foi?

Uma contribuição para a estiagem

3 de novembro de 1976

Os críticos teatrais e os assim chamados críticos teatrais sempre viveram, a vida toda, da chamada estiagem teatral, assim como camponeses e agricultores, da estiagem a afetar os cereais, e os camponeses e os assim chamados agricultores seguirão existindo — e provavelmente, a não ser que seja tudo ilusão, seguirão vivendo assim não apenas *na lembrança*, mas também no futuro, *no âmago* de toda preocupação humana futura racional ou irracional — da rendosa afirmação de que uma estiagem assola os cereais, da mesma forma como os críticos teatrais e os assim chamados críticos teatrais, da afirmação de que se está em meio a uma estiagem teatral, ou, melhor dizendo, a uma estiagem de peças de teatro. E, na era dos direitos humanos, têm o direito de pensar assim! Sim, porque os críticos teatrais e os assim chamados críticos teatrais, tanto quanto os camponeses e os assim chamados agricultores, *também* são humanos. Como nós, os dramaturgos, que, vivendo na era dos direitos humanos, *também* somos humanos, não desejamos abrir mão nem dos camponeses e dos assim chamados agricultores, os quais, em nossa boa-fé, parecem-nos de importância vital, nem dos críticos teatrais e dos assim chamados críticos teatrais, os quais, no momento, nos parecem igualmente necessários à vida, e não renunciamos nem a uns nem a outros porque sabemos que não podemos fazê-lo, é nosso desejo que tenham, pois, todos eles, humanos ou *des*umanos, mas de todo modo seres humanos, a nossa bênção. Todos eles contribuem com seus gêneros alimentícios para nossa mesa do café da manhã, ainda que, vez por outra, durante e após o desfrute dos produtos dos camponeses e dos assim chamados agricultores, e após o desfrute dos produtos dos críticos teatrais e dos assim chamados críticos teatrais, sintamos o estômago revirar logo de manhã. Mas que produtos são frescos acima de toda e qualquer crítica ou até beatíficos, e quem de nós sempre foi um fornecedor de produtos honrados e de fato apetitosos? Com efeito, retumba constantemente em nossos ouvidos a voz que clama pela vigilância sanitária, e os hospitais estão superlotados com os envenenados pelos camponeses e pelos assim chamados agricultores, pelos críticos teatrais e pelos assim chamados críticos teatrais. Por toda parte, de Flensburg a Bolzano, é simplesmente de vomitar! Na sua época, já Kerr escreveu, literalmente, aliás, sobre a estiagem teatral e sobre a estiagem das peças de teatro; na língua de nossos vizinhos que ora apanham batatas, isso significa que já naqueles tempos, portanto, ou seja, na época de Kerr, o teatro, e em especial o drama (alemão), não era mais o que havia sido, e Robert Musil (de Praga) escreveu, também literalmente, que "a estiagem do drama nunca foi tão grande como agora" (isto é, nos tempos dele, Musil); ela há, portanto, de ter sido muito grande já na época de Musil, razão pela qual também ele tinha a sensação (ou o entendimento?) de que o drama de seu tempo, e supomos que o alemão, já não era o que havia sido no passado; provavelmente, todos os demais críticos teatrais e assim chamados críticos teatrais — menos famosos, não tão bons e possivelmente menos enojados com todo o comovente drama alemão, além de menos desesperados do que esses dois vaidosos e heroicos apaixonados pelo teatro — sentiam o mesmo que Kerr e Musil. (Infelizes cada um à sua maneira, é claro!) Todos sabiam como era rendosa essa afirmação e, estivessem ainda de posse (ou estivessem então pelo menos uma vez real e efetivamente em plena posse) de sua inteligência, teriam repetido essa afirmação sobre a estiagem do drama, sobre — digamos com todas as letras — a estiagem dramática, até mesmo em seu leito de morte. Contudo, já na época dos trágicos gregos, afirmo eu, o teatro, e em especial o drama, não era mais o que havia sido, também naquela época (a dos autores trágicos gregos) imperava, absoluta, uma estiagem, imperava já a estiagem do drama, antes ainda que um único ser humano, que um único cérebro, uma única cabeça tivesse tido a ideia (que loucura!) de escrever um drama e de fazer teatro. Os camponeses e os críticos teatrais! Eles, os camponeses, os assim chamados agricultores, os críticos teatrais e os assim chamados críticos teatrais, de Flensburg a Bolzano, têm muito mais em comum do que é capaz de imaginar e conceber a mente simples, arruinada e corrompida por um caderno de cultura. Pessoalmente, conheço bem, até onde minha lembrança alcança, desde a infância, por assim dizer, essas duas categorias, a dos fornecedores de cereais e a dos fornecedores dos cadernos de cultura, ambas sempre, ao longo de todos os séculos, bastante mimadas, bem alimentadas e altamente subvencionadas pela fiel e supersticiosa crença alemã no verdadeiro, no belo, no bom, no elevado e no sublime; elas se desenvolveram, como se vê e se sabe, de forma contínua na história, na história da agricultura e na história do teatro, e sua existência, à parte uns poucos tolos pobres e honrados, sempre foi um bom negócio, com frequência um negócio muito bom, muitas vezes fantástico, um negócio incrivelmente fantástico. Os camponeses e os assim chamados agricultores, assim como os críticos teatrais e os assim chamados críticos teatrais, sempre venderam muito bem sua estiagem. Mas não se trata aqui (para alguém como eu, com formação em comércio!) de cantar loas àqueles que, nas páginas culturais do *Frankfurter Allgemeine Zeitung*, fazem da estiagem seu grande negócio e extraem daí o lendário propósito de suas vidas; não sou um Lutero do teatro, para tanto falta-me também a seriedade imprescindível e necessária, mas é já assustador, arrepiante, quando uma cabeça é obrigada a ler no *FAZ* como algumas outras cabeças no *FAZ*, com seus semblantes competentes terrivelmente desfigurados pelo medo da estiagem (com quanto direito humano, não sei, não tenho como saber), se descabelam para descobrir se, e em que catastrófica medida, reina na Alemanha uma estiagem do drama. E, claro, também na Áustria e na Suíça. É assustador, uma ameaça à existência. A mim (que tenho formação no comércio e na agricultura), simplesmente entusiasma, juntamente com a ingenuidade dessa gente, a ideia de que existem pessoas que, do nada, como se diz, ou, digamos, da estiagem que persiste ao longo de toda a história, extraem seu sustento — os camponeses e os assim chamados agricultores, do solo *arável* ressecado, ressecado há séculos, e os críticos teatrais e os chamados críticos teatrais, do solo *dramático* igualmente ressecado há séculos —, de um solo, pois, no qual as rachaduras provocadas pela estiagem são tão compridas e largas que nós, se as contemplamos longamente, logo haveremos de cair ali de cabeça. Mas as câmaras agrícolas e os editores dos jornais são pacientes, e a estupidez, incontestada, impera por toda parte.

Sim, porque antes, ouço dizerem nossos camponeses e nossos assim chamados agricultores, nossa mãe terra — bela, antiquíssima, alemã, florescente e fértil — compunha-se de um solo rico! Mas hoje? Hoje temos esta estiagem! (A que acrescentam o *"Deus do céu!"* espontâneo e matuto dos camponeses.) Antes, ouço dizerem os críticos teatrais e nossos assim chamados críticos teatrais, nossa mãe terra dramática — bela, antiquíssima, alemã, florescente e fértil — compunha-se de um solo dramático rico. Mas hoje? Hoje temos esta estiagem! (A que acrescentam o *"Deus do céu!"* espontâneo e matuto dos críticos teatrais.)

Esse *"Deus do céu"* de fato comovente, de cortar o coração, dos camponeses e dos assim chamados agricultores alemães, austríacos, suíços e luxemburgueses é o mesmo *"Deus do céu"* impetuoso, comovente, de cortar o coração, dos críticos teatrais e dos assim chamados críticos teatrais de Flensburg a Bolzano. Pode-se ouvi-lo por toda parte em que haja silos de cereais e teatros, ainda que sejam apenas teatros municipais. Os camponeses e os assim chamados agricultores, tanto quanto os críticos teatrais e os assim chamados críticos teatrais, batem na mesma tecla: a da estiagem (vejam-se Kerr e Musil). E os que não estão mortos seguem batendo ainda hoje! Pois que continuem!

33.
Três perguntas aos ganhadores
do prêmio literário de Bremen

24 de dezembro de 1976

As três perguntas:
   1. Em que livro publicado desde a Feira do Livro de 1975 o senhor recomendaria que nossos leitores prestassem especial atenção — e por quê?
   2. No que o senhor está trabalhando no momento?
   3. Qual de seus livros publicados foi o mais bem-sucedido?

Thomas Bernhard vive em Ohlsdorf (Áustria).

O simples fato de eu associar à Cidade Hanseática de Bremen, que visitei em 1965 para receber o prêmio literário de Bremen, um dia importante na minha vida, bem como a melancolia e a força de caráter, que fiz minhas então, de uma metrópole extraordinariamente bela do Norte, torna-me impossível *não* responder a essas três perguntas, às quais respondo ciente de que jamais respondi a perguntas assim.
   1. Não li um único livro publicado desde 1975 e não posso, portanto, recomendar nenhum deles, mas, se os *Pensamentos* de Pascal só tivessem sido publicados depois de 1975, o que não é o caso, eu recomendaria os *Pensamentos*.
   2. Em mim mesmo, naturalmente.
   3. Nenhuma publicação minha foi "a mais bem-sucedida".

Creio que, agora, os senhores naturalmente não ficaram satisfeitos. Tampouco eu estou satisfeito.

Muito cordialmente e com meus cumprimentos à cidade,
Seu,
Thomas Bernhard

34.

30 de janeiro de 1977

Ilustres presentes,

Falo de um amigo e *homem feliz* que acompanhou minha própria vida desde a mais tenra infância e, da maneira *mais natural*, a reconheceu, aceitou e respeitou cuidadosamente. As *contraposições*, a *in*quietude, tanto de minha parte quanto da dele, deram testemunho ao longo de décadas de nossa afeição recíproca.

Ele atingiu a meta, porque a morte é nossa meta.

A morte é a meta — é com esse pensamento que intensificamos e motivamos nossa vida. A morte, com sua eterna intransigência, infatigabilidade e incorruptibilidade, é para nós a confirmação da existência. Voltados para nossa meta, para a morte, existimos (em primeiro lugar), na verdade e na realidade, tão somente no *medo* da morte; depois, na *prontidão* para a morte e, por fim, na *consciência* da morte. Conhecemos o caminho, que percorremos *com naturalidade*, contra *tudo*. No final de todos os nossos pensamentos, a morte é nossa consciência; a clareza, *a* questão.

— Esse amigo, caráter, artista, poeta, creio que sempre me foi permitido *compreender*, sempre precisei amar!

Ele atingiu a meta! *Nós* existimos, intransigentes e inflexíveis, *naturalmente* voltados para nossa meta. À sua maneira, por certo *a todo momento rara, coerente e natural*, ele estará sempre em minha vida e, portanto, em meu pensamento.

No tocante a meu trabalho, ele tinha uma sensibilidade ímpar. Isso, digo aqui expressamente e repleto de gratidão.

Em si próprio, não tinha preconceitos!! Em *Die langen Wege* [Os longos caminhos], o livrinho fino que eu lia com muita frequência e com muito prazer, escreve: "No encontro *em si* não há abrigo. Em sua essência, ele carrega a marca do transitório. Mas seu *cerne* é o advento da percepção do outro. Sua meta é o passo que vai *da percepção ao reconhecimento*".

35.

7 de outubro de 1977

sobre *hexenjagd schwäbisch*, raciocínio lógico, escrita perfeita

Thomas Bernhard

36.
Por ocasião do feriado nacional austríaco, 1977

O que a Áustria não deve ler
Os pequeno-burgueses na escada da hipocrisia

17 de fevereiro de 1978

Coerentemente, intensifica-se a dúvida no tocante à atenção dispensada à Áustria, a terra de meus pais, amada e detestada em igual medida. O que *para eles* ainda era pátria, um vínculo de felicidade e horror para a vida toda, tornou-se para mim algo como uma *estação histórica* transformada em hábito, *proximidade* amada e odiada — de pátria não há como falar, porque, para tanto, e no que me concerne, faltam-lhe todos os pré-requisitos. A verdade é que este lugar onde se localiza a Áustria, eu o frequento mais que a qualquer outro, e que estou ligado a esta *paisagem austríaca*, o que fica claro sempre que passo muito tempo demasiado longe daqui. Então, onde quer que esteja, e isto é mais forte quando estou do outro lado do mundo, preciso voltar, mas a decepção é sempre enorme. Este não é o país, e sobretudo não é o Estado, ante o qual cabeça e razão, coração e sentimento humilharam-se até o desespero, e sim, hoje, uma desavergonhada deformação da arte e da natureza, uma violação grosseira da história. Toda época é sempre uma época horrorosa, e a vida ou a existência, sempre uma vida horrorosa ou uma existência horrorosa, que cumpre atravessar, viver e superar, mas a época atual é, para mim, a mais repugnante, a mais impiedosa que este mundo já *experimentou*, uma afirmação da qual, a meu ver, a Áustria dá prova evidente a todo momento. Crescer na Áustria é crescer numa atmosfera sufocante de hostilidade ao intelecto, de crueza de sentimentos, em meio à estupidez e à infâmia. Precisar ver como negócios primitivos destroem sua superfície (a da Áustria) e como seu âmago apodrece em razão desses mesmos negócios primitivos (dos detentores do poder) só pode provocar horror. Os governos que tivemos nas últimas décadas revelaram-se prontos a praticar contra a Áustria qualquer tipo de crime, e praticaram todos os crimes possíveis e imagináveis contra essa Áustria; explorando um povo adormecido por natureza, acabaram por transformar a vileza e a brutalidade em sua única arte, aquela que os austríacos admiram e pela qual são de fato apaixonados. O austríaco conforma-se com tudo ou perece, se já não pereceu há muito tempo por ter se conformado. É fácil desencaminhar e explorar um povo de sonhadores, de diletantes da vida. Os pequeno-burgueses brutais, inescrupulosos, que, nas últimas décadas deste país, subiram com facilidade a escada da hipocrisia rumo às alturas, chegando ao Parlamento, à Chancelaria e ao palácio imperial, não enfrentam nenhuma dificuldade com um povo que, por natureza, é *impassível* e *indiferente*. O Parlamento da Áustria de hoje é, no lixo político deste país, um parque de diversões luxuoso, dispendioso, uma ameaça à vida, e o governo, uma loteria igualmente custosa de idiotas. Quando a cortina do Estado se abre, assistimos na Áustria, a cada dia (inclusive nos feriados nacionais), a um teatro de marionetes. Se olhamos com mais atenção, vemos o que sempre vimos: as marionetes são o povo, imbecilizado e incorrigível, e os que manipulam as cordinhas, os governantes que o têm como burro.

Meus pensamentos sobre o "feriado nacional austríaco de 1977", eu os escrevi para a antologia *Áustria feliz* da Residenzverlag, a ser publicada na primavera; ontem, devolveram-me o texto, que, portanto, não integra a antologia, porque o editor teme ser processado.

37.
No fundo, é tudo uma piada

12 de abril de 1978

THOMAS BERNHARD: Pois é, não é possível fazer uma leitura pública de trechos de *A respiração*, não se pode ler em voz alta, diante das pessoas, sobre a própria doença, não dá. Ou seja, vou ler trechos de *Billigesser* [Os que comem barato], que é um manuscrito recém-concluído. Trata-se de um confronto entre o pessoal da Cozinha Pública Vienense (WÖK), do restaurante Auge Gottes e do café Zögernitz, passa-se no 19º distrito, e essas pessoas desconfiam umas das outras, não é? Cada grupo se acha o melhor de todos. O pessoal da WÖK vence, creio eu.

BRIGITTE HOFER: Um ensaio a ser publicado em breve?

THOMAS BERNHARD: Talvez no outono, ainda não sei.

BRIGITTE HOFER: O senhor vai ler trechos de *Immanuel Kant* também?

THOMAS BERNHARD: Não, também não. Nunca li essa peça, seria preciso desvendá-la e, então, se transformar efetivamente numa figura cômica... Não dá, quer dizer, seria demasiado grotesco.

BRIGITTE HOFER: Ela estreia logo, logo — na Alemanha.

THOMAS BERNHARD: Sim, no sábado, em Stuttgart.

BRIGITTE HOFER: E por que em Stuttgart, e não em Viena?

THOMAS BERNHARD: É que lá tem o Claus Peymann, com quem sempre prefiro trabalhar; ele me entende, não é preciso conversar muito, e aí funciona.

BRIGITTE HOFER: Algum teatro vienense já se interessou por montar a peça?

THOMAS BERNHARD: Não, nada. Também não quero, não fiz nada para tanto, vamos ver como as coisas se encaminham. Nunca se sabe.

BRIGITTE HOFER: Então, isso significa que, se um teatro vienense quisesse encená-la, o senhor teria enviado o manuscrito. Mas nenhum teatro o procurou.

THOMAS BERNHARD: Eu olho para ver que atores estão onde, isso é muito importante quando faço minhas peças, que os atores sejam realmente de primeira classe, e Viena tem de fato atores excepcionais, mas que se tornam fracos com superintendentes fracos por trás; ou seja, não adianta nada quando os melhores atores não contam com um suporte sólido, porque aí tudo desmorona e se esfarela.

BRIGITTE HOFER: E o diretor?

THOMAS BERNHARD: Também não saberia apontar nenhum, sobretudo aqui.

BRIGITTE HOFER: O senhor segue trabalhando em sua autobiografia, depois de *A causa*, *O porão* e *A respiração*, os volumes em que trata da sua juventude em Salzburgo — na escola, no internato e como aprendiz de comerciante, bem como no hospital?

THOMAS BERNHARD: Se continuar vivo, com certeza vou fazer isso, antes que outros o façam, antes que comecem a cultivar suas flores, todas equivocadas. Quero fazer isso eu mesmo, antes que outros venham pintar seus quadros.

BRIGITTE HOFER: O senhor, afinal, pode fazê-lo de outra forma, bem diferente.

THOMAS BERNHARD: Sim, da minha forma. Quero dizer, vou dar continuidade, sim, com certeza, quero chegar até o fim, até os 23 anos, antes de virar adulto. Não sou, afinal, um memorialista, isso eu não quero; é realmente só a infância mesmo.

BRIGITTE HOFER: Ou seja, o senhor precisaria agora tratar de seu embate com a música.

THOMAS BERNHARD: Não, antes disso viria ainda uma farsa grotesca, sou quase obrigado a dizer, sobre os médicos, o sanatório e isso tudo. Em seguida, vem o salto para a música, isto é, meu curso superior, de arte dramática na verdade, teatro, tudo que fiz até a graduação. Mas, com o diploma na mão — fiz tudo isso lá atrás, no Mozarteum —, saí porta afora e jurei para mim mesmo que nunca mais iria querer nada com essas coisas. Estava terminado. Os estudos estavam terminados, o assunto, encerrado. Talvez sejam cinco ou seis livros, sete, não sei.

BRIGITTE HOFER: E como é esse processo de resumir a própria vida sob forma literária? Que influência isso tem na sua vida em si, na literatura?

THOMAS BERNHARD: Não tenho ideia se isso tem algo a ver com literatura. É apenas um retrabalho, eu diria, de minhas lembranças, e ele se dá em grande parte por si só. Não tenho nenhum problema em termos de estilo, não me propus a coisa nenhuma, nunca cheguei de alguma forma a pensar... nunca avaliei isso do ponto de vista literário, eu diria; eu me sento, me lembro e registro tudo por escrito, sem nenhum problema formal.

BRIGITTE HOFER: Sim, mas onde estão as bases para supor que é legítimo comunicar as próprias experiências de vida a tantas pessoas?

THOMAS BERNHARD: Eu preciso fazer isso antes que outros o façam. Quero dizer, quando abro os jornais, lá estão as coisas mais impossíveis sobre mim, sobre o caminho que me conduziu "para cá" ou "para lá", e tudo que diz respeito a morte, vida, filosofia, vida cotidiana, idas e vindas, está tudo errado. Aí, chega uma hora em que ficamos horrorizados com isso tudo, e então nos sentamos e procuramos dar alguma autenticidade ao todo. O que, naturalmente, só é possível de uma forma aproximada, porque muito, quase tudo, a gente esquece.

BRIGITTE HOFER: Isto é, a interpretação das obras só pode surgir das próprias obras?

THOMAS BERNHARD: Não, eu acho que minha literatura, a que eu escrevi, paira mais ou menos no ar, a não ser que, em algum momento, se diga claramente de onde vem tudo isso, não é? Portanto, eu preciso dar um ponto de apoio. E agora, passados vinte anos, senti que sabia como fazer isso. E provavelmente essa forma de fazê-lo é a correta.

BRIGITTE HOFER: Sim, e, com isso, o senhor explica também o pessimismo em seus trabalhos. Pode-se interpretá-lo como um meio, ainda que muito duro, a serviço do esclarecimento?

THOMAS BERNHARD: Com essas anotações autobiográficas, eu procuro iluminar e esclarecer.

BRIGITTE HOFER: Em *A respiração*, o senhor escreve que registra fragmentos de sua infância e de sua juventude, nada mais do que isso, mas que eles mostram o desenvolvimento lógico de sua existência posterior. Pode-se dizer que agora o senhor encontrou o ritmo de sua existência? É o que o senhor acha?

THOMAS BERNHARD: Eu creio que sigo meu ritmo desde o começo, um ritmo que se intensifica, que avança coerentemente com a idade, nunca interferi conscientemente nele.

BRIGITTE HOFER: O senhor vai continuar com seu trabalho autobiográfico? O próximo segmento será, portanto, dedicado ao embate com a música?

THOMAS BERNHARD: Essa é minha vontade; talvez daqui a um ano. No momento, está terminado. Em seguida, vou escrever alguma prosa, isto é, um romance, mais extenso, e uma peça de teatro.

BRIGITTE HOFER: E que romance é esse que o senhor vai escrever?

THOMAS BERNHARD: Vai se chamar *Unruhe* [Inquietude], um texto um pouco mais longo do qual me ocupo há quatro, cinco anos.

BRIGITTE HOFER: Também sobre sua própria vida?

THOMAS BERNHARD: Isso é uma questão estilística; a língua está em primeiro plano, e não a vida, portanto, em si e por si não tem nada a ver comigo... Na medida em que tudo, na verdade, tem e não tem a ver com a gente, não é? Disso, afinal, não há como escapar.

BRIGITTE HOFER: E a peça que está escrevendo?

THOMAS BERNHARD: Chama-se simplesmente *Die Milchkanne* [O jarro de leite]. É uma peça para Minetti e para Therese Affolter que queremos estrear em Stuttgart, antes que Peymann vá embora de lá. Ou seja, provavelmente no próximo inverno.

BRIGITTE HOFER: E que estrutura ela tem? É comparável à anterior?

THOMAS BERNHARD: É minha maneira de escrever, não é?

BRIGITTE HOFER: Uma comédia, um drama, uma sátira?

THOMAS BERNHARD: Não, é sobre um velho, uma criatura filosófica, uma personagem bem velha que se retirou para a floresta, recapitula sua vida e vive do leite que uma mocinha leva para ele todo dia, às seis da tarde, atravessando a floresta. E sobre a tensão que resulta daí, ou seja, entre um ancião e uma quase criança que, sempre que vai até ele, precisa atravessar a escuridão, e disso resulta, então, esse campo de tensão no qual a peça na verdade se baseia, sobre o qual ela é construída. E um problema formal também — eu só queria escrever de novo alguma coisa para o Minetti, e para essa mocinha.

BRIGITTE HOFER: Vamos falar de *Immanuel Kant*, que está estreando agora em Stuttgart. A peça conta como o sr. Kant — acompanhado de mulher, papagaio e criado —, em viagem marítima aos Estados Unidos, encontra diversas pessoas, dentre as quais uma milionária, um almirante, um colecionador de arte, um cardeal e um capitão. O que caracteriza essas pessoas é a tacanhez de sua postura interior — elas só conseguem conversar valendo-se de fórmulas prontas e convencionais que ocultam sua desumanidade. Essa desumanidade manifesta-se em especial quando o assunto são as dificuldades reais da vida, como a miséria e as doenças dos pobres. É mais ou menos isso que o senhor quer dizer?

THOMAS BERNHARD: Sim, é um grupo de pessoas em alto-mar, a possibilidade do naufrágio está presente a todo momento, isto é, tudo sempre pode naufragar. Mas, na superfície, esse grupo termina por matar aquele Kant sempre insatisfeito, que é um louco, como todos os grandes filósofos, quer apenas se imaginem filósofos ou não; o grupo o estrangula. Por fim, ele vai parar num manicômio, como normalmente acontece com uma pessoa pensante, não é? Termina num manicômio.

BRIGITTE HOFER: Significativamente, ele termina num manicômio nos Estados Unidos.

THOMAS BERNHARD: Termina no mundo ou na história, o que, afinal, também é um manicômio. E a importância do lugar que um filósofo ocupa na história é, na verdade, a mesma de uma cela num manicômio, se caracterizamos o mundo como um manicômio.

BRIGITTE HOFER: O senhor quer dizer que, aí, a diferença entre o Velho Mundo e o Novo Mundo não é tão relevante?

THOMAS BERNHARD: Não, creio que não.

BRIGITTE HOFER: Então poderíamos substituir "Immanuel Kant" por qualquer outra pessoa?

THOMAS BERNHARD: Eu poderia ter dito "Schopenhauer".

BRIGITTE HOFER: Ou Fichte, ou Hegel, ou Schelling...

THOMAS BERNHARD: Aí, nem tanto, talvez, porque Kant, afinal... ele suplanta todos os outros, não? Por isso eu o escolhi.

BRIGITTE HOFER: Bom, mas essa peça é uma comédia. No que consiste seu elemento divertido?

THOMAS BERNHARD: No fundo, é tudo uma piada, e assim vai parecer, espero. Talvez até uma farsa, que era o que eu queria.

BRIGITTE HOFER: Poderíamos, então, nas palavras de Kant, dizer que "o cômico é o malogro do sublime"? Isso, na verdade, combinaria com essa interpretação.

THOMAS BERNHARD: Sim, muito claramente, essa poderia ser a epígrafe da peça. Infelizmente, a frase não me ocorreu enquanto eu escrevia.

BRIGITTE HOFER: O tema do virtuosismo sempre retorna em seus trabalhos, também Immanuel Kant é um virtuose. Como manifestação da decadência, o senhor poderia imaginar alguma outra coisa no lugar desse virtuosismo, ou é possível para o senhor combater esse virtuosismo de alguma forma?

THOMAS BERNHARD: Eu jamais iria querer isso, porque, na verdade, toda a minha diversão na literatura e na arte sempre foi apenas o virtuosismo. Sempre dei menos valor àquilo de que se trata do que a como se faz.

BRIGITTE HOFER: Sim, mas, em suas peças, parece mais uma manifestação da decadência, ou seja, não é bem assim que o senhor vê as coisas.

THOMAS BERNHARD: Pode ser, provavelmente também eu sou decadente, com certeza. O que transparece é, portanto, o que sou, em última instância.

BRIGITTE HOFER: Ao escrever, o senhor tem um interlocutor ou se concentra inteiramente em si mesmo?

THOMAS BERNHARD: Não, eu vejo os atores, as personagens para as quais escrevo. Elas recebem nomes e funções, se encontram e se separam. Não quero escrever peça nenhuma, na verdade não quero descrever pessoas nem personagens ou destinos, como o drama sempre fez normalmente e como se exige que seja feito e as pessoas gostam. Escrevo uma partitura para os atores. E o que escrevo, minhas palavras, são na verdade apenas notas que eles precisam tocar, só aí é que surge a música; ou seja, eu não sei como isso se dá quando se lê, seria preciso ler como uma partitura; o texto ainda não vive como música, ainda não é música, assim como, na verdade, tampouco é uma peça de teatro.

BRIGITTE HOFER: E há pontos de identificação em que o senhor próprio se reconhece, seria possível ver, por exemplo, *Kant* como uma forma de autocrítica?

THOMAS BERNHARD: Bom, eu também sou uma personagem assim, que se apresenta na sociedade, às vezes, que quer fazer crer, declara coisas, que fala de si, naturalmente, e quer também convencer pessoas, conduzi-las para algum lugar, se possível para o abismo, como os filósofos ou todos aqueles que filosofam, e também estou num navio, não é? Talvez a Áustria seja um vapor como esse, pode bem ser.

BRIGITTE HOFER: O senhor está de fato falando sério sobre querer conduzir as pessoas para o abismo?

THOMAS BERNHARD: Isso exerce uma atração muito forte, não é? Algo que as pessoas sentem já desde criança, o desejo de se aproximar do abismo até perder o equilíbrio ou de empurrar alguém, ou massas inteiras, lá para baixo.

BRIGITTE HOFER: Ou seja, o senhor se vê como o flautista de Hamelin.

THOMAS BERNHARD: Isso não me sugere nada no momento, é fabuloso demais para mim, acho.

BRIGITTE HOFER: Uma contribuição do senhor, falando sobre a Áustria, deveria ter sido publicada numa antologia austríaca. Mas essa contribuição, a editora — de resto, sua editora, a Residenz — recusou. O senhor então publicou o artigo num jornal alemão. Está, portanto, de fato em luta permanente no tocante a seu posicionamento acerca da Áustria. Poderia explicitar alguns pontos de sua crítica?

THOMAS BERNHARD: Só posso relatar como foi o processo com esse texto. A editora me disse que iria fazer uma antologia e que eu deveria escrever alguma coisa sobre a Áustria. Eu disse que não queria escrever sobre a Áustria, porque, mais ou menos, todos já sabiam o que eu iria escrever. Como, porém, a editora não me deu sossego, eu disse: "Está bem, eu faço". E escrevi; o editor veio e me disse que era a melhor contribuição no livro todo, que era, na verdade, o tempero, ficou entusiasmado, tudo maravilhoso. Três semanas depois, vem o dono da editora e me diz que não poderia publicar aquilo. Tinha mostrado o texto a um advogado, e o advogado tinha dito que não, que era suscetível de processo, que a República processaria ou que algum padre maluco iria aparecer e processar, o que renderia novo processo à editora. Eu deveria mudar o texto um pouquinho, ao que eu respondi que não mudaria, que ou o texto era publicado como estava ou de jeito nenhum, e aí foi cada um para o seu lado. Se aquilo me havia sido encomendado, que fosse publicado. Então, mandei o texto para o *Die Zeit*, num envelope, e lá ele foi publicado.

BRIGITTE HOFER: E quais os pontos principais de sua crítica? Afinal, muitas pessoas não leram o artigo no *Die Zeit*.

THOMAS BERNHARD: Eu creio que, resumindo em umas poucas frases, seria muito bom se este país passasse outra vez por mudanças fundamentais, mudanças reais, políticas e, portanto, econômicas e culturais também; está tudo adormecido, e, aliás, há mais ou menos oito ou nove anos... é simplesmente tempo demais. Eu acho que, a cada cinco, seis anos, deveria de fato acontecer uma revolução política, é preciso abrir portas, janelas, deixar entrar gente nova. Os que aí estão tomaram conta e, na verdade, estão levando o país cada vez para mais perto do abismo, o abismo de que falei há pouco.

BRIGITTE HOFER: Essa situação já não expõe o ponto de partida de sua crítica, ou seja, que um artigo que se volta veementemente contra a Áustria não possa ser publicado na Áustria?

THOMAS BERNHARD: É o exemplo mais típico que vi nos últimos tempos.

BRIGITTE HOFER: Voltando agora para *A respiração*. Tanto em *A causa* como em *O porão*, e também agora em *A respiração*, o senhor descreve fragmentos de sua infância e juventude; cabe a eles demonstrar um desenvolvimento lógico de sua existência posterior. Em *A respiração*, trata-se do tempo passado no hospital, um período em que, em grande medida, o senhor só podia contar consigo mesmo, mas, com isso, encontra, de uma forma muito particular, um caminho para sua existência futura.

THOMAS BERNHARD: Meu problema foi, em primeiro lugar, escrever tão cedo sobre isso; em segundo, conseguir escrever; e, em terceiro, se se pode publicar uma coisa assim, sobre a gente mesmo, dessa maneira. Depois, parei de me fazer essas perguntas e simplesmente escrevi e publiquei, nunca mais me ocupei dessas perguntas.

BRIGITTE HOFER: Na verdade, tornou-se um livro muito concreto do senhor, um livro que, em sua forma, se distingue um pouco dos outros.

THOMAS BERNHARD: Para mim, não é um livro literário, porque não se trata de uma história inventada, não há nele nenhum problema de linguagem, a meu ver. É um livro que surgiu mais ou menos por si só, da experiência pessoal, da memória.

BRIGITTE HOFER: E que, na realidade, contém uma decisão crucial do senhor pela vida. Pode-se dizer isso?

THOMAS BERNHARD: É a consequência lógica, a razão pela qual hoje estou vivo, não é? Na verdade, explica... explica tudo. Do contrário, eu não estaria mais aqui.

BRIGITTE HOFER: Mas mostra também, por exemplo, de uma maneira bastante crítica, a situação num hospital que o senhor chega a chamar de "fábrica da morte".

THOMAS BERNHARD: Eu creio que isso é o que vivem todos aqueles que passaram por experiência semelhante, que, numa tal situação, estiveram num hospital assim; quero dizer, isso terá se repetido em todos os casos parecidos; não é, em si e por si, nada de extraordinário.

BRIGITTE HOFER: Sim, o senhor mostra a diferença entre os quartos dos já iniciados na morte e aqueles mais "simpáticos", como se exprime certa vez um médico-chefe. Acho que ele não usou a palavra "simpático", o que foi que ele disse?

THOMAS BERNHARD: Usou, sim, disse "simpático"; quer me instalar num "quarto mais simpático", porque não sabe mais o que isso significa nem é capaz de malabarismos com as palavras.

BRIGITTE HOFER: Ou seja, a solidão terrível do ser humano e a impossibilidade...

THOMAS BERNHARD: São pessoas que já foram postas para fora do mundo, é entre essas pessoas que a gente se encontra. E é pequena a perspectiva de ser trazido de volta, não é? Porque nem se quer mais.

BRIGITTE HOFER: E há também a quase impossibilidade da comunicação entre seres humanos, inclusive entre aqueles que amamos ou nos são próximos, isto é, entre parentes.

THOMAS BERNHARD: Sim, eles já se despediram de nós, não é? Ou nós mesmos já nos despedimos interiormente deles. Ou seja, não há mais nenhuma possibilidade de entendimento, à parte o fato de que fisicamente tampouco temos essa possibilidade, não? Mas, claro, provavelmente um resquício de força de vontade nos traz de volta à vida, se tomamos a coisa nas mãos e juntamos todas as nossas forças.

BRIGITTE HOFER: A relação com o teatro transparece a todo momento; por exemplo, na metáfora do teatro de marionetes, quando, na cama do hospital, as pessoas pendem dos tubos que as alimentam das últimas forças, ou quando das "representações baratas de um catolicismo perverso", como o senhor chama a extrema-unção.

THOMAS BERNHARD: Bom, desde criança, sempre tomei o caminho do teatral para poder suportar essas coisas terríveis, não é? Jamais ver a realidade terrível, em última instância, como uma tragédia, e sim como comédia. Era a única possibilidade — e segue sendo ainda hoje.

38.
Eu preencho o vazio com frases

17 de maio de 1978

NICOLE CASANOVA: Thomas Bernhard, é correto dizer que o senhor vive e trabalha circulando pelo interior de um espaço vazio, o espaço da metafísica?

THOMAS BERNHARD: Talvez seja, sim, um espaço vazio o que preencho. Nós próprios preenchemos o vazio. Eu o preencho com frases. Procuro entreter pensamentos, e esses pensamentos se transformam em frases, se eu tiver sorte. E assim consigo existir — talvez. Mas o vazio sempre ressurge, naturalmente. Poderíamos nos precipitar nele, e seria o fim, mas seria também uma pena para nossa curiosidade. No espaço vazio, algo tem de acontecer.

NICOLE CASANOVA: Por intermédio da linguagem?

THOMAS BERNHARD: Sim. Essa é minha paixão. É como para uma pessoa que trabalha no circo e precisa dançar, senão ela se mata. Eu preciso escrever, senão me mato. E faz algum tempo que não tenho mais vontade nenhuma de me matar, embora já tenha sentido essa necessidade com muita força. Mas ela diminuiu faz alguns anos. Nunca sei quando vai voltar, às vezes ela reaparece, mas só por pouco tempo. Matar-se faz tão pouco sentido quanto continuar vivendo.

NICOLE CASANOVA: É preciso apostar nas coisas que podem acontecer.

THOMAS BERNHARD: Sim. De início não acontece nada, e então alguma coisa acontece. É um jogo de azar. A gente é como o jogador que sempre tem esperança de ganhar. Ele compra uma montanha de bilhetes de loteria e, tendo comprado sessenta de uma vez, ganha cinquenta xelins. Depois, tem de novo o sentimento de que precisa continuar, mesmo que, com os cem bilhetes seguintes, não ganhe nada. Tem sempre a esperança de tirar a sorte grande.

NICOLE CASANOVA: O que o senhor gostaria de ganhar?

THOMAS BERNHARD: Isso nunca se sabe. Talvez apenas a vida, não é? Mas é só depois que a gente fica sabendo que esse era o prêmio principal. O jogo é um engodo.

NICOLE CASANOVA: O senhor precisa destas paredes para poder escrever?

THOMAS BERNHARD: Eu as comprei para escrever, mas foi um erro. Estou morando aqui faz treze anos, mas, durante os primeiros seis, não consegui escrever nesta propriedade no campo. Precisava sair daqui. No momento, consigo. Eu me obrigo e consigo.

NICOLE CASANOVA: São muitas as vezes que o senhor precisa se obrigar a alguma coisa?

THOMAS BERNHARD: São.

NICOLE CASANOVA: Fico imaginando o que o rodeia, além dessa projeção de frases num espaço vazio. Livros? O senhor tem muitos livros?

THOMAS BERNHARD: Tenho sempre livros demais. Só me sinto livre sem livros por perto. Mas todo dia chegam mais alguns. Eu jamais conseguiria viver com uma biblioteca. Isso me sufocaria. Ou eu teria de ser indiferente, mas poucas coisas me são indiferentes.

NICOLE CASANOVA: As pessoas não lhe fazem falta?

THOMAS BERNHARD: Nunca fico completamente sozinho, nem mesmo quando quero ficar. Ou então tenho de sair daqui. Suporto bem a solidão. Sempre que não pude mais suportar as pessoas trabalhei melhor.

NICOLE CASANOVA: O senhor lê críticas? Sente-se às vezes compreendido?

THOMAS BERNHARD: Acho que nunca li algo que me permitisse pensar: é isso mesmo, é exatamente o que eu penso. Mas, sem dúvida, esse sentimento nem existe. Se alguém fosse capaz de reproduzir com exatidão os pensamentos de outra pessoa, teria de se calar, porque, do contrário, seria absorvido e engolido por completo. Aí, a gente vai embora, salva a própria vida refugiando-se na mentira e na superficialidade, como quem está se afogando e luta para escapar da voragem.

NICOLE CASANOVA: O senhor tem um bom contato com coisas como frutas, árvores e pedras?

THOMAS BERNHARD: Às vezes, tenho um contato muito forte; quando não estou trabalhando, quando não consigo ir adiante, aí me refugio nas coisas. Mas, quando sinto que estou voltando ao ponto, aí me afasto, e elas deixam de me interessar. Nada mais me interessa. É apenas quando o entendimento se desloca para o segundo plano, quando não estou escrevendo, que as coisas de súbito adquirem um significado — que a gente lhes dá, porque elas só podem existir a partir do significado que lhes é conferido.

NICOLE CASANOVA: Pode-se dizer que, para o senhor, a linguagem desempenha um papel ontológico?

THOMAS BERNHARD: Sim, sem dúvida.

39.

Thomas Bernhard
Ohlsdorf

20 de janeiro de 1979

Exma. sra. Annelore Lucan-Stood,

Numa das 104 associações livres e invenções do pensamento presentes em meu livro *O imitador de vozes*, ergui, como creio, um monumento duradouro, ainda que tão somente literário, ao senhor seu pai, o dr. Zamponi, promotor a quem eu muito prezava durante minha atuação como repórter no Tribunal Estadual de Salzburgo nos anos 1950, e a quem respeito muitíssimo ainda hoje. Ao escrever meu livro, lembrei--me das qualidades extraordinárias de seu pai como jurista, e foi assim que surgiu o texto em prosa "Exemplo".

Ontem, tendo retornado de uma viagem mais prolongada ao exterior, li no jornal que, em razão desse texto, que, devo dizer, não é desprovido de filosofia, a senhora entrou com uma ação judicial contra mim no Tribunal Estadual de Salzburgo por *difamação* do senhor seu pai, ou seja, por *atentado à honra*. *Essa* acusação infelizmente não me permite compreender nem seu pensamento nem seus sentimentos, e quero pedir à senhora, naturalmente com toda a gentileza e também com o maior respeito, que, de novo, leia bem e estude com atenção o texto "Exemplo", no qual encontra-se escrito literalmente e com clareza que o senhor seu pai foi *"durante muitos anos figura dominante do Tribunal Estadual de Salzburgo*", ou seja, um grande elogio, mal se poderia conceber elogio maior. Não posso imaginar que, depois disso, "Exemplo" não lhe pareça o que é, ou seja, uma homenagem poético-filosófica ao senhor seu pai. Como ainda hoje guardo muito bem na memória as altas qualidades do senhor seu pai, penso que a parábola "Exemplo", na qual seu nome é citado com o maior respeito, certamente teria proporcionado a ele ao menos uma pequena alegria.

Caso seja do desejo da senhora que o nome do senhor seu pai seja removido de "Exemplo" e, portanto, do livro *O imitador de vozes*, e que seja, pois, substituído por outro, claro que atenderei a esse seu desejo na primeira oportunidade e substituirei o nome *Zamponi* pelo nome *Ferrari* ou *Machiavelli*, embora lamente fazê-lo.

O imitador de vozes está sendo traduzido neste momento pelas editoras Gallimard, em Paris, e Knopf, nos Estados Unidos, que são as mais importantes em seus respectivos países, e também para mais seis ou sete outras línguas. A senhora vê, pois, que grande repercussão pode ter um livro saído de Ohlsdorf, na Alta Áustria.

Eu presumo haver um mal-entendido no modo como a senhora vê "Exemplo".

Mui atenciosamente,
Thomas Bernhard

40.
A floresta é grande, a escuridão também

29 de junho de 1979

ANDRÉ MÜLLER: O senhor alguma vez já tentou pôr fim à própria vida?

THOMAS BERNHARD: Quando criança, quis me enforcar, mas a corda esgarçou.

ANDRÉ MÜLLER: O senhor tinha então quantos anos?

THOMAS BERNHARD: Tinha sete, oito anos. E, uma vez, fui caminhar com meu avô — nós morávamos em Traunstein na época — e, durante a caminhada, fui engolindo sem parar comprimidos para dormir, até que, de repente, comecei a me sentir enjoado e disse que precisava ir para casa. Estávamos a mais ou menos trinta quilômetros da cidade, e de fato fui-me embora para casa, já não me lembro como, e passei quatro dias de cama, vomitando sem cessar, porque nada me parava no estômago. Eu devia ter uns dez anos.

ANDRÉ MÜLLER: E o que aconteceu depois?

THOMAS BERNHARD: Depois, fui amaldiçoado como uma criança exaltada, querendo fazer teatro e trazendo infelicidade para a família.

ANDRÉ MÜLLER: Ainda pensa em se matar?

THOMAS BERNHARD: O pensamento está sempre presente. Mas não tenho a intenção. De todo modo, não agora.

ANDRÉ MÜLLER: Por que não?

THOMAS BERNHARD: Acho que é a curiosidade, mera curiosidade. Creio que o que me mantém vivo é apenas a curiosidade.

ANDRÉ MÜLLER: Como assim, "apenas"? Outros nem curiosos são e, apesar disso, seguem vivendo.

THOMAS BERNHARD: Bom, eu não sou contra a vida.

ANDRÉ MÜLLER: Ainda assim, há pessoas que entendem seus livros como um estímulo ao suicídio.

THOMAS BERNHARD: Sim, mas ninguém obedece a esse estímulo. Faz pouco tempo, há duas semanas, apareceu de repente uma mulher diante da minha janela dizendo que precisava falar comigo. Eu disse: "Sim, mas por que, afinal, a senhora precisa falar comigo? Estou de cama, com uma gripe assassina". E ela: "Antes que seja tarde demais". Perguntei: "A senhora está querendo se matar?". E ela respondeu: "Eu não, mas o senhor sim". Disse-lhe: "Eu, com certeza não. Seja sensata, minha senhora, vá para casa". E ela respondeu que não, que precisava entrar. Eu: "Isso não vai ser possível, mal consigo parar em pé, gostaria de voltar a me deitar". Ela: "O senhor não precisa ter medo, eu tenho marido, não quero ir para a cama com o senhor...". Tudo isso junto da janela aberta, e, quando eu quis fechá-la, ela tentou me impedir com seu dedo. Eu disse: "Vou esmagar o dedo". Ela, então, o retirou, e eu fechei a janela e voltei para a cama. Passado algum tempo, olhei lá para fora, e ela continuava lá. Em algum momento, foi-se embora enfim, mas me escreveu uma carta, dizendo que, no dia tal — era uma segunda-feira —, esperaria por mim às oito da noite no cemitério, no portão da direita, que era seu lugar preferido. Eu nem estava em casa nesse dia. Depois, me escreveu outra carta, de dezesseis páginas, contando-me toda a história de sua vida, falando-me do marido, com quem se casara cedo demais, e coisas assim. Provavelmente, queria se suicidar junto comigo no cemitério. A gente nunca sabe o que desencadeia nas pessoas.

ANDRÉ MÜLLER: A mim, me espanta que o senhor seja tão produtivo, embora tenha consciência constante da falta de sentido do escrever. O senhor vive disso, de escrever sobre a falta de sentido da vida. Seria mesmo quase possível acreditar que se trata de um truque.

THOMAS BERNHARD: O que é que a gente sabe? Ainda que fosse um truque, isso não mudaria nada. Que nome damos, tanto faz. Nunca se sabe como as coisas surgem de fato. Nós nos sentamos, o esforço na verdade quase suplanta nossas forças e, então, pronto, acabou-se.

ANDRÉ MÜLLER: Sim, mas qual a motivação para esse esforço? Já no caminho da cama até a escrivaninha, a gente é tomado pelo pensamento de que, de todo modo, não faz o menor sentido.

THOMAS BERNHARD: Eu sinto uma vontade desenfreada de escrever. Semana passada, estava em Stuttgart, fui ver uma peça de Tchékhov, *As três irmãs*, e pensei comigo: poderia ser minha, só que eu faria bem melhor, mais concisa — e de pronto senti vontade de escrever de novo. Não sou do tipo de que as pessoas precisariam se compadecer, porque sou forte, afinal. Alguém que seja fraco não pode de forma alguma escrever coisa parecida. É necessária uma bela robustez para conseguir produzir algo desse tipo. Quanto mais fracas as pessoas e situações que descrevemos, tanto mais fortes precisamos ser, senão é completamente impossível; e quanto mais fracos somos, mais escrevemos coisas fortes, mais afirmativas e mais vitais. Quando penso no Zuckmayer, sempre tremendo, podia-se na verdade derrubá-lo com um sopro, ele sempre buscou sua salvação nos índios, nos peles-vermelhas e nos bandoleiros, mas era, ele próprio, uma vara verde... Se bem que, por outro lado, as coisas que escrevo correspondem efetivamente a meu estado. Isso é cíclico. Quando estou em boa forma, de bom humor, forte e cheio de vitalidade, não escrevo, aí não sinto a menor vontade de escrever.

ANDRÉ MÜLLER: E o que faz então?

THOMAS BERNHARD: Quando?

ANDRÉ MÜLLER: Quando está cheio de vitalidade.

THOMAS BERNHARD: Aí não tenho nenhum desejo de escrever.

ANDRÉ MÜLLER: Quero dizer, como é essa vitalidade no senhor? É quando está apaixonado ou algo assim?

THOMAS BERNHARD: Isso, há muito tempo que não. Eu me exauri completamente vinte anos atrás.

ANDRÉ MÜLLER: O senhor quer dizer sexualmente?

THOMAS BERNHARD: Não, a vida sexual nunca me interessou. Ela nem possível era, já em razão da minha enfermidade, porque, no período em que tudo isso teria sido muito natural e deveria ter começado, eu nem sequer estava em condições. Quando se fica feliz por simplesmente sobreviver, indo de um sanatório a outro, nem se pensa nisso. Aí, a gente só pensa numa coisa: não quero morrer. Mas também isso pode mudar de um dia para outro.

ANDRÉ MÜLLER: Por que o senhor diz isso? Quem precisou lutar tanto como o senhor por sua vida não a joga fora assim, sem mais.

THOMAS BERNHARD: A gente pode, como todo mundo sabe, se ver numa situação em que, de um momento para outro, a vida se torna completamente indiferente para nós. Pode-se mergulhar nesse estado de espírito. E, no momento seguinte, animar-se como nunca.

ANDRÉ MÜLLER: O senhor consegue se imaginar num estado de espírito capaz de fazê-lo perder o autocontrole?

THOMAS BERNHARD: Não, isso eu nunca perco. O que não significa nada... Deus meu, o que é que eu posso dizer? O que o senhor quer ouvir?

ANDRÉ MÜLLER: É para o senhor dizer que não vai se matar.

THOMAS BERNHARD: Isso eu não posso. Não sei, porque já vi muitas vezes pessoas, coisas e situações mudarem completamente de uma hora para outra. A rigor, nada, ninguém está imune. Há sistemas fantásticos em que a gente acredita ter montado uma coisa fabulosa, definitiva, e, no momento seguinte, lá se foi ela. Mesmo um edifício de concreto nada mais é que um castelo de cartas. Basta uma rajada de vento.

ANDRÉ MÜLLER: Está bem, talvez minha tese seja uma idiotice, mas simplesmente não posso imaginar que alguém em pleno estado de introspecção possa se matar, pressupondo-se, é claro, que não acredite em vida após a morte. Alguma vez um verdadeiro ateu já tirou a própria vida diante do espelho?

THOMAS BERNHARD: Isso eu não sei. Mas poderia bem imaginar alguém que se mata com plena consciência do que está fazendo, senta-se para tomar o café da manhã e diz: pois bem, agora vou cortar os pulsos. Foi, aliás, o que fez o irmão do meu avô, e escreveu um bilhetinho explicando de forma inteiramente sensata e clara por que o fazia. Não há absolutamente nada que seja inimaginável, porque cada pessoa é totalmente diferente da outra. Não há duas pessoas iguais neste mundo.

ANDRÉ MÜLLER: Estou percebendo que não podemos continuar conversando sobre suicídio.

THOMAS BERNHARD: Nem é preciso. Quando o senhor se suicidar, me escreva.

ANDRÉ MÜLLER: Não vou me suicidar. Isso é o que eu queria deixar claro ao senhor o tempo todo.

THOMAS BERNHARD: Bom, isso não dá para dizer. Tive um amigo com quem ia beber uma taça de vinho, um tipo pequeno--burguês da cabeça aos pés que escrevia poeminhas adoráveis e uma prosa pavorosa, burro feito todo pequeno-burguês, tinha três mulheres, dois filhos com cada uma, e sentia-se muitíssimo bem com seu barrigão e um terno de loja de departamentos. Um dia, foi para casa, vestiu o traje típico austríaco da mulher, preencheu os peitos e, assim vestido, se enforcou na porta — um homem de mais ou menos 45 anos que nunca tinha mostrado nem um único indício de enfastiamento com a vida.

ANDRÉ MÜLLER: Bom, isso demonstra a correção da minha tese, porque, se tivesse se olhado no espelho, com o traje típico e a corda no pescoço, com certeza só teria podido rir e já não conseguiria se suicidar. Quero dizer, esse momento cômico o teria impedido.

THOMAS BERNHARD: Na verdade, sim... Quando escrevo algo desse tipo, falando de situações que, num movimento centrífugo, conduzem ao suicídio, são por certo descrições de situações em que eu próprio me encontro e nas quais, enquanto escrevo, sinto-me até bem, creio, e justamente porque *não* me matei, porque, pessoalmente, escapei disso. Aí é possível escrever maravilhosamente sobre o assunto. Outro não poderia, ou resultaria em algo completamente desajeitado... No que está pensando? De repente, sua expressão mudou por completo.

ANDRÉ MÜLLER: Estou aqui pensando se o senhor de fato alguma vez já quis seriamente se matar. Em sua autobiografia lê-se apenas que o senhor, quando de sua doença letal, já desenganado pelos médicos, se decidiu pela vida. Isso é algo completamente diferente de decidir-se por si só, consigo mesmo.

THOMAS BERNHARD: Quem é que sabe se o que escrevi ali é verdade? Volta e meia, eu mesmo me espanto com a quantidade de vidas que vemos como nossas e que, de fato, possuem semelhanças entre si, mas, na verdade, são como personagens que têm tanto ou tão pouco a ver conosco como outras vidas. Tudo é sempre e ao mesmo tempo verdadeiro e falso, assim como todas as coisas são a um só tempo belas e ruins, estão mortas e vivas, são de bom e de mau gosto. Tudo depende daquilo a que a gente está mais receptivo no momento. Praticamente tudo exerce uma grande atração. Meu ponto de vista é o da equivalência de todas as coisas. Tampouco a morte é extraordinária para mim. Falo sobre a morte como outros falam sobre um pãozinho.

ANDRÉ MÜLLER: Quer passar para um outro tema?

THOMAS BERNHARD: Sim, qual?

ANDRÉ MÜLLER: O senhor disse que sempre quis ser diferente dos outros.

THOMAS BERNHARD: Isso todo mundo quer.

ANDRÉ MÜLLER: Eu não. Quando a gente já é tão fora do normal, prefere não chamar a atenção.

THOMAS BERNHARD: Ah, está bem, não vamos dar origem a um mal-entendido... Isso a gente precisa examinar muito bem. Porque, com certeza, tem dois lados. Alguém que de todo modo já tenda para o fora do normal vai sempre, em última instância, procurar se esconder. Vai querer falar como os outros, comer como os outros, ser tão simplório como eles. Isso eu também queria quando vim para cá. Pensei comigo: vou ter duas vacas, tirar o leite no curral, calçar botas de borracha, vestir uma calça de trabalho a mais suja possível, a mais fedida e manchada que houver, e vou passar dois meses sem nem me lavar, para ficar tão parecido quanto possível com a gente daqui. Mas não dá, não é possível, porque isso é coisa que não se consegue produzir conscientemente.

ANDRÉ MÜLLER: O senhor tentou?

THOMAS BERNHARD: Tentei isso tudo, até que percebi que, indo por aí, só ia perder tempo. É preciso percorrer o caminho fora da normalidade com tudo que temos — que o senhor tem, que todos têm — de excêntrico, de brutal, de hediondo, emperrado, enviesado. Não há como não chamar a atenção entre centenas de casacos compridos e grosseiros de lã, rir com os outros na costumeira mesa de bar, encontrar a máxima satisfação numa boa sopa de macarrão no domingo de manhã ou numa torta de frutas na Páscoa. Não dá. A gente é diferente, mesmo que não queira ser, à parte o fato de que daqueles que, do nosso ponto de vista, são todos iguais, cada um é diferente também, embora se possa passar o pau de macarrão sobre essas diferenças. Também nos pântanos existem algumas plantas muito incomuns, um pouco mais altas, o que significa para elas uma ameaça e um grande perigo. Naturalmente é algo estúpido quando um lírio laranja ou um áster enorme tenta se ocultar sob uma florzinha, uma anêmona hepática, porque lhe seria mais agradável ali embaixo, ao mesmo tempo que ele se orgulha de ser um lírio laranja. Por um lado, ele quer ser mais grandioso e melhor que as outras flores, mas quer também desfrutar de proteção total, como as anêmonas hepáticas. Isso é que é o horrível e o tenebroso numa situação como essa, o fato de não ser possível. A gente precisa se resignar com o que é e extrair daí o máximo possível.

ANDRÉ MÜLLER: Existem pessoas com as quais o convívio lhe é agradável?

THOMAS BERNHARD: Não conheço ninguém com quem eu realmente apreciaria e poderia passar mais tempo. Ou seja, uma convivência prolongada seria impossível. Não posso imaginar, por exemplo, alguém morando na minha casa por dois dias e duas noites, tanto faz quem, a não ser minha tia, que tem 85 anos, o que só é possível sob certas circunstâncias, ou seja, é difícil também, mas suportável, porque beira o grotesco. Por mais de uma semana, seria igualmente impossível. Naturalmente, às vezes a gente sente, sim, a necessidade, mas aí as pessoas com as quais isso seria possível estão em Bruxelas, em Viena, em Zurique ou em algum outro lugar, e é difícil mesmo. Eu precisaria me mudar para alguma cidade, mas, por motivo de saúde, não posso me dar a esse luxo, porque, na cidade, eu simplesmente morreria. A rigor, não sou um homem do campo. A natureza não me interessa nem um pouco, nem as plantas nem os passarinhos, porque de todo modo não sou capaz de distingui-los e até hoje não sei que aspecto tem um melro. Mas sei muito bem que, com meus brônquios, não posso viver por muito tempo na cidade. Agora, no inverno, não vou mais sair do campo, porque ir para a cidade seria quase como me matar. Só existem estas duas possibilidades: ou ir para a cidade, que é interessante mas vai acabar comigo, ou ter alguém por perto, o que, com o tempo, me dá nos nervos. Aí é impossível encontrar uma solução.

ANDRÉ MÜLLER: Em seu livro *O imitador de vozes* há uma passagem em que o senhor mais ou menos incita o leitor a assassinar todos os presidentes da Europa Central. Se ele não tivesse sido publicado numa editora literária e sob o manto da arte, e sim numa revista de política, o senhor estaria agora às voltas com um processo por simpatizar...

THOMAS BERNHARD: E sou mesmo um simpatizante, só não sei de quê.

ANDRÉ MÜLLER: Quero dizer, hoje o senhor pode escrever o que quiser: será publicado e não vai assustar ninguém.

THOMAS BERNHARD: Isso eu não sei. Escrevi, por exemplo, já faz uns três meses, uma carta ao *Die Zeit*, uma coisa espontânea contra o Kreisky. Deixaram a carta de molho por umas cinco semanas e, depois, me escreveram que a tinham repassado para não sei que lugar, onde ela, então, submergiu, desapareceu. Isso não se faz com ninguém. Só estou querendo dizer que estou sujeito tanto quanto as outras pessoas a essas maquinações e contingências. Se não querem que o Kreisky sofra o menor arranhão, porque ele é muito popular ali e o veem como um sujeito bacana, aí tampouco adianta eu formular a crítica com ironia: ela não será impressa.

ANDRÉ MÜLLER: Mas o senhor se empenhou para que ela fosse publicada? Lutou por isso?

THOMAS BERNHARD: Seria uma imbecilidade pretender lutar contra a redação do *Zeit*, que só tem oportunistas afáveis. Não teria sentido nenhum.

ANDRÉ MÜLLER: Afinal, sobrou alguém que o senhor não considere um idiota?

THOMAS BERNHARD: Não, ninguém, esse é o problema.

ANDRÉ MÜLLER: Mas aí é como eu digo: se o senhor xinga todo mundo, sem nenhuma diferenciação, chega uma hora em que ninguém mais o leva a sério, e seus ataques não atingem mais pessoa alguma.

THOMAS BERNHARD: E por que não atingiriam? Ou eles produzem seu efeito ou não produzem. De todo modo, quem os faz não pode levar isso em conta.

ANDRÉ MÜLLER: Em quem o senhor pensa quando escreve?

THOMAS BERNHARD: Essa é uma pergunta muito boba, naturalmente.

ANDRÉ MÜLLER: Bom, tão boba assim também não é. O senhor pensa em alguém com quem está furioso ou, de vez em quando, em alguém que possa entendê-lo?

THOMAS BERNHARD: Não penso em leitor nenhum, porque não me interessa nem um pouco quem vai ler. Eu me divirto escrevendo e isso me basta. O que se quer é escrever melhor e mais refletidamente, isso é tudo, da mesma forma como um bailarino quer sempre dançar melhor, o que acaba acontecendo por si só, porque, no que quer que se faça, a repetição conduz obrigatoriamente a uma espécie de perfeição; é a mesma coisa com um tenista, com um cavaleiro que salta obstáculos, com um escritor, com um nadador, com uma empregada ou com uma faxineira. Passados cinco anos, ela vai limpar melhor que no primeiro dia, quando quebrou e arruinou mais coisas do que limpou.

ANDRÉ MÜLLER: Escrever não é também, sempre, uma tentativa de fazer contato?

THOMAS BERNHARD: Eu não quero contato nenhum. Quando foi que quis? Ao contrário, sempre recusei quem buscou contato. Cartas, eu, de todo modo, jogo fora, porque, já do ponto de vista prático, é impossível respondê-las, do contrário eu precisaria fazer como esses escritores horrorosos que mantêm duas secretárias e respondem tudo, lambendo o rabo de todo e qualquer babaca com uma cartinha. O que eu quero é que meu trabalho seja impresso, que resulte num livro e, para mim, o assunto estará então encerrado. Ponho o livro na estante, para que ele não se perca e, além disso, ganhe um aspecto bem bonito. Escrevo minhas coisas num papel de carta grosseiro e bem barato, a transição para o tipo impresso me é muito agradável; depois, o editor me manda mensalmente algum dinheiro e acabou-se a história toda. Ainda não sinto vontade nenhuma de abrir mão disso, do escrever e dos estados todos que ele me proporciona, porque me diverte bastante, porque não preciso de absolutamente mais nada e também porque tenho a sensação de estar fazendo algo que ninguém consegue imitar, nem aqui nem em lugar nenhum do mundo. Na prosa, a idade ideal para escrever é algo entre os quarenta e os sessenta anos; para alguns, ela chega mais cedo, mas meu desenvolvimento é lento e seria loucura pôr fim à escrita justamente quando se está no auge. Aí, só sendo louco. Se bem que, naturalmente, ninguém está imune à loucura...

ANDRÉ MÜLLER: Eu não quero de jeito nenhum que o senhor pare de escrever. Só pensei que o contato com alguém que o entenda e que goste do senhor poderia ser vantajoso para seu trabalho.

THOMAS BERNHARD: Só o que me estimula é estar o mais sozinho possível, independentemente do que isso acarreta; a rigor, apenas inconveniências, mas eu gosto delas, sou apaixonado por coisas que outros não iriam querer para si. Traga o Handke para cá por três dias, e ele fugiria gritando para junto da filha. É uma pessoa muito sensível, débil, apegada à família, mas fala constantemente sobre a solidão. Essas são as pessoas que não podem ficar sozinhas de modo algum, porque isso demanda muita força e empenho. Quem não pode ficar sozinho tampouco pode escrever do modo como eu o faço, signifique isso alguma coisa ou não, tanto faz. O Handke tem sua filha querida. Isso é algo inteiramente em desacordo comigo, porque sempre fui contra a família e todas essas coisas, porque simplesmente não suporto pessoas que têm uma família e um filho e que, no Natal, o enchem de roupas de esqui e coisas assim e o levam consigo para a casa chique de seu editor em St. Moritz; para mim, isso é tão asqueroso que acho horripilante essas pessoas que vão ora para cá, ora para lá, que se deixam convidar para ir aos Estados Unidos, que fazem leituras aqui e ali e, tão logo produzem alguma coisa, correm de imediato para uma redação de jornal, a fim de ver tudo noticiado dois dias depois; acho simplesmente horripilante. Não gosto e não faço. Naturalmente, isso gera irritação e antipatia nos outros. Mas, para mim, tanto faz. Minha força está em conseguir manter fechada a tampa da panela de pressão.

ANDRÉ MÜLLER: O senhor pode explicar por que famílias com crianças lhe são tão asquerosas? O senhor já disse que deveriam cortar fora as orelhas de todas as mães.

THOMAS BERNHARD: Isso eu disse porque é um erro as pessoas acharem que põem crianças no mundo. Isso é grosseiro. O que elas põem no mundo são adultos, e não crianças. Dão à luz um estalajadeiro ou um assassino em massa suarento, barrigudo, horroroso, é isso que põem no mundo, e não crianças. As pessoas dizem que vão ter um bebezinho lindo, mas, na realidade, têm um octogenário vazando água por todos os lados, fedorento, cego, manco, já incapaz de se mover por causa da gota, é isso que trazem ao mundo. Mas não é o que veem, que é para que a natureza siga se impondo e toda essa merda possa continuar para sempre. Estou pouco ligando. Minha situação só pode ser a de um papagaio estrambótico... nem vou dizer "papagaio", porque isso já seria grandioso demais, mas a de um passarinho minúsculo e esperneante. Faz lá um barulhinho qualquer e, depois, some, desaparece. A floresta é grande, a escuridão também. Às vezes, ela abriga uma figurinha assim, esquisita, que não dá sossego. Mais do que isso não sou. Nem desejo ser.

ANDRÉ MÜLLER: Sua característica particular, o senhor escreve em sua autobiografia, é a indiferença.

THOMAS BERNHARD: Isso também não se pode dizer assim, sem mais. Nada me é indiferente, mas tudo precisa ser, porque senão não dá. Essa é a única frase possível sobre o assunto.

ANDRÉ MÜLLER: Que importância tem sua tia para sua vida e seu trabalho?

THOMAS BERNHARD: Desde meus dezenove anos, ela é a pessoa mais importante em minha vida.

ANDRÉ MÜLLER: Pensar na morte dela o apavora?

THOMAS BERNHARD: Esse pensamento me é quase insuportável, mas vamos ver, porque logo vai acontecer. Para falar muito francamente, é algo que poderia me transtornar, seria bem possível. Aí, eu com certeza estaria entregue... Mas também isso só se pode dizer quando acontecer, não temos como antecipar nada. Se ela morrer, morreu. Aí, eu ligo para o senhor... na qualidade de meu tio.

ANDRÉ MÜLLER: Portanto, essa pessoa é necessária, aquela a que estamos ligados?

THOMAS BERNHARD: Sempre haverá uma leiteira em algum lugar que, em algum momento, aparece. Nada, isso não existe.

ANDRÉ MÜLLER: Mas, então, segue valendo a frase "quero ficar sozinho"?

THOMAS BERNHARD: Não tenho alternativa, compreende? Para poder viver minha vida até o fim da maneira que quero, não tenho alternativa que não seja a solidão. A proximidade me mata, assim é. Mas nem por isso sou digno de pena. Somos todos, nós mesmos, culpados de tudo.

ANDRÉ MÜLLER: Há alguma coisa que possa substituir a escrita para o senhor?

THOMAS BERNHARD: Sucedâneos não existem para coisa alguma. Eu poderia andar de bicicleta, mas o senhor acha que isso substituiria alguma coisa?

ANDRÉ MÜLLER: E o que o senhor vai fazer se, um dia, não mais lhe ocorrer nada de novo?

THOMAS BERNHARD: Perguntas assim não levam a nada. É como perguntar para uma cantora o que ela faria sem sua voz. O que ela vai dizer? Que, então, vai cantar muda? De todo modo, depois de escrever alguma coisa, a gente sempre pensa que acabou, que não vai mais conseguir, que não quer mais escrever. Só que nada mais me interessa.

ANDRÉ MÜLLER: E se, amanhã, o senhor encontrar o grande amor?

THOMAS BERNHARD: Isso eu não teria como impedir.

41.
Thomas Bernhard: Carta ao *Die Zeit*

29 de junho de 1979

Há muitos anos, a cada oportunidade que lhe parece apropriada, nosso chanceler Kreisky afirma que provavelmente conhece Musil melhor do que qualquer outro contemporâneo, porque acredita que isso comprova seu alto nível intelectual, quando, na verdade, comprova apenas que ele é um pequeno-burguês. Também na revista do *Die Zeit*, ele, como costuma fazer, maltrata Musil, que não pode se defender desse amor contínuo e exagerado, exaltado e ditado pelo modismo, da parte de um leitor ambicioso. Naturalmente, esse complexo de Musil de nosso antigo comediante solo, que é como pode se sentir nosso chanceler já há quase uma década, não prejudica o próprio Musil, que permanece sendo Musil, ao passo que — consequência ruim — Kreisky não é mais Kreisky faz muito tempo. Ninguém mais ri das apresentações de nosso primeiro-ministro, porque todos sabem quanto elas custam. O maldito espertinho, um político puro-sangue no sentido mais verdadeiro da expressão, apresenta-se hoje mais no papel de um palhaço estatal complacente e envelhecido, uma espécie comovente, ainda que mais onerosa, de Charly Rivel apaixonado apenas pelos próprios truques, outrora vibrantes, mas já chochos há muito tempo; e isso na cena política que, graças a Deus, apenas a Áustria, esse país bonachão e perfidamente liberal, lhe reserva. Ele é há anos o chanceler por assinatura a quem as pessoas amam por hábito, o melhor embusteiro, alguém que não ajuda nem prejudica ninguém, uma espécie doce-amarga de Tito da valsa e do Salzkammergut cujo desaparecimento todos temem. Como se o sol fosse se pôr para sempre com o ocaso de Kreisky! Em seu folhetim de chancelaria, não tão esperto quanto ele próprio o é, o chanceler por assinatura louva sua Áustria piscando os olhos, louva-a como se fosse sua própria lojinha, valendo-se da linguagem e da visão de mundo de um balconista qualquer que, não havendo mais chefe de fato, toca o negócio, louva-a como uma única e boa nova. Astucioso como é, o vendedor político-estatal não diz que tudo é bem diferente. O comerciário Kreisky, um verdadeiro Nestroy, ou seja, uma figura da literatura universal, ainda que provável e infelizmente não da história universal, afirma que a loja é fantástica, embora saiba perfeitamente que está falida e que as prateleiras estão vazias. Não resta nem mesmo um único saquinho de socialismo genuíno, não falsificado, na última gaveta, lá embaixo. Já hoje, mal-acostumado por sua clientela ao longo de toda uma década quase como nosso Heinz Conrads,* está lá, sentado em cima de sua mercadoria encalhada.

---

* Ator, cabaretista e apresentador de rádio e televisão austríaco, Conrads (1913-86) foi também famoso intérprete de canções vienenses.

42.

31 de agosto de 1979

Meu caro *Zeit*,

Naturalmente trata-se aqui de uma paródia do verdadeiro sr. Bernhard, por assim dizer, de autoria de um falso sr. Bernhard, por assim dizer, uma paródia que o falso sr. Bernhard, por assim dizer, enviou ao verdadeiro *Zeit*, por assim dizer, o que, neste verão aborrecido e chuvoso, por assim dizer, é perfeitamente natural. O que me faz falta nessa paródia é um schnitzel de Pinzgau bem fritinho, naturalmente de um excelente porco de Pinzgau, um filé bem batido, não insuficientemente, mas tampouco com demasiada força, e naturalmente empanado não tão grosso como em Pongau ou em Lungau, onde o schnitzel naturalmente é sempre empanado em demasia, o que faz com que todos (sobretudo os alemães!) percam rapidinho o apetite pelo schnitzel e naturalmente estraga as férias. Por certo, há de sempre ter havido um número de alemães partindo furiosos, decepcionados e horrorizados de Pinzgau, Lungau, Pongau e de toda a Áustria, penso eu, um número equivalente ao de visitantes. Os alemães naturalmente vêm à Áustria sempre por causa da boa cozinha austríaca, dizem, mas até agora têm partido daqui sempre com o estômago arruinado. Assim como vêm sempre por causa da cultura austríaca, e partem com a cabeça arruinada. Os alemães sempre chegam à Áustria com grandes esperanças, mas vão-se embora levando grandes decepções. E isso há séculos, penso eu, e a situação não vai mudar. Os alemães sempre tiveram um apetite enorme pela Áustria, no verdadeiro sentido da expressão. Admira-me que não tenham se asfixiado há muito tempo. Dado o anonimato do parodista, caso o *Zeit* se decida a imprimir essa paródia de Pinzgau, nem um único centavo deve ser pago ao falso sr. Bernhard; ao verdadeiro, porém, ou seja, a mim, cabem cem por cento dos honorários. E isso porque, já a uma leitura superficial do conteúdo da paródia, pode-se perfeitamente reconhecer noventa por cento das frases como minhas. Como não sou nenhum desmancha-prazeres (em pleno verão) nem sou alheio à galhofa, gastarei toda a soma horrenda a ser paga num, por assim dizer, opulento café da manhã para toda a redação do caderno de cultura do jornal.

Caso o, por assim dizer, falso sr. Bernhard, num acesso de superioridade ou de inferioridade, de uma hora para outra venha a abrir mão de seu anonimato, ou seja, naturalmente no ápice dessa sua enfermidade de verão, possivelmente por não poder mais suportar esse anonimato, ele naturalmente será condenado à morte.

Com os cumprimentos do, por assim dizer, verdadeiro
sr. Bernhard

43.

Ao presidente da Academia Alemã de Língua e Literatura

Creta, 22 de novembro de 1979

Exmo. senhor presidente,

Li no *Frankfurter Allgemeine* que o ex-presidente alemão Scheel foi eleito para a Academia e me pergunto o que um *político* medíocre e obscuro tem a fazer numa academia de língua e literatura. Só posso supor que, num futuro próximo, outros políticos assim, medíocres e obscuros, serão eleitos para sua Academia, por qualquer que seja a razão. Creio estarem na fila os srs. Franz Josef Strauß, Helmut Schmidt e Karl Carstens. Imaginá-lo torna impossível para mim (depois de quase dez anos!) permanecer por mais um dia sequer membro correspondente, como se diz, da Academia Alemã de Língua e Literatura, de forma que, deste momento em diante, passo a não mais me considerar como tal.

Com os melhores cumprimentos, seu
Thomas Bernhard

44.

Creta, 26 de novembro de 1979

Caro Peymann, grão-príncipe dos urdimentos,

Sugiro que, caso queiramos e estejamos vivos, nos encontremos no início do próximo ano nas montanhas, onde nos encontramos quase um ano atrás. Acabo de experimentar o pior dos pousos de um avião, mas, como isso é passado e jaz agora nas sombras, começo a achar muito interessante esta viagem ao inferno. Uma descida a Rodes aos trancos e barrancos, no verdadeiro sentido da expressão. Tendo o mar às minhas costas, espumando loucamente, penso que o senhor deu um belo mergulho em seu elemento.

Se eu voltar para casa com a peça (chama-se *Glória tardia!*), sobretudo daqui, onde a pista de decolagem é demasiado curta, agradeço a Deus.

O sr. Walter Scheel, presidente alemão, foi eleito para a chamada Academia Alemã de Língua e Literatura, da qual, então, me desvinculei. Sempre me perguntei o que é uma tal academia, e sempre cheguei apenas à palavra "idiotice". Agora, deu-me um pretexto para desaparecer. No futuro, não quero mais estar em parte alguma, se possível, apenas comigo mesmo. Quando vou enfim visitar Bochum? Na Kruka, agora tem telefone. Dali, o senhor pode agora telefonar para as corças e as raposas e desejar-lhes uma boa-noite.

Vosso súdito,
Thomas B.

P.S.: Häusserman me perguntou se quero de novo fazer uma "peça" em Salzburgo. Queremos? O estabelecimento em que o encontrei chama-se, muito apropriadamente, A Flauta Mágica (em Viena).

45.
Sobre meu desligamento*

7 de dezembro de 1979

A eleição de Scheel, o ex-presidente da República, para membro honorário da Academia de Língua e Literatura ofereceu-me apenas o último e definitivo pretexto para que eu me afastasse dessa Academia de Língua e Literatura, a qual, na minha opinião, pouco ou nada tem a ver com língua ou com literatura e cujo direito à existência haverá certamente de negar, sem drama de consciência algum, todo aquele capaz de pensar de forma sensata. Há anos me pergunto pelo sentido dessa chamada Academia de Darmstadt, e sempre me vi obrigado a dizer a mim mesmo que esse sentido não pode residir no fato de uma associação, fundada em última instância apenas com o frio propósito de oferecer a seus vaidosos membros um espelho no qual se mirar, reunir-se duas vezes por ano para se autoincensar e, depois de consumir lautos pratos e bebidas servidos nos melhores hotéis da cidade, em viagem luxuosa e cara paga pelo Estado, conversar por uma semana sobre uma papa literária insípida e rançosa. Se um único poeta ou escritor já é ridículo e, onde quer que seja, quase insuportável para a sociedade humana, tanto mais ridícula e impensável é toda uma horda amontoada de escritores, poetas e de gente que se julga uma coisa ou outra! No fundo, todos esses dignitários em viagem paga pelo Estado se encontram em Darmstadt para,

---

* Este texto foi publicado na coletânea *Meus prêmios* (Trad. de Sergio Tellaroli. São Paulo: Companhia das Letras, 2011), p. 97.

depois de um ano inteiro de ódio recíproco e impotente, poder ainda, ali, aborrecer uns aos outros por mais algum tempo. A tagarelice de escritores nos saguões dos hotéis da Pequena Alemanha é, por certo, o que se pode conceber de mais repugnante. Seu fedor, porém, torna-se ainda mais fedorento quando ela é subvencionada pelo Estado. Hoje em dia, aliás, todo esse vapor das subvenções fede até não poder mais! Poetas e escritores não devem ser subvencionados, e menos ainda lhes cabe pertencer a uma academia subvencionada; devem, sim, ser deixados por sua própria conta.

A Academia de Língua e Literatura (o nome mais absurdo do mundo!), porém, publica regularmente um *Anuário*, e talvez pelo menos esse anuário faça sentido. Só que, nesse *Anuário*, publicam-se sempre e somente ensaios, como eles são chamados, já recobertos de poeira antes mesmo de serem compostos, textos que, como disse, nada têm a ver com língua ou com literatura, e que não têm absolutamente nada a ver com o intelecto, porque provêm das máquinas de escrever emperradas de falastrões ordinários, de *Gschaftlhuber*, como diríamos na Áustria, gente sem cérebro que se julga ocupada e importante. E o que mais contém o *Anuário da Academia*, além de textos insípidos? Uma lista extensa de todas aquelas obscuras distinções, possíveis e impossíveis, que essas minhocas intelectuais "receberam" no decorrer do ano anterior. A quem interessa isso, a não ser às próprias minhocas? E, além dessa lista, não se há de esquecer outra, uma hipócrita "lista dos mortos" com embaraçosos necrológios, uma espécie de pôquer de acadêmicos mortos, cada um deles mais lamentável e idiota que o anterior. É uma pena que esse *Anuário* seja impresso em papel tão precioso mas inadequado para alimentar minha estufa em Ohlsdorf. Toda vez que o carteiro descarregava esse entulho lá em casa, sempre me causava a maior dificuldade.

Contudo, alguém poderá argumentar, a Academia de Língua e Literatura (e os inventores desse nome merecem ser agraciados a posteriori com seu próprio prêmio!) concede o prêmio Büchner, a mais prestigiosa distinção literária, por assim dizer, de toda a Alemanha. Eu, porém, não compreendo por que o prêmio Büchner é outorgado por essa obscura academia, uma vez que, para outorgá-lo, ninguém precisa de academia nenhuma. E menos ainda de uma Academia de Língua e Literatura que só tem a apresentar a singularidade conceitual e linguística que traz no nome. Pessoalmente, não levei muito a sério minha eleição para essa academia, há exatos, como se diz, sete anos. Somente pouco a pouco fui tomando consciência do caráter duvidoso da Academia de Darmstadt, e só passei a levar de fato a sério, e de imediato, esse caráter duvidoso no momento em que li que Walter Scheel havia sido eleito, quando, então, me desliguei de pronto. Se o sr. Scheel vai entrar para a Academia, então eu saio já, pensei comigo.

À Academia de Língua e Literatura — que considero o que há de mais desnecessário tanto para a Alemanha como para o resto do mundo, e que aos poetas (de verdade!) e aos escritores (de verdade!) acarreta mais prejuízos que benefícios —, desejo tudo de bom em companhia do sr. Scheel. Quando morre um de seus membros, a Academia de Darmstadt (de língua e literatura!) sempre envia automaticamente um anúncio fúnebre, um cartão emoldurado por uma borda preta, contendo sempre o mesmo necrológio (discutível do ponto de vista tanto da língua como da literatura). Talvez eu ainda veja o dia em que ela enviará um desses anúncios fúnebres não de um de seus honrados membros, mas de si própria.

Th. B.

46.
Eu seria capaz de matar alguém no papel

23 de junho de 1980

DER SPIEGEL: Sr. Bernhard, na Alemanha tornou-se hábito classificar os escritores ou como ratazanas ou como varejeiras — o senhor é uma ratazana ou uma varejeira?

THOMAS BERNHARD: Provavelmente, uma mistura de ratazana com varejeira. Na Áustria, ainda não tiveram a ideia de caracterizar escritores como ratazanas ou como varejeiras, mas com certeza também aqui há pessoas que fazem essa distinção, ao menos na cabeça.

DER SPIEGEL: A que se deve isso? Por que o tom geral na Áustria ainda é melhor?

THOMAS BERNHARD: Se é melhor, não sei. Mas não ousam classificar pessoas diretamente como ratazanas ou varejeiras...

DER SPIEGEL: Embora o senhor tenha feito muito para provocar as pessoas nessa direção.

THOMAS BERNHARD: Para ser classificado como todas as espécies possíveis e imagináveis de insetos daninhos, eu precisaria ir para a Alemanha ou ser alemão. Aí, talvez eu pudesse até receber um título honorário.

DER SPIEGEL: Sob que pretextos o senhor foi xingado na Áustria?

THOMAS BERNHARD: Só escrever já basta. No fundo, vem desde os poemas essa história de as pessoas me caracterizarem como um gambá.

DER SPIEGEL: Por outro lado, também o senhor tende a ver outras pessoas em estado de putrefação, de dissolução, a descrevê-las como estropiadas e doentes. Suas personagens muitas vezes não são capazes de caminhar, ouvir, ver; tudo que fazem, na verdade, é resmungar, xingar, torturar seu entorno. A doença em seus heróis é uma camuflagem, talvez para que eles ouçam e vejam melhor?

THOMAS BERNHARD: Não, na verdade eu não camuflo minhas personagens, solto-as de sua jaula como elas são, e elas que caminhem para onde quiserem. Não tenho mais nenhuma influência sobre elas, não sou um bom pastor.

DER SPIEGEL: Sua personagem teatral mais recente tem um ofício muito curioso: ela é um "reformador do mundo" [*Der Weltverbesserer*].

THOMAS BERNHARD: Reformar o mundo é pura loucura, não se pode aperfeiçoá-lo.

DER SPIEGEL: Mas, ainda assim, o senhor tenta?

THOMAS BERNHARD: Logo de manhã, quando me levanto, eu tento aperfeiçoar o mundo. O mundo e a mim mesmo...

DER SPIEGEL: Mas o senhor se horroriza sobretudo com os que detêm o poder?

THOMAS BERNHARD: Não gosto nem um pouco do poder. Não gosto nem do indivíduo isolado que o exerce nem dos grupos de indivíduos que o fazem.

DER SPIEGEL: Mas tampouco gosta do caos?

THOMAS BERNHARD: A rigor, o caos é impossível no chamado mundo civilizado, embora eu prefira, sim, o caos.

DER SPIEGEL: Suas peças e livros pretendem estimular o caos?

THOMAS BERNHARD: No fundo, é o que penso, sim.

DER SPIEGEL: E como isso vai funcionar?

THOMAS BERNHARD: No momento em que funcionar, aí já não é caos.

DER SPIEGEL: Mas o propósito de sua escrita poderia ser a inibição do poder.

THOMAS BERNHARD: Para mim, a palavra "propósito" é quase tão repugnante quanto a palavra "poder". O propósito procura meios e, com isso, aí está de novo o poder.

DER SPIEGEL: Quando a gente olha para suas personagens — como o "presidente" —, às vezes elas são políticos, às vezes filósofos e às vezes artistas. Artistas exercem poder, como os políticos?

THOMAS BERNHARD: Artistas por vezes têm tanto poder quanto os políticos.

DER SPIEGEL: E esse poder também o incomoda?

THOMAS BERNHARD: Se confrontado com ele, também esse poder me incomodaria.

DER SPIEGEL: Há aí um certo asco de si mesmo?

THOMAS BERNHARD: Também, provavelmente. Mas não só isso. Não vejo a vida apenas como asco... Nem a escrita.

DER SPIEGEL: Seus textos tratam da morte, do asco diante da vida, do suicídio. O senhor escreve para não ter de se enforcar?

THOMAS BERNHARD: Pode ser, é isso mesmo.

DER SPIEGEL: O senhor disse que não é um bom pastor para suas personagens. Apesar disso, há pouco tempo proibiu, até segunda ordem, que os teatros de Viena montem suas peças.

THOMAS BERNHARD: Não falei tão sério assim. Mas não gosto de deixar minhas personagens nas mãos de diletantes capazes de golpes baixos.

DER SPIEGEL: O senhor teve experiências ruins com o Burgtheater de Viena?

THOMAS BERNHARD: Só tive experiências ruins com o Burgtheater, mas não levo isso muito a sério. Só não quero que aquela gente monte uma peça minha.

DER SPIEGEL: O senhor está proibindo os vienenses de montar uma peça sua?

THOMAS BERNHARD: "Proibir" soa grandioso demais.

DER SPIEGEL: Voltando à Áustria. O senhor nunca hesitou em imputar aos austríacos toda a maldade possível e imaginável. Num texto escrito por ocasião do feriado nacional austríaco, em 1977, o senhor escreveu que os "governos que tivemos nas últimas décadas revelaram-se prontos a praticar contra a Áustria qualquer tipo de crime, e praticaram todos os crimes possíveis e imagináveis contra essa Áustria; explorando um povo adormecido por natureza, acabaram por transformar a vileza e a brutalidade em sua única arte, aquela que os austríacos admiram e pela qual são de fato apaixonados". Isso é uma moção genérica de desconfiança contra todo governo austríaco.

THOMAS BERNHARD: Sim, contra todas essas pessoas acostumadas ao poder e ao abuso do poder.

DER SPIEGEL: Com palavras igualmente veementes o senhor deixou a Academia Alemã de Língua e Literatura.

THOMAS BERNHARD: Examinando-se de perto, a Academia Alemã de Língua e Literatura é o fim da picada...

DER SPIEGEL: Mas, até a chegada de Walter Scheel, isso não parecia incomodá-lo? A eleição de Walter Scheel para a Academia foi um pretexto bem-vindo para sua saída?

THOMAS BERNHARD: Para mim, é uma figura repugnante.

DER SPIEGEL: Por quê?

THOMAS BERNHARD: Essa é uma pergunta difícil. Perguntas são sempre corretas; respostas, sempre equivocadas, incorretas.

DER SPIEGEL: Mas foi de fato a pessoa de Scheel que o levou a sair ou poderia ter sido qualquer outro presidente, Carstens ou Heinemann, digamos?

THOMAS BERNHARD: Qualquer um me serviria. Eu teria reagido exatamente da mesma forma.

DER SPIEGEL: Nos três casos?

THOMAS BERNHARD: Sim. Ou no de Giscard d'Estaing, ou se Margaret Thatcher ou qualquer outra figura de Estado tivesse sido eleita.

DER SPIEGEL: No passado, o senhor há de ter participado da vida da Academia, ou é o que parece quando se leem suas descrições maldosas e precisas dos encontros, falando de uma mistura de vaidade, senilidade, vazio e muito dispêndio.

THOMAS BERNHARD: Nunca participei. Mas a Academia se reflete em suas publicações.

DER SPIEGEL: O senhor se recusou a receber essas publicações em sua casa.

THOMAS BERNHARD: Isso não posso evitar. O carteiro as joga para dentro.

DER SPIEGEL: O senhor ainda é membro de alguma academia semelhante, em algum lugar?

THOMAS BERNHARD: Da Previdência Social.

DER SPIEGEL: E no mais?

THOMAS BERNHARD: Mais nada.

DER SPIEGEL: O senhor nem sempre foi muito coerente. Aceitou, por exemplo, prêmios e honrarias.

THOMAS BERNHARD: Ninguém consegue ser coerente. Volta e meia flagramos alguma incoerência em nós mesmos.

DER SPIEGEL: Nos discursos de agradecimento, o senhor já deu o troco àqueles que o agraciaram. Voltaria a aceitar um prêmio algum dia? O Nobel, digamos?

THOMAS BERNHARD: Nem prêmio, nem honraria, nem condecoração.

DER SPIEGEL: Na sua nova peça, o senhor retrata o ridículo inevitável de uma cerimônia de premiação.

THOMAS BERNHARD: Ridículo, eu sempre achei, desde muito jovem, quinze ou dezesseis anos. E sempre teve algo de cômico em todos os prêmios que recebi.

DER SPIEGEL: Um prêmio não é sempre uma tentativa de amordaçar o artista?

THOMAS BERNHARD: A ideia é satisfazê-lo e, com isso, torná-lo inofensivo.

DER SPIEGEL: No que consiste a periculosidade do escritor? Num pequeno texto em prosa, o senhor descreve o dramaturgo que, sentado no teatro, atira naqueles que riem na hora errada em sua comédia. Mas o senhor se comporta com moderação muito maior, isso quando vai ao teatro. Qual a diferença entre o que foi escrito e a realidade? O senhor sabe que temos agora em Augsburgo, na Alemanha, uma discussão bastante estrambótica, porque Schroeter, o cineasta e diretor teatral, fantasiou um atentado com uma salsicha branca contra Strauß, atestando uma disposição homicida de sua parte — muito parecida com a de seu dramaturgo atirador.

THOMAS BERNHARD: Também eu, muitas vezes, seria capaz de matar alguém no papel. Mas só no papel.

DER SPIEGEL: E o senhor tem medo de que alguém entenda como receita o que está no papel?

THOMAS BERNHARD: Isso, eu não tenho como impedir.

DER SPIEGEL: Mata-se no papel para poupar-se de fazê-lo na realidade?

THOMAS BERNHARD: Isso eu não sei responder.

DER SPIEGEL: Sua tendência à morbidez demonstra que o senhor é uma espécie de escritor romântico que vê uma conexão entre doença e arte, entre loucura e arte, entre anarquia e arte.

THOMAS BERNHARD: Sim, está correto. Penso que é como nos sonhos. Não podemos impedir nossos sonhos de tomarem a direção que quiserem — o máximo que podem fazer é acordar a gente, e é aí que acontece o pior, mas não temos nenhuma influência real sobre isso.

DER SPIEGEL: O senhor considera justificadas as críticas que lhe fazem?

THOMAS BERNHARD: Toda crítica é justificada, mas, se é acertada ou não, isso a gente não sabe. Cada um pode dizer o que quiser, e não se pode mudar o que foi dito. E por que haveríamos de querer mudar uma crítica?

DER SPIEGEL: Como é, então, sua experiência com os críticos e os jornais?

THOMAS BERNHARD: Algo entre o pavoroso e o absolutamente cômico.

DER SPIEGEL: O que é esse pavoroso?

THOMAS BERNHARD: Na verdade, isso foi lá atrás, há mais ou menos quinze anos.

DER SPIEGEL: Isso significa então que foi pavoroso porque o senhor ainda não podia se defender.

THOMAS BERNHARD: Porque, na época, era uma coisa desproporcional. Como quando a gente é criança ou jovem; aí, tudo é muito maior, as montanhas, os montes de neve. Os invernos são mais gélidos, os verões, mais quentes.

DER SPIEGEL: Ou seja, Thomas Bernhard está mais amadurecido e se diverte ao ler o jornal, porque não precisa mais se envolver.

THOMAS BERNHARD: Se eu estivesse para morrer, isto é, se estivesse no fim, se não pudesse mais me mover, aí provavelmente acharia ideal sentar-me num café com as cortinas fechadas. Não tão fechadas que já não pudesse ler. Aí, seria bom saber do mundo só pelos jornais. Eu leria o mundo apenas a partir dos jornais.

DER SPIEGEL: Melhor ficar deitado numa cama, um pouquinho doente?

THOMAS BERNHARD: Seria um grande prazer, acho. Estar um pouquinho doente é muito bom, afinal. Sempre, assim, no limite. Embora, claro, se a gente ultrapassa esse limite e morre, também nesse caso só pode ser um grande prazer.

DER SPIEGEL: Sobre isso, não existem informações confiáveis.

THOMAS BERNHARD: A única coisa em que acredito é que, depois, não há mesmo mais nada.

DER SPIEGEL: Em seus livros, quando alguém escreve ou reflete, ele, na verdade, sempre padece por ter engendrado alguma coisa e ficar, então, cativo do que engendrou, escravizado. É essa a sua situação?

THOMAS BERNHARD: Eu creio que sim. Quando o livro, isto é, quando o manuscrito chega ao fim, termina a escravidão. E começa uma nova. Ou seja, aquela do não escrever, do não se ver cativo.

DER SPIEGEL: Tem-se a impressão de que suas peças são sempre repetição de uma única e mesma peça de teatro.

THOMAS BERNHARD: É provável que seja isso mesmo. Porque também na prosa é assim.

DER SPIEGEL: Então o já escrito não está tão distante e resolvido?

THOMAS BERNHARD: No fundo, é sempre o mesmo texto em prosa e o mesmo modo de escrever para o teatro.

DER SPIEGEL: Mas, de súbito, surge entre suas personagens, que são todas um pedaço do senhor, alguém parecido com Filbinger.* Essa personagem não há de ser aparentada ao senhor.

THOMAS BERNHARD: Veja bem, não me entenda mal. Eu tenho a sensação de que eu, de que todas as pessoas são aparentadas a todo mundo. De que há um Filbinger em mim, assim como em todas as demais pessoas. De que também o bom Deus, a vizinha e tudo o que vive está em nós. Poderíamos nos identificar com todos. A questão é: em que medida reprimimos e controlamos esses milhões ou bilhões de possibilidades humanas que temos em nós?

DER SPIEGEL: Isso é compreensível. Mas não o incomoda quando traduzem tão linearmente suas peças e dizem que, em Stuttgart, montaram uma peça sobre o caso Filbinger?

---

* Hans Filbinger (1913-2007), governador de Baden-Württemberg a partir de 1966, foi afastado do cargo em 1978 em consequência de um escândalo envolvendo seu passado nazista.

THOMAS BERNHARD: Não, é absurdo que alguém diga que é uma peça sobre Filbinger. Porque ela não tem nada a ver com Filbinger, e sim com uma pessoa que possui traços semelhantes.

DER SPIEGEL: E toda semelhança é mera coincidência?

THOMAS BERNHARD: ... não, naturalmente não é coincidência. Já topei com esses fósseis nazistas lendo os jornais.

DER SPIEGEL: A pecinha para o *Zeit* em que a família nazista toma sopa foi a primeira versão?

THOMAS BERNHARD: Não, eu não queria escrever a peça de jeito nenhum. O Henrichs, do *Zeit*, foi quem me pediu uma peça. E eu a escrevi. Ainda a vejo dentro do cesto de papéis, e eu dizendo: "Pois bem, resolvido!". Mas, aí, tirei ela do cesto, datilografei e enviei.

DER SPIEGEL: O senhor escreveu uma comédia sobre Kant em que um herói chamado Kant viaja para os Estados Unidos para operar os olhos. "Vou levar a razão à América", ele diz, "a América dará luz a meus olhos." É essa a fórmula a que se pode reduzir sua relação com o público?

THOMAS BERNHARD: Isso era verdade, porque eu estava com um glaucoma agudo que ameaçava me cegar. Por isso, precisava operar. Mas essa foi apenas a ideia inicial da peça.

DER SPIEGEL: O drama de um artista, portanto?

THOMAS BERNHARD: Não, não o drama de um artista: o drama dos olhos. O drama do glaucoma.

DER SPIEGEL: E os dramas de cadeira de rodas?

THOMAS BERNHARD: Têm a ver. Quando a gente racha a cabeça, não precisa necessariamente escrever sobre a cabeça.

DER SPIEGEL: Depois de entregar [*übergeben*] a peça, o senhor controla o que será feito dela?

THOMAS BERNHARD: *Übergeben* quer dizer "vomitar". É bem possível que essas coisas estejam ligadas. Elas provavelmente estão ligadas de fato.

DER SPIEGEL: É antes uma lenda espalhada por Thomas Bernhard que o senhor, por exemplo, não vai a estreias. As pessoas o veem nas estreias, com certeza escondido, mas vai, sim, ver suas peças.

THOMAS BERNHARD: Sim, isso depende. Algumas vezes, tive interesse; outras, em maior número, não. Também já saí correndo de uma delas. Em *Jagdgesellschaft* [O grupo de caça], em Viena, notei desde o início, desde a primeira palavra, que a coisa toda seria um fracasso, que não tinha jeito. Saí no primeiro ato, subi para apanhar meu casaco no guarda-volumes, e a moça disse: "Ah, o senhor também não gostou?".

DER SPIEGEL: O senhor estudou arte dramática?

THOMAS BERNHARD: Sim, é o que se diz. Sim e não. Hoje, já não tenho nada a ver com isso, tampouco com a música; nunca mais tive nada a ver com o que estudei.

DER SPIEGEL: E, depois, voltou por acaso? Além disso, é tão apaixonado pelo teatro que encontrou até um ator que, para o senhor, é a encarnação ideal. Tanto que intitulou uma peça com o nome dele.

THOMAS BERNHARD: Com Minetti, é um pouco como se eu tivesse encontrado a mim mesmo.

DER SPIEGEL: Até a peça sobre Minetti, escrita para ele, é o drama de uma infelicidade, de um insucesso. A infelicidade o inebria?

THOMAS BERNHARD: Bom, eu sou um doido enfurecido. Como posso dizer isso? Quero escrever bem e quero sempre me aperfeiçoar. Só que isso significa que eu precisaria me tornar cada vez mais atroz, cada vez mais atemorizante, cada vez mais sombrio no mal, a fim de poder melhorar.

DER SPIEGEL: E isso lhe custa esforço, ser tão mau, tão atroz? O senhor precisa se propor a tanto, dizer para si mesmo: "Agora quero ser bem hediondo"?

THOMAS BERNHARD: Eu acho que sou mau por natureza, e não é uma disposição fatigante, mas sua execução é difícil.

DER SPIEGEL: O senhor escreveu certa vez que Salzburgo é a cidade que tem mais suicídios.

THOMAS BERNHARD: Eu apenas copiei a informação. Está estabelecido oficialmente que ali se concentram os suicídios.

DER SPIEGEL: Como o senhor explica isso para si próprio?

THOMAS BERNHARD: Em primeiro lugar, por sua situação natural, incrustada nas rochas, Salzburgo é de fato terrivelmente úmida... Lá, chovem as mortes por suicídio, no outono, no início do ano letivo, em outubro a lista está completa. Mas isso é estatística, não é interessante.

DER SPIEGEL: Interessante para o senhor é apenas o que é único?

THOMAS BERNHARD: Interessante para mim seria se eu me matasse e pudesse, então, me observar.

DER SPIEGEL: Isso, infelizmente, não é possível.

THOMAS BERNHARD: Que não seja possível é minha grande decepção.

DER SPIEGEL: Que tipo de relação Thomas Bernhard tem com os colegas, com outros escritores? Sente-se solidário a eles?

THOMAS BERNHARD: A quais deles? Aos vivos?

DER SPIEGEL: Sim, comecemos pelos vivos.

THOMAS BERNHARD: Não tenho nada a ver com pessoa alguma. Não que eu me lembre.

DER SPIEGEL: Por que o senhor acha melhor ser uma figura solitária, única?

THOMAS BERNHARD: Isso é muito difícil dizer.

DER SPIEGEL: Bom, falamos antes sobre a Academia. O senhor poderia imaginar o Grupo 47 hoje? Poderia se imaginar viajando para um encontro anual de escritores?

THOMAS BERNHARD: Há quinze ou vinte anos, eu teria ido, se tivessem me convidado na época. Eu com certeza queria ser convidado, mas não fui. Hoje, olhando para trás, não faz diferença.

DER SPIEGEL: Hoje, o senhor já não iria?

THOMAS BERNHARD: Não, se houvesse um Grupo 44 ou 88, não, porque não sinto vontade de estar com escritores.

DER SPIEGEL: O que o incomoda nos outros escritores? Por que não sente vontade?

THOMAS BERNHARD: Em primeiro lugar, o fato de serem escritores também.

DER SPIEGEL: Inveja da concorrência?

THOMAS BERNHARD: Bom, cada pessoa já é uma concorrente da outra. Dentro de seu ramo de atividade, os escritores naturalmente concorrem ainda mais.

DER SPIEGEL: Mas não tem nenhum de quem o senhor se sinta quase um irmão, um irmão gêmeo ou um companheiro?

THOMAS BERNHARD: Eu tenho um irmão biológico.

DER SPIEGEL: Não, entre os escritores.

THOMAS BERNHARD: Eu entendi, não preciso de nenhum irmão escritor, nunca tive um. Amo Wittgenstein e Thomas Wolfe, esses me acompanham fraternalmente há mais de décadas, eu os amo e vou amá-los com fervor até o fim da vida e para além da morte, como diz a bela formulação. Mas entre os vivos? Provavelmente, leio muito pouco. Quero dizer, não leio tudo que vem, por exemplo, da América do Sul.

DER SPIEGEL: Lê tudo o que vem da Áustria?

THOMAS BERNHARD: Não, aí eu ficaria louco, precisaria ler dia e noite, e isso só é possível quando se é estúpido.

DER SPIEGEL: Quando o comparam com outros austríacos, com Handke, digamos, o que o senhor diz disso? Vê semelhanças, coisas em comum?

THOMAS BERNHARD: Semelhança nenhuma. Handke é um rapaz inteligente, e eu não gostaria de ter escrito nenhum de seus livros, mas sim todos os meus.

DER SPIEGEL: Isso está claro. E Jandl?

THOMAS BERNHARD: Esse, de jeito nenhum. Esses tipos são como professores primários que nunca conseguem se afastar de seu metiê. Tampouco podem se permitir o empenho necessário para se engajar em alguma coisa.

DER SPIEGEL: E outros dramaturgos?

THOMAS BERNHARD: Pessoalmente, Hochhuth me entusiasma. É aterrador o que ele escreve.

DER SPIEGEL: E Botho Strauß? O senhor e Botho Strauß estão entre os dramaturgos de língua alemã mais encenados da atualidade.

THOMAS BERNHARD: Pois é, Botho Strauß. Isso tem a ver com Peter Stein e com o Schaubühne. Para mim, o que Stein faz não é teatro. Aquilo é uma igreja em que ele constrói seu altar e erige suas figuras divinas. Não frequento igrejas. O Strauß é como um acólito do Stein, e é assim também que ele escreve hoje em dia. Bastante refrescante, charmoso, gosto muitíssimo dele, mas não acredito que, em dez anos, alguém ainda vá se interessar pelo que ele escreve hoje.

DER SPIEGEL: O senhor está convencido de que, em dez anos, suas peças ainda serão conhecidas?

THOMAS BERNHARD: Não acredito que estarão esquecidas. No caso de Strauß, a questão, creio, está na língua, no jargão, que, no momento, soa muito bonito, como um perfume de lilases na frente da minha casa.

DER SPIEGEL: Em outras palavras, o senhor está dizendo que sua própria língua é eterna.

THOMAS BERNHARD: Eterno, nada é.

DER SPIEGEL: Eternidade a médio prazo, no seu caso, ao passo que, no de Strauß, eternidade fugaz.

THOMAS BERNHARD: Eternidade a médio prazo? Talvez. Sim.

DER SPIEGEL: E outras são fugazes?

THOMAS BERNHARD: Bom, também há beleza no transitório. Não há nada mais terrível do que durar para sempre. Nem eu gostaria que tudo que tem a ver comigo perdurasse para sempre, não tenho nenhum interesse nisso; mas pode ser que aconteça com meus trabalhos.

DER SPIEGEL: Então o senhor acha que o teatro de Peter Stein é como uma igreja?

THOMAS BERNHARD: Teatro, para mim, o que ele faz não é — veludo, seda, púrpura, isso são adereços para uma igreja. Isso tudo é... como é que se diz?

DER SPIEGEL: Sacro?

THOMAS BERNHARD: Sacro. Não tem absolutamente nada a ver com teatro.

DER SPIEGEL: E quando estavam para encenar *Der Ignorant und der Wahnsinnige* em Salzburgo e até a iluminação de emergência deveria ser apagada durante a encenação, porque ela, supostamente, ameaçava perturbar o espetáculo? Isso também foi como numa igreja?

THOMAS BERNHARD: Essa experiência eu não tive, porque não fui testemunha do fato.

DER SPIEGEL: Mas isso era um desejo seu, não?

THOMAS BERNHARD: Não, isso se deveu de alguma forma aos envolvidos na montagem. Não tive influência nenhuma, mas, lógico, fiquei do lado daqueles que, em última instância, foram enganados ali.

DER SPIEGEL: Aliás, o senhor gosta de ir ao teatro? E onde vai ao teatro?

THOMAS BERNHARD: Vou ao teatro uma vez por ano, e para ver uma peça minha. Que, naturalmente, já não é minha, porque atores e diretor transformam-na, em última instância, em sua. Verdade que o título da peça é meu, as personagens se chamam como as batizei, mas já o que dizem destaca-se, no fundo, daquilo que teriam dito ou disseram por meu intermédio.

DER SPIEGEL: Ou seja, já é uma versão piorada...

THOMAS BERNHARD: ... isso eu não diria, porque, sob certas circunstâncias, pode ser bem melhor, mas é outra coisa. É diferente e é também, em algum momento, uma grande decepção e uma falsificação grosseira, o que, em prosa, não é possível, porque aí já não se pode mudar coisa nenhuma. Ainda que também em prosa a falsificação seja ininterrupta. Quero dizer, apenas o título permanece, por acaso, o mesmo.

DER SPIEGEL: E que lhe pareceria um teatro para o qual o senhor escrevesse, encenasse e fosse o senhor mesmo seu próprio espectador?

THOMAS BERNHARD: Seria infinitamente aborrecido para mim, verdadeiramente de vomitar.

DER SPIEGEL: Mas seria o ideal, o senhor não se decepcionaria.

THOMAS BERNHARD: Para começar, ficaria decepcionado comigo mesmo.

DER SPIEGEL: O senhor consegue se decepcionar consigo mesmo?

THOMAS BERNHARD: Todo dia eu me decepciono infinitamente. Neste momento, neste instante, sempre.

DER SPIEGEL: O que Thomas Bernhard acha de seu público, de seus leitores?

THOMAS BERNHARD: Não o conheço nem quero conhecer.

DER SPIEGEL: Sem uma única exceção?

THOMAS BERNHARD: Se ele for como — como ela se chama? — Ria Endres, que escreveu sobre mim... Bom, faz sentido também, fez seu doutorado, teria podido escrever sobre outra pessoa, mas, por acaso, foi sobre mim.

DER SPIEGEL: Ria Endres o apresentou como um chauvinista, como alguém que despreza as mulheres. E, de fato, suas mulheres são vítimas submissas e burras de homens tirânicos.

THOMAS BERNHARD: Também na realidade existem muitas mulheres que ficam felizes em poder ao menos limpar o vômito dos socialmente desfavorecidos. Não sou responsável pelos problemas de Ria Endres. Talvez ajudasse se ela fosse, digamos, até o México e sentasse nua no topo de uma montanha. Mas é bom que tenha conseguido fazer seu doutorado escrevendo sobre mim.

DER SPIEGEL: Se o senhor não pode aperfeiçoar o mundo, pode ao menos ajudar a sra. Endres, por exemplo, a obter o título de doutora.

THOMAS BERNHARD: A gente ajuda muitas pessoas a encontrar uma ocupação ou, como é tão belo dizer, a ganhar seu pão de cada dia. Técnicos de palco, gráficas, fabricantes de papel. Nem tudo que a gente faz paira simplesmente no ar.

DER SPIEGEL: Agora, descobrimos então que o senhor escreve porque precisa escrever, mas que, na verdade, escreve para ninguém.

THOMAS BERNHARD: "Precisa" — "precisar", não precisamos fazer coisa nenhuma, ou antes, sim, preciso comer, beber, e, depois, precisamos fazer desaparecer toda essa comida e essa bebida, isso a gente precisa. De todo o resto não precisamos, é provável que não precisemos de coisa alguma, mas trata-se de uma predileção, de uma paixão, eu diria, algo que poderíamos também romper.

DER SPIEGEL: O senhor disse que, quando escreve, está sob pressão até terminar. E, quando termina, está sob pressão por não estar sob pressão.

THOMAS BERNHARD: Naturalmente, o escritor está sempre sob pressão, o que, aliás, tem a ver com impressão e impressores — mas, de novo, isso foi só uma gracinha.

DER SPIEGEL: E consegue viver de escrever, viver bem?

THOMAS BERNHARD: Bom, eu vivo como quero.

DER SPIEGEL: E contava com isso quando começou a escrever?

THOMAS BERNHARD: Não, não contava com coisa nenhuma. Era bem calculista, mas não contava com coisa nenhuma.

DER SPIEGEL: O sucesso satisfaz a vaidade ou não a satisfaz? O sucesso é parte da vida de escritor, precisa-se dele?

THOMAS BERNHARD: Quando se obtém sucesso, não se deve perguntar o que ele é. Também a quem não tem nenhum, não se deve perguntar isso.

DER SPIEGEL: Pode-se perguntar ao senhor se ter sucesso o diverte?

THOMAS BERNHARD: A mim, me diverte muitíssimo. Acho o fracasso atroz, embora ele seja mais útil do que o sucesso.

DER SPIEGEL: Então o sucesso é divertido, mas um prêmio, isso o senhor não quer. Tem lógica?

THOMAS BERNHARD: Para mim, o prêmio não tem nada a ver com o sucesso. Não vejo como sucesso receber um prêmio que algumas pessoas, em alguma parte, por cálculo ou por alguma razão, concedem, explorando uma situação. Onde está o sucesso?

DER SPIEGEL: E como, então, o senhor mede o sucesso?

THOMAS BERNHARD: Sucesso é eu entregar um manuscrito a um editor e ele não perguntar muita coisa, apenas mandar compor e imprimir — isso já é na verdade o sucesso todo.

DER SPIEGEL: Ou seja, publicar realmente lhe basta, tanto faz se duzentos ou 200 mil exemplares?

THOMAS BERNHARD: A mim, me basta ser publicado com a maior correção possível, com o menor número possível de erros de impressão, a maior simplicidade possível, sem penduricalhos gráficos. E poder viver disso. De todo o resto, não preciso. Acho sempre pavoroso o que vem depois.

DER SPIEGEL: Sr. Bernhard, muito obrigado pela entrevista.

47.

Bernhard
Ohlsdorf

16 de dezembro de 1980

Exmo. sr. Ruiss,

Minha existência como escritor na Áustria, que é minha pátria natural, foi sempre, desde o princípio, acompanhada de difamação maldosa e descaso, e a esses períodos de odiosa difamação sempre se seguiu o descaso total; como conheço meus conterrâneos, nada disso vai mudar nem mesmo no futuro, a difamação será ainda maior, o descaso, ainda mais completo — já conheço essa situação há mais de três décadas, porque faz todo esse tempo que escrevo e publico. Quando meu *Frost* foi publicado, o sr. Hartl, que ainda hoje pensa e escreve da mesma maneira, afirmou que o livro não era nada e zombou de mim; e aos livros que se seguiram a *Frost*, os jornais austríacos não dispensaram outro tratamento. E quando, então, minha *Jagdgesellschaft* foi encenada no Burgtheater, uma delegação de escritores, tendo à frente o sr. Henz, presidente do *Kunstsenat*, protestou junto ao ministro das Artes e da Cultura: o Burgtheater não deveria encenar obras minhas, e sim do sr. Henz; não fosse isso verdade, nem seria lícito inventar algo assim. Quando, nos meus quarenta anos, ou seja, numa idade em que nem deveria ser permitido fazê-lo, deram-me o *Kleiner Staatspreis*, o então ministro das Artes e da Cultura Piffl-Perčević, após umas poucas frases ditas por mim e conhecidas de todos, murmurou baixinho para si próprio que eu era um "cão" e deixou o auditório depois de, em seu "discurso", ter me caracterizado como um holandês e citado um romance sobre os Mares do Sul como de minha autoria. Com a mão erguida, o ministro precipitou-se para cima de mim e, depois, deixou o salão, não sem bater a porta do auditório, devo dizer. Atrás dele, os receptores de prebendas, mais de cem, que antes lotavam o salão. Nessa mesma ocasião, o sr. Henz mostrara-me os punhos e me chamara de "porco". O prêmio Wildgans, com que eu fora "agraciado" nesse meio-tempo, foi-me enviado num reles canudo de papelão, porque, tendo o ministro se recusado a comparecer à associação industrial ("Com esse sr. Bernhard, não vou me encontrar!"), a cerimônia solene foi cancelada. O prêmio Grillparzer só pôde ser "concedido" a mim na Academia de Ciências com grande atraso, porque nem um único daqueles que deveriam me distinguir sequer me conhecia, e precisaram, em primeiro lugar, procurar por mim na décima fileira do salão.

Eu poderia ainda enumerar ao senhor uma infinidade de grosserias, mas não sinto a menor vontade de fazê-lo. Trata-se de uma série infinita de distorções deliberadas, de humilhações absolutamente deliberadas impostas a minha pessoa. Eu precisaria escrever um livro inteiro apenas de fatos a comprovar como procedem com uma pessoa como eu, que nada mais faz do que escrever, como, a rigor, querem calá-la a todo custo. Para resumir, se dependesse desta nossa sociedade austríaca, eu já teria morrido de fome há muito tempo. Na Áustria, minha renda não chegaria a um décimo daquela de minha "faxineira". Mas, logo cedo, uma natureza muito forte fez-me de antemão atento e imune à vileza de meus compatriotas, que nada desprezam mais do que a literatura e aqueles que se empenham por ela. Resignei-me com a absoluta falta de inteligência dessa sociedade e já não abrigo nem sequer a menor recriminação, algo que não posso mais me permitir, porque quero dar continuidade a meu trabalho, e não me deixar enfraquecer pelo poder superior da estupidez que aqui impera.

Uma lista dessas grosserias seria tão longa que demandaria papel demais da minha gaveta. E jorrariam de minha máquina de escrever tantos nomes conhecidos de pessoas que se comportaram de forma vil, abjeta, hipócrita — de todas as formas, menos com coleguismo —, que uma tal empreitada há de horrorizar até a mim. Mas, seja como for: enquanto houver pessoas que se autointitulam presidentes do *Kunstsenat* deste país, que se lançam com os punhos erguidos sobre colegas e não se envergonham de sugerir ao ministro responsável que não admita a encenação da obra de colegas, nada vai mudar neste palco perverso de minha terra natal. E, naturalmente, não sinto vontade nenhuma de subir nesse palco em que todo aquele que se apega à verdade é transformado numa figura ridícula.

Moro aqui na Áustria porque não posso fazer de outra forma, porque estou ligado a esta paisagem. Mas, por amor a meu trabalho, não quero ter nada a ver com meus inimigos. E os inimigos estão por toda parte.

Já há quase vinte anos, o jornal *Wiener Montag* chamou-me um percevejo, o ministro Perčević, em 1967, um cão, o sr. Henz, presidente do *Kunstsenat*, um porco, e o *Oberösterreichische Nachrichten*, não faz muito tempo, "gentinha que deveria ser compelida para além de nossas fronteiras".

Não posso imaginar que seja de alguma utilidade para seu congresso um percevejo ou um cão ou um porco ou mesmo um representante dessa gentinha. Nem o senhor mesmo acredita nisso!

Desejo ao congresso tudo de bom e sobretudo, naturalmente, que ele não reúna apenas meros percevejos, porcos, cães e, menos ainda, tão somente gentinha como eu.

Cordialmente, seu
Thomas Bernhard

48.
O socialista de salão aposentado

26 de janeiro de 1981

O pequeno-burguês sentado na cadeira de armar em sua própria sacada, vestindo seu colete pequeno-burguês de tricô e, no fim da tarde, raspando um no outro, pouco acima das pantufas anatômicas (de madeira!) descalçadas, os dedos dos pés revestidos de meias grossas, sempre logrou atrair mais a comoção do observador do que provocar seu gélido desprezo, penso eu, ainda que, como o retratado no livro, ele se chame Bruno Kreisky.* Milhões desses pequeno-burgueses nos comovem no crepúsculo, se tendemos a uma tal comoção, e concedemos a todos eles o pôr do sol diante da casa própria, independentemente da caixa que a financiou; desfrutam de seu destino, que se encaminha para o fim, na Áustria ou em Maiorca; em geral com a esposa ao lado, nós os vemos espremer os olhos voltados para o sol poente, levando para a cova, no verdadeiro sentido da expressão, sua barriga mimada pelo Estado de bem-estar social.

O sr. Kreisky, cujo septuagésimo aniversário o livro homenageia, é nele apresentado já como um aposentado, embora o chanceler, como é sabido — para espanto de todos, para o horror de muitos —, ainda esteja no cargo. Mesmo estando no cargo, em suas fotos ele sempre nos comove como um aposentado amimado, embora possamos ser tomados também pelo já mencionado gélido desprezo, caso seja essa nossa disposição.

---

* Gerhard Roth e Peter Turrini, *Bruno Kreisky*. Fotos de Konrad R. Müller. Berlim: Nicolaische Verlagsbuchhandlung, 1981, p. 398.

O sr. Kreisky, como o livro mostra, é um dos milhões de aposentados austríacos, só que, por fatalidade, o único dentre eles que, além disso, é chanceler da República.

O livro mostra Kreisky "Na sacada de casa", "Fazendo uma caminhada", "À beira-mar", "Com a esposa", "No jardim de cactos" etc. etc. etc., como se documentasse o destino típico do aposentado ou pensionista, e, quando mostra o agora homenageado "No Palácio Belvedere", também aí o observador pensa tratar-se apenas da mão invisível do Estado a louvar um devoto funcionário público em fim de carreira.

O pensionista Kreisky mostrado no livro tem as mesmas paixões e desejos de seus milhões de colegas frustrados que não moram na Armbrustergasse e que jamais serão encontrados à testa do edifício da chancelaria na Ballhausplatz, por assim dizer, embora ele tenha ocultado tais aspirações sob o terno de risca de giz. Queira ele ou não, o cacto da sala de estar, o anão de jardim mais alto e o anseio pelo voo charter estão inscritos sem dó nem piedade em seu rosto. Também isto o livro mostra: de vez em quando, ele murmura alguma coisa sobre Musil ou Hundertwasser, e aqueles à sua volta se espantam. Trata com intimidade os grandes artistas e pensadores, diz-se sem cessar, mas as mãos que aperta são apenas as dos artistas e pensadores menores.

No livro todo, esse senhor não diz nada de significativo ou ao menos digno de nota, embora nos lembremos de um sem-número de manifestações estrambóticas saídas de sua boca; na verdade, Kreisky jamais escreveu uma única frase significativa, por assim dizer, embora, em razão de suas construções frasais cabaretísticas, ele muitas vezes tenha sido citado sobretudo no exterior, em países sempre predispostos às pilhérias grosseiras dos austríacos. Basta pensar nas muitas condecorações carnavalescas com que o agraciaram os alemães. Na verdade, porém, ele até o momento não nos presenteou com um único livro sério; falta-lhe, portanto, também essa atitude de estadista.

Quando acreditou filosofar, sempre alinhavou apenas, à maneira de um professor primário esforçado, manifestações da própria incompetência. Talvez ele o saiba e é provável que isso o aborreça — em todas essas fotografias, dá a impressão de que algo o aborrece, na maioria delas com certeza tudo o aborrece; trata-se, portanto, do verdadeiro destino de um aposentado austríaco.

É provável que eu não seja a pessoa certa para resenhar esse livro curioso, que só deveria ser vendido no comércio seleto de artigos devocionais.

Mas o socialista suspeito, o tio apaziguador de um vermelho rosado, quiromante do mundo de Teerã a Nova York, de Palma a Unterkleinwetzdorf, é aí — e é isto que a um só tempo apavora e enerva — retratado como ele realmente é, com os recursos de que dispõe; à pergunta "o que sou eu?", presente em cada uma das arrastadas páginas do livro, cada uma delas dá logo a resposta aterradora: o chanceler da Áustria exaurindo-se completamente nas ninharias da política cotidiana!

Bruno Kreisky, o rei sol, é tão somente — assim mostra o livro — uma lâmpada ultravioleta, e onde já não há sol em parte alguma, ensina-nos a história mais recente, basta uma lâmpada ultravioleta e, portanto, um rei ultravioleta com aspecto de aposentado.

Mas o livro é também grandioso. As contradições estão por toda parte, porque, de cada palavra, de cada imagem, surge e nos surpreende a todo momento, como se de uma caixa de mágicas alpina, o pequeno-burguês que Kreisky é mas não quer ser de modo algum, assim como cada palavra e cada imagem faz desaparecer dentro dessa mesma caixa de mágicas alpina o estadista que com todas as suas forças ele deseja ser, mas não é e nem pode ser. No fim, miserável na escrita e nas fotografias, o livro se revela fantasticamente autêntico!

Trata-se, porém, como disse, de uma infelicidade que o homem que sai da caixa de mágicas seja o chanceler de nossa República.

No livro todo, procuramos em vão um espírito inteligente, mas não encontramos nem sequer um espírito do mal, apenas um espírito pequeno.

Por outro lado, tudo no livro é verdade, ele é feito da matéria de que se constitui nosso chanceler. Das alturas da megalomania, ele conduz aos baixios das platitudes e, dentro da mais perfeita lógica, às profundezas do kitsch doméstico da alma. Não fica de fora nada do que move e, em última instância, faz bater pela vida toda o coração do pequeno-burguês.

Somos testemunhas de um mundo sentimental e hipócrita em cujo centro se encontra nosso aniversariante.

Não é apenas a linguagem que se move sobre pernas de pau por todo esse livro provinciana e pomposamente empolado: é também o próprio chanceler. E, quando não anda sobre pernas de pau, escarrancha-se ou estica a cabeça rumo à infinitude enquanto caminha. Depois, mostra-se cansado e moído pelo esforço que lhe custa o curso do mundo, como acontece com os grandes homens que fazem a história universal — e, em seguida, de novo afável como um operador de carrossel num parque de diversões.

O livro tem um ponto alto: mostra Harold Macmillan, o outrora primeiro-ministro e ministro das Relações Exteriores britânico, num ônibus de transporte de passageiros do aeroporto de Schwechat. Na página 54, o gigantesco Macmillan (um dos grandes editores e intelectos da Inglaterra!) esmaga o Kreisky anão. Sem piedade.

Kreisky: o aposentado no peito do chanceler contra o chanceler no peito do aposentado. Uma verdadeira catástrofe letal austríaca com a qual temos de lidar.

Ele não é um grande judeu; não é, sabemos, um bom judeu. É (faz tempo) apenas um péssimo chanceler.

Na verdade, trata-se de um sociomonarca desgastado além da conta, há tempos mergulhado no ridículo, velho e obstinado, estrangulando-se em seus próprios grunhidos; de um desdentado ex-cavaleiro vermelho empalidecido por décadas até se tornar irreconhecível; de alguém, pois, que merece ser destronado decerto com cuidado, mas sem temer falsas perdas. A morte, dizem, não faz de um idiota um gênio, nem o septuagésimo aniversário faz de um cabaretista da política um estadista. E esse livro ridículo, menos ainda, mas, embora de maneira involuntária, ele é arrasador ao confirmar duas coisas: em primeiro lugar, o que Kreisky efetivamente se tornou, ou seja, um pequeno-burguês renitente, e, em segundo, como são mentecaptos e sem caráter nossos jovens escritores oportunistas de hoje.

Não confundamos esse episódio (o de Kreisky) com uma época.

49.

Bernhard
Ohlsdorf

2 de fevereiro de 1981

Exmo. sr. Ruiss,

Não tenho segredos de nenhuma natureza, o senhor pode fazer com minha carta pormenorizada de dezembro o que bem entender.

Pergunto-me, no entanto, o que escritores têm a fazer num Estado como o nosso, em que nada é mais subestimado que o ofício da escrita literária, para nem falar no pensamento e na poesia, e no qual temos no poder, há um tempo longo e absolutamente mortal, um governo composto de imbecis, ignorantes e chefes brutais. O senhor acredita realmente que tem sentido sentar-se à mesa e negociar com gordos brutamontes políticos que têm na cabeça apenas o poder brutal? Negociar com a estupidez e a ignorância é ridículo, absurdo já de antemão, e protestar contra pessoas brutais e primitivas como são esses políticos, igualmente.

É simplesmente impossível conversar sobre a sensibilidade na arte com pessoas assim, todas elas, sem exceção, do calibre de um gerente de loja.

Creio que, em seu congresso, o senhor está efetivamente atirando aos porcos as pérolas que, ao contrário dos políticos, os escritores seguem levando em torno do pescoço.

Aqui na Áustria, alguns velhos megalomaníacos e ávidos por poder bloqueiam tudo à sua volta, e é espantoso há quanto tempo sobretudo os jovens admitem que assim seja neste fétido caldeirão que é nosso Estado. Como se não houvesse juventude! De novo: sentar-se a uma mesa com a brutalidade e com políticos arremessadores de martelo é perigoso.

Também com estas linhas o senhor pode fazer o que bem entender.

Cordialmente, seu
Thomas Bernhard

50.
Afetação

Fevereiro de 1981

Seu caderno nº 3, de dezembro, está encharcado de parvoíce e hipocrisia; nele, equilibram-se a hipocrisia e a parvoíce, algo tipicamente austríaco.

O sr. David Axmann, em seu leviano e desleixado "Entdeckungsreisen ins Vaterland" [Viagens exploratórias à terra natal], cita e menciona Franz Stelzhamer, a quem muito reverencio, grafando logo duas vezes errado o nome do poeta da Alta Áustria, o que é revelador. Stelzhamer se chama Stelzhamer, e não Stelzhammer — isso eu sei desde criança. Essa é a diferença!

Infelizmente não há remédio para toda a afetação desonesta que o senhor reuniu em seu caderno.

Thomas Bernhard, Ohlsdorf

51.

23 de março de 1981

Membros do Partido Socialista Austríaco que moram aqui nas imediações e cujos nomes conheço estão recebendo, faz algum tempo e sem tê-lo solicitado, o livro da Nicolaische Verlags-buchhandlung (Berlim, 1981) por mim resenhado, *Bruno Kreisky* — *não solicitado, mas acompanhado de fatura para pagamento*. Não está em debate se esses destinatários compram ou não a obra; o que se verifica, porém, é que todos eles estão expostos a uma pressão do partido que não se pode subestimar. Não quero acreditar que assim seja, mas posso bem imaginar que tipo de negócio a casa editorial que publicou o livro *Bruno Kreisky* — *em homenagem* ao septuagésimo aniversário do herói que lhe dá título — está fazendo ou fez com a comunidade de crença socialista; basta-me pensar nas centenas de milhares de membros do Partido Socialista Austríaco que, possivelmente sem havê-la solicitado mas com fatura para pagamento anexa, estão recebendo essa porcaria estúpida.

De todo modo, um exemplar desse horroroso romance ilustrado de nosso tempo custa quase *quatrocentos xelins*. Naturalmente, tenho interesse em saber o que o próprio sr. Kreisky, o chanceler da República austríaca celebrado no livro e com ele, ao que parece, adentrando com força bruta os lares socialistas de todas as nossas regiões na qualidade de herói fotografado, tem a dizer sobre essa recente sensaboria, equivalente a uma coação sem-par.

Thomas Bernhard
Ohlsdorf

52.
Mania de perseguição?

1º de janeiro de 1982

Quando em *Hainburg*
de súbito tive fome,
fui a um restaurante
e lá pedi,
proveniente da Cracóvia,
um assado de porco com bolinhos de batata
e meio litro de cerveja.
Atravessando a Eslováquia
sentira meu estômago vazio.
Conversei com o proprietário,
e ele me disse que aqueles judeus poloneses,
deveriam ter matado todos,
sem exceção.
Era um nazista.

Em *Viena*, fui ao hotel Ambassador
e pedi um conhaque,
francês, naturalmente, eu disse,
de preferência um Martell,
e conversei com um pintor
que afirmava sem cessar
ser um artista
e saber o que era a arte,
todo o resto do mundo não sabia
o que era a arte,

e logo se revelou
que era um nazista.

Em *Linz*, fui ao café Draxelmayer
para tomar um cafezinho
e conversei com o maître
sobre o jogo do Rapid contra o LASK.
O maître disse
que o lugar do Rapid era na câmara de gás,
que Hitler teria hoje mais a fazer
do que em sua época,
e logo se revelou
que ele era um nazista.

Em *Salzburgo*, encontrei meu antigo professor de religião,
que disse na minha cara
que meus livros
e tudo que eu já havia escrito
eram uma porcaria,
mas que hoje se podia publicar a maior porcaria,
ele disse, numa época como esta,
que nada mais era que uma porcaria.
No Terceiro Reich, eu não teria podido publicar
nenhum de meus livros, ele disse,
enfatizando claramente que eu era um porco,
um cão desonesto,
depois mordeu seu pão com salsicha,
puxou a batina com as duas mãos,
levantou-se e saiu.
Era um nazista.

De *Innsbruck* recebi ontem um cartão-postal
mostrando o Goldenes Dachl,

e o cartão dizia, sem nenhuma explicação:
o lugar daqueles como você é na câmara de gás! Espere só!
Li o cartão várias vezes
e tive medo.

53.

1982

Eu e minha obra temos tantos inimigos quanto a Áustria habitantes, incluindo-se aí a Igreja, o governo na Ballhausplatz e o Parlamento no Ring. Afora algumas poucas exceções. Destas eu me alimento e existo. Com isso, respondi honesta e cabalmente sua pergunta a um só tempo rude e delicada.

54.
Todas as pessoas são monstros, tão logo erguem a carapaça

7 de janeiro de 1983

THOMAS BERNHARD: Certas pessoas afirmam que eu vivo numa torre de marfim. Mas já a expressão é hoje uma idiotice. Com um simples transmissor, pode-se estar ao mesmo tempo no meio da neve eterna e em meio à sociedade. O anonimato, não o encontramos mais no campo, e sim nas metrópoles. Os campos deram lugar aos bairros, os girassóis, às ruas. Além disso, as cidades são hoje o que antes era o campo, lugares nos quais nada acontece, nunca, e a vida, onde ela ainda existe, tornou-se inteiramente invisível, a não ser que aconteça de sermos no momento pesquisadores profissionais de opinião. Quando, depois de anos de peregrinação, decidi-me a me fixar no campo, eu o fiz por conselho médico. "Se o senhor não mudar de vida", ele me ameaçou, "vai se estrepar." Embora a palavra "estrepar" tenha me fascinado, decidi-me pela tranquilidade. Mas não levou muito tempo para que eu reconhecesse o erro. No campo, todo mundo conhece todo mundo, é-se todo dia, querendo ou não, confrontado com o destino sob a forma de nascimentos e mortes. Tem muita indústria por aqui, e a cada passo topamos com vítimas, gente mutilada por máquinas. Com certeza, uma região muito estimulante para um escritor.

JEAN-LOUIS DE RAMBURES: Por que o senhor é tão alérgico a entrevistas?

THOMAS BERNHARD: Tente se imaginar atado pelas mãos e pelos pés a uma árvore enquanto alguém o alveja com uma metralhadora. O senhor crê que se sentiria relaxado? Eu parto do princípio de que uma conversa entre pessoas que não se conhecem é impossível. Que pessoas que se veem com frequência possam trocar pontos de vista, isso eu admito de bom grado. Um casal, digamos, sobre uma receita culinária. Mas toda outra forma de conversa tem, para mim, algo de exagerado, de tenso. Mais ainda quando se trata de pessoas que estão se vendo pela primeira vez. É um pouco como numa orquestra que começa a ensaiar. Ela vai precisar de meses até encontrar o som certo. E, quando as pessoas por fim se entendem, a conversa torna-se inútil de novo. Não porque não tenham o que dizer umas às outras, elas sempre têm algo a dizer. Mas simplesmente porque a língua tornou-se supérflua. Ela existe para possibilitar a compreensão entre os seres humanos. Em outras palavras, destina-se a todos aqueles que ainda não alcançaram esse estágio.

JEAN-LOUIS DE RAMBURES: De alguma maneira, é preciso lhe dar razão. Sua reflexão é terrivelmente lógica.

THOMAS BERNHARD: De alguma maneira, todo mundo tem razão. Esse é que é o drama. Não gosto nem um pouco da expressão "de alguma maneira", porque ela nos dá uma segurança ilusória. Com essa pequena formulação, você entra pela fenda de uma geleira e acredita que, também com ela, vai sair dali como pela saída de emergência de um cinema. Só que é próprio da fenda na geleira que não se sai mais dela.

JEAN-LOUIS DE RAMBURES: Vamos falar de seus livros. Por que, desde 1975, o senhor se afastou do romance em prol da autobiografia?

THOMAS BERNHARD: Eu nunca escrevi um romance, e sim pura e simplesmente textos em prosa mais extensos ou menos extensos, que evitaria caracterizar como "romances"; não sei o que a palavra significa. E também jamais quis escrever uma obra autobiográfica, tenho verdadeira aversão por tudo que é autobiográfico. O fato é que, em determinado momento da minha vida, senti curiosidade em relação a minha infância. Disse a mim mesmo: "Não tenho mais tanta vida pela frente. Por que não tentar registrar minha vida até os dezenove anos? Não como ela foi na realidade — a objetividade não existe —, e sim como a vejo hoje". Com essa ideia, eu me lancei ao trabalho de escrever um pequeno volume. Surgiu um segundo. Depois, mais um... até o ponto em que comecei a me entediar. A infância, afinal, é sempre a infância. Depois do quinto volume, decidi pôr um ponto-final. A cada livro meu, fico entre a paixão e o ódio pelo assunto que escolhi, dividido entre uma coisa e outra. Sempre que esse segundo sentimento prevalece, decido abandonar definitivamente as questões do espírito e me dedicar, em vez disso, a tarefas puramente materiais, cortar lenha, por exemplo, ou rebocar uma parede, para, desse modo, reencontrar minha alegria. Meu sonho seria que a parede, e com ela minha alegria, nunca tivesse fim. Mas, depois de um tempo maior ou menor, começo de novo a me odiar por minha improdutividade e, por desespero, refugio-me outra vez em meu cérebro. Às vezes, digo a mim mesmo que minha instabilidade é herança de meus antepassados, bastante diversos: entre eles, há camponeses, filósofos, operários, escritores, gênios e idiotas, pequeno-burgueses medíocres e até mesmo criminosos. Todas essas pessoas existem em mim e não param de lutar umas com as outras. Ora sinto vontade de buscar proteção entre os que cuidam de gansos, ora entre os ladrões ou assassinos. Como preciso escolher, e cada escolha significa uma exclusão, essa ciranda acaba por me levar à beira da loucura. Que, ao fazer a barba pela manhã, diante do espelho, ainda não tenha me matado, isso se deve única e exclusivamente a minha covardia. Covardia, vaidade e curiosidade são, no fundo, as três forças motrizes essenciais às quais a vida deve sua continuidade, embora todas as razões possíveis e imagináveis lhe sejam contrárias. Pelo menos, é assim que vejo hoje. Porque pode muito bem ser que amanhã eu pense muito diferente disso.

JEAN-LOUIS DE RAMBURES: Em cada um de seus livros o senhor repete que nenhuma ação humana faz sentido, porque está fadada, no fim, a malograr. E, no entanto, o senhor continua escrevendo.

THOMAS BERNHARD: O que me compele a escrever é simplesmente o gosto pelo jogo. A gente sente o prazer de apostar numa carta sabendo que, a cada vez, pode ganhar tudo ou perder tudo. O risco do fracasso parece-me um estimulante essencial. A isso se junta o outro prazer, o de encontrar o método mais eficiente para lidar com palavras e frases. O assunto, no verdadeiro sentido da palavra, considero algo inteiramente secundário; basta criar a partir daquilo que nos rodeia. A rigor, é minha convicção que cada um carrega em si o peso de toda a humanidade. É apenas o modo como cada um lida com isso que diferencia as pessoas. Para voltar à questão de como escrevo meus livros: eu diria que é uma questão de ritmo e que tem muito a ver com música. Sim, aquilo que escrevo só pode ser compreendido quando se tem claro que, antes de mais nada, é a componente musical que conta, e que somente em segundo lugar vem aquilo que narro. Se a primeira está presente, posso começar a descrever coisas e acontecimentos. O problema está no como. Infelizmente, os críticos na Alemanha não têm ouvido para a música, tão fundamental para o escritor. A mim, o elemento musical me dá grande satisfação, até porque, ao prazer musical, vem se juntar o prazer do pensamento que se deseja exprimir.

JEAN-LOUIS DE RAMBURES: O escritor incapaz de escrever — penso sobretudo no herói de *Kalkwerk* [A fábrica de cal] — é uma personagem recorrente em sua obra. Trata-se de um problema pessoal?

THOMAS BERNHARD: Tão longo alcanço meu ritmo de trabalho, nada mais é capaz de me distrair. Enquanto eu trabalhava no manuscrito do romance *Perturbação*, em Bruxelas, começou a pegar fogo, na Innovation, uma grande loja de departamentos, muito perto da minha janela bem aberta. Vi como o céu escureceu e, então, se transformou numa bola de fogo. Mergulhado na escrita, espantei-me por não ouvir as sirenes dos bombeiros. Quando elas finalmente soaram, o fogo já havia engolido tudo. Antes desse estágio, porém, houve um tempo em que o menor incidente, até mesmo o carteiro, era capaz de pôr em questão o trabalho todo. Nesses momentos, o melhor sistema para combater o medo é não ter sistema nenhum, ou tomar um avião e ir se instalar em outra parte. Em qualquer lugar, contanto que a paisagem não seja bonita demais. Antes de eu começar a escrever, a beleza de um lugar pode ser enriquecedora, na medida em que me deixa furioso. Mas, para o trabalho em si, prefiro um lugar qualquer, bem feio inclusive. A beleza de cidades como Roma, Florença, Taormina ou Salzburgo é mortal para mim.

JEAN-LOUIS DE RAMBURES: Em *A causa*, o senhor caracteriza Salzburgo como "uma doença fatal adquirida por nascimento e para a qual são arrastados seus habitantes". Isso não é um pouco exagerado?

THOMAS BERNHARD: Quanto mais bonita uma cidade em aparência, tanto mais espantoso é o semblante real que ela oculta sob a fachada. Vá a qualquer restaurante em Salzburgo. À primeira vista, sua impressão será: só gente boa e honesta. Mas, se ouvir seus vizinhos de mesa, vai descobrir que sonham apenas com extermínio e câmaras de gás. Vou lhe contar uma história magnífica. Pouco depois da publicação de *A causa*, o crítico alemão Jean Améry um dia me chamou de lado: "Você não pode falar assim sobre Salzburgo. Está esquecendo que é a cidade mais bela do mundo". Algumas semanas mais tarde, quando tinha acabado de ler sua crítica no *Merkur* e ainda furioso por ele não ter entendido absolutamente nada do livro, ouvi uma notícia na televisão: Améry tinha se suicidado no dia anterior, e justamente em Salzburgo. Isso não é obra do acaso. Ainda ontem, três pessoas se jogaram no Salzach. Culparam o vento quente. Mas eu sei que nessa cidade algo pesa fisicamente sobre as pessoas e acaba por destruí-las.

JEAN-LOUIS DE RAMBURES: Ao que parece, o senhor tem afinal um talento extraordinário para descobrir monstros por toda parte.

THOMAS BERNHARD: Todas as pessoas são monstros, tão logo erguem a carapaça. De resto, eu me conheço o suficiente para perceber quando estou projetando meus sentimentos em outras pessoas. O monstruoso por certo me fascina, mas, acredite, eu nunca o invento. Se a realidade lhe parece menos espantosa do que minha invenção, é somente porque os fatos surgem dispersos. Num livro, é imperioso evitar o ponto morto. O segredo consiste em arrebatar e condensar de forma inexorável a realidade, como se se tratasse do primeiro esboço, malogrado, de um manuscrito. Talvez seja isso que as pessoas costumam chamar de fantasia.

JEAN-LOUIS DE RAMBURES: Na Alemanha Ocidental, nega-se com frequência a existência de uma literatura especificamente austríaca. Qual é sua posição a esse respeito?

THOMAS BERNHARD: Não há a menor dúvida. Veja a pronúncia, a melodia frasal. Já aí há uma diferença fundamental. Meu jeito de escrever seria impensável num escritor alemão. De resto, tenho verdadeira aversão pelos alemães. Não se esqueça também do peso da história. O passado do Império Habsburgo nos marca. Em mim, isso é talvez mais visível do que em outros. E se manifesta numa espécie de verdadeira relação de amor e ódio com a Áustria, que, em última instância, é a chave de tudo que escrevo. Isso não me impede de me apartar daqueles que afirmam que o mundo vai de mal a pior, que vai se tornando cada vez mais absurdo e insuportável. Ainda que, partindo de nós mesmos, não encontremos em parte alguma senão feiura e fedor, cada minuto representa um acréscimo a nossa experiência. Nós próprios, neste momento, temos um trunfo decisivo em comparação com os que morreram ontem: saber o que aconteceu de lá para cá.

JEAN-LOUIS DE RAMBURES: O senhor tem, decididamente, o talento de transformar cada resposta afirmativa em negação.

THOMAS BERNHARD: Respostas definitivas, nós até hoje nunca tivemos. O que é uma sorte, porque, se os homens não tivessem mais perguntas a fazer, precisaríamos deslocar nosso ponto-final para fora do universo. Só uma coisa é certa: a morte, essa grelha na qual todos terminaremos assados. Mas ninguém sabe ao certo no que ela consiste.

55.

14 de maio de 1984

Recém-chegado do exterior, preferível seria dar meia-volta de imediato quando se lê como os fatos são virados de cabeça para baixo neste país corrupto, em que, para tirar a razão de outra pessoa, a mentira é transformada em coisa corriqueira. Eu me refiro à história tendenciosa do Burgtheater presente no artigo "Aufbruch ins Gestern" [Partida para o passado], de Sigrid Löffler, sobre Claus Peymann, pessoa de minha estima. Longe de mim querer mergulhar nos preconceitos da sra. Löffler; contento-me, antes, com a oportunidade de corrigir sua afirmação que diz: "Claus Peymann é não apenas o primeiro superintendente do Burgtheater que não cresceu aqui, mas também o primeiro a ser trazido da Alemanha para ser contratado". Ou essa dama azeda não conhece a história do Burgtheater ou, o que seria ainda pior, não toma conhecimento dela apenas para poder polemizar sem peias. O maior superintendente do Burgtheater no século passado, Heinrich Laube, da Silésia prussiana, deputado no Parlamento de Frankfurt, foi "trazido da Alemanha e contratado" tanto quanto os superintendentes Franz von Holbein, de Hannover, August Wolff, de Mannheim, Paul Schlendther, de Berlim, e, nos anos 1930, Hermann Röbbeling, de Hamburgo.

Thomas Bernhard
Ohlsdorf

56.
Na prática, estão todos contra mim

29 de agosto de 1984

BRIGITTE HOFER: Com Thomas Bernhard, conseguimos falar à tarde, por telefone. Ele se mostrou tranquilo.

THOMAS BERNHARD: No momento, não é a mim que isso afeta. É, antes de mais nada, uma questão financeira, não é? Cabe à editora Suhrkamp se defender. E é preciso saber também quem provocou isso. Eu não sei de nada.

BRIGITTE HOFER: O senhor não sabe quem provocou isso tudo?

THOMAS BERNHARD: Não faço a menor ideia de quem provocou o quê, não é de meu conhecimento.

BRIGITTE HOFER: E nem imagina quem está por trás?

THOMAS BERNHARD: Não, e, ainda que imaginasse... por trás disso há toda uma malta de escritores que na verdade sabemos bem quem são. Na prática, estão todos contra mim, e eles se telefonam.

BRIGITTE HOFER: Isso corrobora o seu livro?

THOMAS BERNHARD: Mas eles são bem mais horrorosos do que jamais se poderia descrever. Assim é. Veja, eles se telefonam também por ocasião da lista dos melhores livros, como no ano passado: "Ele não pode ganhar mais um único ponto". São cerca de quinze pessoas, e elas combinam. Afinal, é tudo uma grande besteira, não é? E estão fazendo de novo.

BRIGITTE HOFER: Mas talvez sintam também, de alguma forma, que receberam um tratamento horroroso.

THOMAS BERNHARD: De quem?

BRIGITTE HOFER: Ora, do senhor, naturalmente, em seu livro!

THOMAS BERNHARD: De mim é que não, o que significa isso? O que está ali é a pura verdade! As pessoas só fazem coisas horríveis e acreditam que podem seguir assim por décadas, agindo pelas costas dos outros, não é possível. Em algum momento, elas dizem de fato aquele tipo de coisa. Além disso, no livro os nomes são outros, de pessoas e lugares, ou seja, juridicamente isso tudo é impalpável, a meu ver. Mas essa é uma questão para os tribunais, não é? Se, na Áustria, se pode abrir um processo por isso, que processem. Isso eu não posso mudar. E já tenho experiência no assunto. Quando, dez anos atrás, disse que um padre tinha o rosto rosado de um camponês, isso se transformou no ponto central de um processo. Isso tudo é possível na Áustria.

BRIGITTE HOFER: Sim, mas quando se usa um nome como Jeannie, por exemplo...

THOMAS BERNHARD: Veja, está escrito "Jeannie Billroth". Se é assim, ninguém mais vai poder escrever um livro, porque alguém vai se reconhecer em algum ponto dele. O livro é em parte invenção, em parte verdade, é uma mescla, portanto, então o que é isso? No fundo, as pessoas são bem mais horrorosas do que é possível descrever, essa é minha opinião.

BRIGITTE HOFER: O senhor está irritado?

THOMAS BERNHARD: Bem, o que eu vou fazer, não é? Sempre estive sozinho, sempre vou estar, pronto. Não há o que dizer; se querem me processar, pois então que me processem, não há o que fazer. Só depois disso vou ter algo a dizer. Quando a gente é processado, precisa depor. Já passei por essa experiência três vezes.

BRIGITTE HOFER: E alguma vez foi condenado?

THOMAS BERNHARD: Sempre terminou num acordo.

57.
Proibição

9 de novembro de 1984

Proibi meu editor alemão, Unseld, de, a partir deste momento, distribuir meus livros na Áustria, e, aliás, por toda a duração legal do direito autoral, o que significa de agora até 75 anos após a minha morte. Essa proibição vale para todo o território austríaco e para todos os meus livros.

Como, há décadas, o interesse do Estado austríaco em mim e em meu trabalho parece consistir apenas em, de tempos em tempos, me conduzir aos tribunais, minha decisão é perfeitamente coerente.

Pela quarta vez, e não pela primeira, estão prestes a mover contra mim, como escritor, um daqueles processos ridículos que se estendem por anos e cuja responsabilidade é deste Estado. Já por consideração com minha saúde, não posso mais admitir processos assim, humilhantes e aviltantes, que não seriam possíveis em nenhum outro Estado da Europa Central.

Thomas Bernhard

58.
A defesa de Bernhard sobre o processo judicial vienense relativo a *Derrubar árvores*

15 de novembro de 1984

Sei que é inaudito na Europa Central que um crítico literário e diretor do suplemento literário de um assim chamado jornal *de prestígio* leve ao tribunal um escritor de seu país em virtude de uma obra de arte desse escritor. O que move o sr. Haider só pode ser o ódio. Pessoalmente, eu o vi apenas três vezes em minha vida: em Trieste, há seis anos, onde teve lugar um assim chamado simpósio sobre minha obra — ele me abordou, mas não me interessou; a uma mesa do hotel Regina há um ano, quando ele me cumprimentou com um movimento da cabeça; e no aeroporto de Frankfurt am Main há umas poucas semanas, onde fez o mesmo. O sr. Haider acena, cumprimenta e, ao mesmo tempo, olha para o chão.

O sr. Haider compeliu o sr. Lampersberg a me processar. O sr. Haider alega que meu Auersberger, em *Derrubar árvores*, seria o sr. Lampersberg. O sr. Lampersberg nada tem a ver com o sr. Auersberger. No meu livro, o sr. Auersberger se chama Auersberger, e não Lampersberg, e todos os cenários ali são completamente diferentes dos cenários associados ao sr. Lampersberg. Que o sr. Lampersberg vislumbre semelhanças consigo próprio no meu sr. Auersberger é possível, mas todo leitor vê semelhanças consigo próprio naquilo que lê.

No futuro, portanto, todos aqueles que veem alguma semelhança consigo próprios em algum livro podem correr aos tribunais e mandar apreender o livro no qual descobriram essa semelhança. E todos esses leitores que descobriram algo de parecido consigo nos livros que leram podem estar certos de que o livro em razão do qual foram aos tribunais e no qual acreditam ter descoberto alguma semelhança consigo será apreendido.

Ainda antes que o autor de um tal livro seja interrogado, a polícia armada será enviada a todas as livrarias austríacas, e o livro em que haveria algo semelhante ao requerente da ação de apreensão será apreendido. Com base apenas no desejo do requerente, sem que o autor seja ouvido. O requerente da apreensão pode, com prazer, assistir à apreensão do livro em que acredita ter descoberto alguma semelhança consigo, e também o autor pode assistir a ela, ainda que com a mais profunda consternação e mesmo com horror!

O tribunal manda apreender um livro que, quando da decisão de apreendê-lo, ainda nem sequer conhecia, apenas com base nas alegações do requerente e, ademais, com base na reprodução completamente errônea de citações que este extraiu de um exemplar de divulgação.

Além disso, o tribunal o apreende com base num parecer do crítico literário Haider não apenas forrado de erros tanto formais quanto conteudísticos como também de uma redação catastrófica, inclusive no tocante a seu teor de verdade.

De forma devastadora, a sua própria ordem de apreensão o tribunal incorpora esse parecer catastrófico, equivocado, hipócrita e cheio de erros, e manda apreender a obra sem nem saber quem é seu autor, porque nunca ouviu falar dele, o que ficou comprovado. Manda apreender o livro de um só golpe, que desfere de imediato. Desconsidera, assim, nesse caso, todo o cuidado que a justiça deve ter.

O autor viu, inteiramente indefeso, seus livros serem removidos de todas as livrarias sob força policial. O autor aguarda por uma tomada de posição por parte do tribunal. Essa tomada de posição não vem. Somente seis semanas (repito: *seis semanas!*) após a apreensão, o autor é intimado a comparecer ao tribunal, que marca para 9 de novembro uma audiência no processo contra ele. Ao tribunal, o autor não pareceu digno da mais mínima comunicação durante seis semanas. A justiça austríaca transformou-o num menor de idade. O tribunal, que efetuou a apreensão e, assim, infligiu perdas irreparáveis ao autor, violou seus direitos da maneira mais grosseira. Em nenhum outro país da Europa, exceção feita às ditaduras do Leste, seria possível proceder dessa forma, isso sei.

O autor escreveu um livro intitulado *Derrubar árvores* no qual um jantar em casa do casal Auersberger emoldura as situações e circunstâncias nele descritas. Esse casal Auersberger nada tem a ver com o querelante Lampersberg. O sr. Lampersberg, que no passado se chamava Lampersberger e que, nas últimas décadas, como sei, foi diversas vezes ao menos parcialmente interditado, vê no meu livro semelhanças com sua pessoa. Isso é problema dele. Mas que, com a ajuda do sr. Haider, me arraste a um tribunal e possa me infligir grande prejuízo — e não somente a mim, mas também, em última instância, a todos os escritores deste Estado que escrevem literatura —, e isso com o auxílio da ordem de apreensão de um tribunal agindo levianamente, esse direito ele não deveria ter.

Numa entrevista radiofônica, o sr. Haider declarou *confiar no tribunal*! Belos tempos aguardam escritores e a literatura na Áustria caso, no futuro, os críticos literários venham a confiar nos tribunais. Ao sr. Haider, recomendo que pesquise em todos os meus livros publicados até o momento para ver se muito mais gente não reconhece semelhanças descritas neles. Ele farejará centenas daqueles que encontram semelhanças consigo em meus livros e, suponho, terá êxito em atiçá-los a me processar.

A tarefa futura do crítico literário austríaco talvez seja chamar a atenção dos aparentemente representados para semelhanças de representação e conduzir os autores dessas representações literárias aos tribunais. E talvez seja também tarefa futura da justiça avaliar obras de arte literárias e, caso a caso, golpear leviana e cegamente seus autores com uma apreensão radical, como fez com *Derrubar árvores*.

Neste processo só existem dois culpados: o sr. Haider e a justiça, que agiu sem o menor cuidado e sem nenhuma consciência de sua responsabilidade. Que essa justiça alcance a compreensão de que agiu de maneira grosseira, descuidada e irrefletida, não creio. É a quarta vez, e não a primeira, que me vejo diante de um tribunal austríaco sob uma acusação que não teria conduzido a um processo em nenhum outro país da Europa Central, menos ainda numa assim chamada *nação dedicada à cultura*, e a quarta vez, portanto, que me submeto a um procedimento judicial que não é senão deprimente, aviltante e que torna impossível por um longo tempo meu trabalho artístico, que, afinal, é meu propósito de vida. O que parece é que, há décadas, este Estado efetivamente não tem em mim outro interesse a não ser o de levar-me aos tribunais de tempos em tempos.

O que aqui se revela seria intolerável ao acusado ante um tribunal austríaco que agisse com correção. É, com efeito, desgastante, aviltante e intolerável. Não deveria acontecer. Parágrafos da lei que possibilitam tais situações intoleráveis para o inculpado e acusado deveriam ser suprimidos de imediato. Tais parágrafos não honram Estado nenhum, mas apenas o tornam tão ridículo quanto sinistro.

Graças a esse processo e a suas consequências, meu livro foi lançado na lama pelo querelante e por seus cúmplices. É chegada a hora de tirá-lo dessa lama.

Thomas Bernhard

59.
Não sou um autor de escândalos

2 de fevereiro de 1985

JEAN-LOUIS DE RAMBURES: Do que o senhor está reclamando? Faz seis meses que só se fala no senhor.

THOMAS BERNHARD: É, como se fosse algo de sensacional. Da parte dos austríacos, é uma reação normal, mas ela me espanta nos alemães, que, afinal, como se sabe, trouxeram rigor e seriedade ao mundo. Eu, de minha parte, também gosto de histórias sensacionais. Mas, quando um crítico literário acusa um escritor e o leva aos tribunais, aí, na minha opinião, já não há do que rir. A interdição foi proferida por um juiz que teve apenas uma hora para ler o romance. A polícia foi a todas as livrarias para apreender cada exemplar. Em duas semanas, recebi catorze intimações. Mas seis semanas se passaram sem que o juiz julgasse necessário me intimar. Onde é que se vê algo assim? Disseram que se trata de questão privada. Mas, conhecendo as mil maneiras pelas quais se pode interpretar uma lei, eu afirmo que foi o Estado que me acusou.

JEAN-LOUIS DE RAMBURES: Apesar disso, pela primeira vez seu romance está na lista dos mais vendidos.

THOMAS BERNHARD: Está, mas de uma maneira inteiramente insalubre. Compraram meu livro porque esperavam encontrar nele revelações escandalosas, embora se trate de dois ou três nomes inofensivos, dos quais os leitores provavelmente nunca ouviram falar. Fico imaginando como, já a partir da terceira página, começaram a bocejar, entediados. São, portanto, leitores que eu perdi para sempre. Não sou um autor de escândalos. O que demando de meus leitores é coisa bem diferente. Além disso, no máximo 3 mil ou 4 mil pessoas vão de fato se interessar por minha obra; são uns 7 mil, se tanto, os capazes de me acompanhar.

JEAN-LOUIS DE RAMBURES: Ao escrever o livro, o senhor chegou a pensar que seus modelos poderiam reconhecer a si próprios?

THOMAS BERNHARD: O objetivo de um livro é justamente que as pessoas possam se reconhecer nele. Eu escrevo para provocar. No que mais consistiria a alegria de escrever? Naturalmente, se queremos evitar todo e qualquer contato com a justiça e com a massa, o melhor é escrever poemas que ninguém entende, nem mesmo o próprio autor, e nos dar por satisfeitos ao alcançar na escrita a máxima musicalidade. O que nos permite ainda ganhar prêmios literários. Mas isso não me interessa, sou um escritor que chama as coisas pelo nome.

JEAN-LOUIS DE RAMBURES: Ao que parece, o senhor declarou guerra a toda a criação.

THOMAS BERNHARD: De forma alguma. Ao contrário, não me canso de admirar o mundo como ele é. Há pouco tempo, ao ir dormir, encontrei uma borboleta na minha cama, quase congelada de frio. A noite toda evitei me mexer, para não machucá-la. Até mesmo minha infância foi maravilhosa. Mas mesmo a coisa mais bonita se torna horrorosa tão logo a gente começa a refletir sobre ela. Compare todas as promessas contidas numa criança de dez anos com o que ela se torna 25 anos mais tarde. O mundo é feito apenas de derrotas e se alimenta delas.

JEAN-LOUIS DE RAMBURES: O senhor tem a esperança de que sua obra contribua para mudar o mundo?

THOMAS BERNHARD: Pelo amor de Deus, aí eu estaria condenado ao silêncio. A ira e o desespero são meus únicos estímulos, e tive a sorte de ter encontrado na Áustria o lugar ideal para tanto. O senhor conhece muitos países em que um ministro se empenha muitíssimo para saudar o "retorno à pátria" de um oficial da SS responsável pela morte de milhares de pessoas? Tudo isso se explica quando se sabe que o tal ministro é de Salzburgo e que toda a sua família, que, aliás, conheço muito bem, compõe-se de músicos há muitas gerações. No andar de cima, toca-se violino. No porão, abrem-se as torneiras de gás. Uma mescla tipicamente austríaca de música e nazismo. De fato, se este país mudasse, só me restaria emigrar.

60.
Vranitzky. Uma réplica

13 de setembro de 1985

Depois que, num assim chamado debate televisivo, um cabaretista de terceira categoria, que há anos fracassou com peças de teatro também de terceira categoria no Landestheater de Salzburgo, teve um acesso de fúria diante de centenas de milhares de espectadores contra a encenação, naquele mesmo Landestheater e durante o Festival de Salzburgo, de minha peça *Theatermacher* [O fazedor de teatro], o atual ministro das Finanças, Vranitzky, apropriou-se da imbecilidade oportunista do cabaretista e, na abertura da Feira de Outono de Viena, de forma igualmente asquerosa, denunciou *Der Theatermacher* como uma peça *financiada com o dinheiro dos contribuintes*, arrastando-a repugnantemente para a lama da política cotidiana diante de milhares de pessoas e de uma série das chamadas *figuras de ponta* do Estado, entre elas Benja, o presidente do Conselho Nacional e líder sindical socialista.

O ministro das Finanças austríaco, tesoureiro, portanto, de nosso minúsculo Estado, que delira mais ou menos há anos com sua prepotência pseudossocialista, não detém necessariamente um cargo de tirar o fôlego, como se diz, de forma que o ministro das Finanças Vranitzky é, pois, ministro de um pequeno Estado há anos degradado à condição de anedota provinciana e com o qual, há muito tempo, nenhum ser pensante é capaz de se identificar. Mas que um tal ministro das Finanças de uma anedota provinciana queira logo interditar um teatro, porque este não lhe serve, não o adula como de hábito, a ele e aos seus, com a costumeira baboseira artística oportunista, isso é uma monstruosidade que só pode dar o que pensar.

Ao que parece, o sr. Vranitzky não tem ideia do que sejam arte e cultura e, como a maioria de seus colegas, não compreendeu os sinais dos tempos. O sr. Vranitzky tem um conceito de cultura no mínimo curioso, embora absolutamente demoníaco, como se vê. Como seus colegas, ele não é muito sagaz, e sim, como Kreisky, precisamente um daqueles duvidosos socialistas de salão e terno de risca de giz que conduziram nosso Estado austríaco, em sua Segunda República, ao ponto onde se encontra, a seu fim, um *escoadouro do que há de mais ridículo* (*Mestres antigos!*).

O sr. Vranitzky afirma ser um escândalo que o Festival de Salzburgo tenha encenado uma peça de Thomas Bernhard, e o diz publicamente, diante de uma grande audiência e *na qualidade de ministro*, o que é inaudito e não pode permanecer sem resposta. Se o sr. Vranitzky diz o que disse, mas o faz em âmbito privado, trata-se apenas de uma rematada imbecilidade, mas se o diz *como ministro*, está, assim me parece, infringindo a lei. O sr. Vranitzky apelou publicamente, por assim dizer, pela condenação total do trabalho de Thomas Bernhard, recomendando o freio infernal da censura à arte e à cultura à maneira de Metternich, Stálin e Hitler. Foi isso que fez o sr. Vranitzky com uma clareza inconfundível.

Se o Festival de Salzburgo quer ou não encenar uma peça minha, isso é problema dele, e não do sr. Vranitzky.

O sr. Vranitzky pode expressar sua opinião pessoal como qualquer outra pessoa, mas, como ministro, não pode, grosseira e brutalmente, estimular a proibição e a censura porque, como crê, sob certas circunstâncias, isso será do agrado de um animado público empresarial numa manhã de sol numa feira de negócios. O sr. Vranitzky está se valendo para seus propósitos de um método conhecido e comprovado de aviltamento:

ele afirma que eu seria contra a Áustria e os austríacos, mas naturalmente não sou contra a Áustria nem contra os austríacos; sou, sim, como milhões o são, contra o atual governo austríaco e contra o Estado comandado por esse governo austríaco atual, e isso porque este país me preocupa. Ministros, porém, como o ministro Vranitzky jamais tiveram capacidade de discernimento, se este não convém a suas mentes absolutamente carreiristas.

O sr. Vranitzky acredita que apenas uma minoria que não conta, quase inexistente e inteiramente insignificante, seria contra o presente estado de coisas neste país. Essa é uma história que o sr. Vranitzky pode contar a sua avó, como se diz, onde quer que ela se encontre, mas não à população austríaca.

Um país em que os cabaretistas estão do lado dos poderosos, e os poderosos, do lado dos cabaretistas, é uma perversidade europeia de primeira ordem.

O sr. Vranitzky é um janota vaidoso, que, como pude constatar, de dois em dois dias confunde a Stallburggasse com uma passarela e seu Ministério das Finanças com uma autoridade dedicada a censurar e interditar a arte e a cultura. Isso precisava ser dito.

61.
Resposta

25 de setembro de 1985

As monstruosidades que o sr. Moritz disse sobre mim e sobre meu trabalho apenas confirmam a degradação e a hipocrisia do atual Estado austríaco e de seus representantes. E quem lê os comentários da imprensa não apenas ligada, como se diz, intimamente e com uma vileza demolidora de toda moral a este atual Estado austríaco e aos atuais partidos políticos, mas também perversamente cativa desse Estado e de seus partidos, só pode horripilar-se ainda mais.

É aterrador o primitivismo e a arrogância primária de que ousam se valer os argumentos dos charlatães pseudossocialistas e dos inescrupulosos coveiros pseudossocialistas do Estado austríaco que hoje exercem o poder sem freio algum. Aterrador, e nada mais, é também o que disse o sr. Moritz. Recomendar um cidadão à psiquiatria é, na linguagem jurídica, *ato passível de ação penal*.

Tampouco age de outra forma *um ministro da Cultura* que não apenas avilta grosseiramente um autor que não lhe convém, como recomenda esse autor, seja ele quem for, à psiquiatria.

Mas um aviltamento e uma recomendação à psiquiatria diante de centenas de milhares de telespectadores por parte de um *ministro da Cultura no exercício do cargo* e que, ainda por cima, é responsável pela educação das gerações futuras, isso — diria inclusive o agitador austríaco e moralista Reger em meu livro *Mestres antigos* — não apenas constitui ato passível de ação penal, a que naturalmente não tenho vontade de dar início, mas também uma vergonha nacional.

Thomas Bernhard

62.
De túmulo em túmulo: Os primeiros passos de Thomas Bernhard como escritor

Março de 1986

THOMAS BERNHARD: Nunca me senti propriamente um escritor ... foi apenas o acaso... eu só queria escrever, mas que isso por acaso significava ser "escritor" foi algo que se revelou depois. [...] são os outros que nos transformam nisso. Não existe uma academia para escritores; se existisse, a gente teria um documento dizendo que, a partir do dia tal, o sr. Fulano de Tal está apto a ser escritor, como acontece com o pianista ou o ator; constaria, pois, de um documento que se pode levar para casa.

[...]

KURT HOFMANN: Hoje, o senhor recusa tudo, se desvinculou de tudo, mas não foi assim desde o começo. Antes, o senhor não podia se dar a esse luxo?

THOMAS BERNHARD: Quando jovem, a gente não se desvincula de nada, porque quer ter acesso a tudo. A gente escreve, escreve, dá com a cara na porta das editoras, quer estar em tudo quanto é jornal. Quando comecei, era doido por essas coisas, me candidatava a todo e qualquer prêmio, mas jamais ganhei nenhum; com certeza, me inscrevi no mínimo cinco ou seis vezes para o prêmio Trakl, e sempre quem ganhava era o Amanshauser ou algum outro; fui muitas vezes à Jugendkulturwoche, a Semana Cultural da Juventude, e, lá, liam dez poemas do Amanshauser e só um meu, de quatro versos... era sempre essa degradação e essa rivalidade. Depois, a gente quer ser publicado. Meu Deus, uma vez fiquei tão orgulhoso; saiu um poema meu no *Münchner Merkur*, e eu pensei comigo: é verdadeiramente o ápice. Assim é... Em seguida, fui me sentar no jardim do palácio Mirabell, abri o jornal e fiquei fascinado... em primeiro lugar, com o poema, porque pensava que era o melhor, não o melhor poema jamais escrito, isso seria exagero, mas o melhor da minha época, assim eu pensava... e escrever um grande poema, ah, isso é uma felicidade.

KURT HOFMANN: Comigo, a experiência do sucesso foi parecida, quando ouvi as primeiras coisas minhas no rádio.

THOMAS BERNHARD: Ah, fiquei muito entusiasmado também. Becker, o diretor, eu conhecia de antes... sempre fazia uma coisinha ou outra. Perto do Dia de Todos os Santos, ele disse: "Agora vamos fazer um programa radiofônico sobre os cemitérios de Salzburgo", e foi o que fiz, de túmulo em túmulo. E ouvi entusiasmado o programa no rádio, com um ator, provavelmente do teatro de Salzburgo, lendo os textos; foi um ponto alto. Depois, tinha lá uma seção... não me lembro bem, chamava-se "Poetas convidados" ou algo assim, e liam--se poemas, com um piano tocando entre um poema e outro... Em casa, fiquei com vergonha, mas fui me sentar num restaurante onde ninguém me conhecia e ouvi aquilo solenemente... ah, sim, claro... e pensei comigo: você é mesmo um grande poeta. Depois, subi até o Otto Müller com um manuscrito, nunca enfrentei nenhuma resistência para publicar, em parte alguma, jamais. E lá estava o Moissl, está lá até hoje, o editor de texto... A editora [Otto] Müller era a melhor, e eu disse: "Trakl é muito bom, muito bonito, mas eu vivo no meu tempo e, de todo modo, já lá se vão quarenta anos", e ele me olhou meio assim e disse: "Vamos ver", e nós nos sentamos e escolhemos os poemas... nunca foi uma dificuldade...

63.

Bernhard
Ohlsdorf

27 de março de 1986

Exmo. sr. dr. Temnitschka,
Há mais de dez anos não aceito prêmios nem títulos, e naturalmente tampouco seu título ridículo de professor. A Associação dos Escritores de Graz é uma associação de bundões sem nenhum talento.

Cordialmente, seu
(Ass.) Thomas Bernhard

64.

4 de abril de 1986

Minha contribuição para conter a inflação de catedráticos na Áustria. Já há muito mais catedráticos do que garçons e aprendizes de garçom somados. A fonte dessa enojante epidemia de catedráticos é, acima de tudo, o chamado Ministério das Artes, da Educação e do Desporto, que todo ano distribui milhares e milhares de risíveis títulos de catedrático e outros, inundando toda a nossa pobre Áustria de seu fétido molho de títulos nas áreas educacional, artística e desportiva.

65.
Pessoas que querem conversar
me são suspeitas

15 de julho de 1986

THOMAS BERNHARD: Bom, vou continuar lendo o jornal, não tem problema, não é?

WERNER WÖGERBAUER: Ah, pois não, por favor.

THOMAS BERNHARD: Bom, agora o senhor precisa fazer uma pergunta, e então receberá uma resposta.

WERNER WÖGERBAUER: O senhor se interessa pelo destino de seus livros?

THOMAS BERNHARD: Não, na verdade, não.

WERNER WÖGERBAUER: Pelas traduções, por exemplo?

THOMAS BERNHARD: Não tenho quase nenhum interesse no meu próprio destino, e, no dos livros, menos ainda. Como? Traduções?

WERNER WÖGERBAUER: Pelo que é feito de seus livros no exterior.

THOMAS BERNHARD: Nem um pouco, porque uma tradução é outro livro. Não tem mais nada a ver com o original. É um livro de quem o traduziu. Eu escrevo em língua alemã, afinal. Mandam esses livros lá para minha casa e ou eles me divertem ou não — quando a capa é horrível, eles só me irritam —, dou uma folheada, e pronto. Em geral, eles não têm nada a ver com o original, a não ser pelo título, diferente e bizarro, não é? Porque traduzir é impossível. Uma peça musical é tocada no mundo todo de acordo com a partitura, mas um livro? Seria preciso tocá-lo por toda parte em alemão, no meu caso. Com minha orquestra!

WERNER WÖGERBAUER: Mas, quando o senhor, por exemplo, proíbe novas montagens do *Weltverbesserer*, isso é algo parecido, e aí o senhor se preocupa, sim, com o destino de seus textos.

THOMAS BERNHARD: Sim e não. *Der Weltverbesserer* foi uma peça escrita para um ator específico, porque eu sabia muito bem que só ele podia representá-la na época, não existia outro de mais idade como ele, então ela resultou naturalmente daí. Não tem sentido nenhum deixar que um babaca qualquer em Hannover represente o papel, porque não vai resultar em coisa nenhuma. Se é para colher apenas aborrecimento, melhor não fazer nada.

WERNER WÖGERBAUER: Como é que o senhor explica o fato de ser levado muito mais a sério no exterior do que na Áustria, de ser tão lido lá fora ao passo que, na Áustria, o senhor é tido apenas como um causador de escândalos?

THOMAS BERNHARD: Bom, isso é porque, no exterior, nos chamados mundos neolatino e eslavo, as pessoas se interessam muito mais por literatura, que tem lá um valor muito diferente do que tem aqui. Aqui, a literatura não tem valor nenhum. A música tem valor, a arte dramática tem valor, todo o resto, na verdade, não tem valor nenhum. Isso sempre foi assim. Quando a gente circula pelas ruas e é simpático com alguém, aí já não é levado a sério, é um palhaço. O que essa pessoa faz só pode ser nada. É como numa família. Se você cresce nela de uma forma absolutamente normal, com suas brincadeiras e coisas de criança, aí dizem a vida toda que você é um charlatão, que não pode ser que o garoto que só faz piadas se exalte com a comida ruim que a avó fez, que não é nada. Não é mesmo? E isso o persegue até a cova. E assim como com a avó, com o Estado e com o país é a mesma coisa. Se você anda por aí como uma pessoa afável, está acabado. Vai ser considerado um cabaretista, e pronto! Na Áustria, tudo que é sério vira cabaré e, assim, perde o gume. Tudo que é sério é transformado em cômico, os austríacos só suportam a seriedade como piada. Em outros países, ainda existe uma seriedade. Também sou um homem sério, mas não o tempo todo, porque aí enlouqueceria e, além disso, seria idiota. Assim é.

WERNER WÖGERBAUER: Suas personagens e o senhor mesmo sempre dizem que tudo lhes é indiferente, e isso parece uma morte térmica do universo, uma indiferença de todos em relação a todos.

THOMAS BERNHARD: De jeito nenhum. A gente quer fazer algo de bom, tem prazer no que faz, como um pianista que começa a tocar, experimenta fazê-lo com três notas, logo é capaz de tocar vinte e, depois, todas elas, o que ele vai aperfeiçoando ao longo da vida inteira. Essa é sua grande diversão, é para isso que ele vive. Como os que fazem isso com notas musicais, eu faço com as palavras. É isso. Na verdade, nada mais me interessa. Porque o mundo, vivendo nele, a gente vai conhecendo de passagem, é confrontado com ele de imediato ao sair pela porta, e, aliás, com todo ele. Com o que está em cima e o que está embaixo, com o que está atrás e o que está na frente, com o terrível e com o belo, é perfeitamente normal. Você não precisa nem mesmo querer. Acontece por si só. E, se você não sai de casa, o processo é o mesmo.

WERNER WÖGERBAUER: Tudo que há é a ambição pelo aprimoramento. O senhor quer ser cada vez melhor.

THOMAS BERNHARD: No mundo, não é preciso ambicionar coisa nenhuma, porque você é compelido a tanto. A ambição sempre foi uma idiotice. O ambicioso é uma coisa horrível. A palavra alemã já diz: *Streber*. Portanto, ambicionar é igualmente pavoroso. O mundo é um sorvedouro, afinal. Ele o arrasta consigo, não é preciso ambicionar coisa nenhuma. Se ambiciona, vira justamente um *Streber*: um arrivista. O senhor sabe o que quer dizer. É já difícil traduzir a palavra.

WERNER WÖGERBAUER: É, eu sei bem o que é.

THOMAS BERNHARD: O senhor com certeza sabe, mas, na França, creio eu, as pessoas não sabem o que é um *Streber*. Eles não existem, creio.

WERNER WÖGERBAUER: Mas essa ambição da perfeição está, sim, presente em seus livros.

THOMAS BERNHARD: Esse é o encanto de toda arte. A arte é só isso, tocar cada vez melhor o instrumento escolhido. Essa é a diversão, não permitimos que ninguém a tome de nós, tampouco nos deixamos dissuadir dela e, em se tratando de um grande pianista, você pode esvaziar a sala do piano, pode enchê-la de poeira e mesmo jogar baldes de água nele: o pianista permanecerá sentado ali, tocando. Ainda que a casa caia sobre ele, ele vai continuar tocando, e com a escrita é a mesma coisa.

WERNER WÖGERBAUER: Então isso tem a ver com o fracasso.

THOMAS BERNHARD: O que tem a ver com o fracasso?

WERNER WÖGERBAUER: A ambição pela perfeição.

THOMAS BERNHARD: Fracassar, todos fracassam, em última instância; tudo termina no cemitério, o que quer que se faça. A morte alcança todo mundo, e aí acabou-se. A maioria se deixa alcançar pela morte já aos dezessete, dezoito anos. Os jovens de hoje se atiram nos braços da morte aos doze anos, aos catorze já estão mortos. Há lutadores solitários, que lutam até os oitenta ou noventa, e aí morrem também, mas pelo menos tiveram uma vida mais longa. E, como a vida é bela e divertida, divertem-se por mais tempo. Os que morrem cedo, por menos tempo, e há que se lamentar, na verdade, porque nem sequer chegaram a conhecer a vida, porque viver é viver uma vida longa, com todos os seus horrores.

WERNER WÖGERBAUER: Para o senhor, o erotismo, o amor, também é parte desses horrores?

THOMAS BERNHARD: Todo mundo sabe o que é o erotismo. Não é preciso falar sobre ele. Cada um tem o seu.

WERNER WÖGERBAUER: Lendo seus livros, tem-se a impressão de que, para o senhor, não há esperança nenhuma nesse âmbito.

THOMAS BERNHARD: Essa é uma pergunta boba, porque nada vive sem o erotismo. Nem mesmo os insetos, que também precisam dele. Só não vai encontrar nada ali quem tiver uma ideia muito primitiva de erotismo, o que não é o meu caso, porque estou sempre atento para a superação desse primitivismo.

WERNER WÖGERBAUER: Pode-se dizer que o senhor procura essa superação caminhando na direção do amor fraterno, do amor por uma irmã?

THOMAS BERNHARD: Não procuro coisa nenhuma. É tudo idiotice. Não preciso de uma irmã nem de uma amante. Isso tudo a gente tem na gente mesmo, e disso pode fazer uso, se sentir vontade. As pessoas sempre pensam que aquilo de que não se fala diretamente não está ali, e isso é absurdo. Um ancião de oitenta anos, deitado numa cama em alguma parte e que não tem o amor de que o senhor fala há cinquenta anos também tem sua vida sexual. Na verdade, sua existência sexual é ainda muito mais incrível do que a primitiva. Prefiro observar isso nos cachorros; aí, presto atenção e, de minha parte, me mantenho forte.

WERNER WÖGERBAUER: De que tipo são seus objetivos intelectuais...

THOMAS BERNHARD: Essas são perguntas a que não se pode responder, porque não nos fazemos perguntas assim, não é? Não há objetivo nenhum. Isso se pode dizer aos jovens de até 23 anos, que ainda estão nessa. Uma pessoa que viveu cinco décadas já não se propõe objetivo nenhum, porque não existe objetivo.

WERNER WÖGERBAUER: O senhor é sempre apresentado como uma espécie de eremita nas montanhas que, diante de sua propriedade rural...

THOMAS BERNHARD: Aí não há o que fazer. Você recebe um nome, o nome é Thomas Bernhard e assim será pela vida toda. Se um dia vai passear na floresta e alguém o fotografa, vai passar oitenta anos indo passear na floresta. Não há o que você possa fazer a esse respeito.

WERNER WÖGERBAUER: ... e, de repente, a gente o encontra num contexto tão urbano como este café vienense.

THOMAS BERNHARD: Urbano a gente tem de ser por dentro. Isso não tem nada a ver com o exterior, não é? São ideias idiotas. Mas a humanidade sempre existiu apenas em ideias idiotas, não há como ajudá-la. Não há como curar idiotice. Assim é.

WERNER WÖGERBAUER: Muitos de seus leitores e também os críticos mais exigentes, por assim dizer, vivem fazendo uma leitura negativista de seus livros.

THOMAS BERNHARD: Não dou a mínima, para mim tanto faz como as pessoas leem minhas coisas...

WERNER WÖGERBAUER: E quando elas telefonam e dizem que querem se suicidar com o senhor?

THOMAS BERNHARD: Graças a Deus, já quase ninguém me liga.

WERNER WÖGERBAUER: Mas o senhor se caracterizaria, ao contrário, como um escritor engraçado?

THOMAS BERNHARD: Mas o que significa isso? A gente é tudo. O ser humano é mais ou menos tudo. Às vezes ele ri, às vezes não. Dizem que tudo é trágico, o que é idiota também, porque cada um...

WERNER WÖGERBAUER: Paralelamente à sua escritura, o senhor faz também reflexões sobre o próprio ato de escrever, como Doderer ou Thomas Mann?

THOMAS BERNHARD: Não, ninguém precisa delas; quem domina seu metiê não precisa de reflexão nenhuma. Se você caminha pela rua, tudo trabalha por você, que só precisa abrir os olhos e os ouvidos e caminhar. Não precisa refletir. Não se você se faz ou é independente. Se é tenso, idiota ou se ambiciona alguma coisa, aí nunca vai acontecer nada. Se vive a vida, não precisa fazer mais nada, as coisas vêm por si sós e vão se sedimentar naquilo que você faz. Isso não se pode aprender. Pode-se aprender a cantar, se se tem uma boa voz. Ela é o pré--requisito, não é mesmo? Alguém que é rouco por natureza, desde sempre, dificilmente vai poder ser um cantor de ópera. É a mesma coisa em toda parte. Sem um piano, não se pode tocar piano. Ou, se você tem apenas um violino e quer tocar piano com ele, também não dá. E, se não quiser tocar violino, não vai tocar coisa nenhuma.

WERNER WÖGERBAUER: Mas, quando o senhor diz que é um destruidor de histórias, isso constitui, afinal, uma afirmação teórica.

THOMAS BERNHARD: Sim, eu disse isso uma vez. Bom, o senhor sabe, numa vida de cinquenta anos, a gente diz muita coisa. As idiotices que as pessoas dizem e que a gente mesmo diz ao longo das décadas... Se sempre definíssemos as pessoas pelo que elas dizem... Se um repórter está sentado em algum restaurante e ouve o senhor dizer que comer carne de vaca não é bom, naturalmente ele vai sempre afirmar, a vida toda, que o senhor é uma pessoa que não gosta de carne de vaca. E, no entanto, talvez passe a comer só carne de vaca a partir daquele momento.

WERNER WÖGERBAUER: Um editor...

THOMAS BERNHARD: O que é isso, um editor? Eu poderia inverter os papéis e perguntar ao senhor: o que é um editor [*Verleger*]?* Quando alguém guarda alguma coisa e não a encontra mais [*verlegen*], essa é uma pessoa confusa. Eis aí a

---

* De novo, Bernhard brinca aqui com dois sentidos do verbo *verlegen* (editar, publicar; perder por não saber onde guardou) e do substantivo *Verleger* (editor; aquele que guarda um objeto e não mais o encontra por não saber onde o guardou).

verdadeira definição de um editor. Ele guarda coisas e manuscritos que recebe e nunca mais os encontra. Desaparecem, ou porque jamais gostou deles ou porque é uma pessoa confusa. Somem. Para sempre. Eu só conheço editores assim. Tão maravilhosos a ponto de não perderem as coisas, eles com certeza não são. São, sim, do tipo que guarda as coisas e as arruína ou nunca mais encontra.

WERNER WÖGERBAUER: A respiração, como ritmo, no sentido do ritmo da respiração, desempenha algum papel em seus textos?

THOMAS BERNHARD: Eu sou uma pessoa musical. E escrever em prosa sempre tem a ver com musicalidade.

WERNER WÖGERBAUER: Ou seja, a respiração como a de um cantor...

THOMAS BERNHARD: Bem, respirar é difícil também. Um respira com a barriga, outro, com os pulmões. Cantores só respiram com a barriga, com o diafragma, senão não conseguem cantar. Então é preciso deslocar a respiração da barriga para o cérebro. É o mesmo processo. Você tem muitos pulmões lá dentro, uns 2 milhões, provavelmente. Ainda. Até que eles colapsam. Assim como as bolhas estouram, os alvéolos colapsam sobre si mesmos. Há pessoas que ainda os têm aos noventa anos. E há aqueles que, aos doze, já não têm nenhum, só ficam por aí como idiotas. São a maioria, 98%, ou acrescentemos mais um ponto, 99%. Toda vez que o senhor conversa com alguém, trata-se de um idiota, mas o senhor é uma pessoa amável, não é um desmancha-prazeres, e segue conversando com as pessoas, vai comer com elas, é afável e simpático. E, no fundo, são idiotas porque não se esforçam. O que a gente não usa acaba atrofiando e morrendo. Como as pessoas só usam a boca mas não o cérebro, elas ganham um palato e um queixo pronunciados, mas, no cérebro, não têm mais nada. Assim é na maioria das vezes.

WERNER WÖGERBAUER: O senhor começou como poeta?

THOMAS BERNHARD: Ah, para com isso...

WERNER WÖGERBAUER: O que isso significa hoje para o senhor?

THOMAS BERNHARD: Ora, coisa nenhuma, nem penso nisso. Bom, a gente não fica refletindo sobre cada passo que deu. Para tanto, seria necessário pôr em movimento bilhões, centenas de bilhões de pensamentos. É como caminhar e correr. Você não pode ficar refletindo sobre o já percorrido, senão não chega a parte alguma que seja interessante.

WERNER WÖGERBAUER: O fato de o poema *Ave Vergil* ter sido publicado em 1981 se deve também ao trabalho do editor? Ele "guardou" isso também, e "esqueceu onde"?

THOMAS BERNHARD: Não, esse fui eu que encontrei, e pensei comigo que, na verdade, era um bom poema daquela época, só isso. O editor publica tudo que lhe dou.

WERNER WÖGERBAUER: Nós mandamos traduzir um trecho.

THOMAS BERNHARD: É provável que seja fácil traduzi-lo. São sempre três palavras apenas, provavelmente é coisa que se pode traduzir bem para o inglês. Para o inglês e para o italiano; para o francês, não sei se dá. O poema é de 1960. Já lá se vão 26 anos.

WERNER WÖGERBAUER: Na passagem escolhida pelos tradutores...

THOMAS BERNHARD: *Translator!* Continue, por favor.

WERNER WÖGERBAUER: ... fala-se, entre outras coisas, de Verona.

THOMAS BERNHARD: Ah, "Schauplätze in Verona" [Cenários em Verona] também entrou? É que esse era um poema à parte. Ele integrava um volume intitulado *Einladung nach Verona* [Convite para ir a Verona], editado por Wieland Schmied; eu estava tão entusiasmado com Ezra Pound que daí surgiu um poema à la Pound sobre Verona. E foi por essa mesma época provavelmente, ou perto, sim, foi exatamente na mesma época. Isso, o poema deve ser de antes de 1960. Trinta anos atrás.

WERNER WÖGERBAUER: O amor de que fala o poema não está ligado à figura da irmã? Não no sentido biográfico, mas, digamos, como em *Korrektur* [Correção]?

THOMAS BERNHARD: O que é que eu posso dizer? O amor sempre tem a ver com tudo. E, além disso, não sou minhas personagens. Se fosse, eu já precisaria ter me matado umas cem vezes, precisaria ser a personificação da perversidade das cinco da manhã às dez da noite. O que a gente é não conseguimos descrever. Só podemos descrever o que temos nas mãos.

WERNER WÖGERBAUER: Longe de mim confundir o senhor com suas personagens.

THOMAS BERNHARD: Não, não, ótimo. Como eu disse, hoje estou disposto. Sejamos breves e diretos.

(Uma conhecida de Thomas Bernhard entra no café e senta-se à mesa vizinha. Bernhard lhe conta que teve uma "noite terrível", mas que, apesar de estarem pintando sua casa, conseguiu enfim dormir algumas horas.)

WERNER WÖGERBAUER: Mas os trabalhadores só ficam lá durante o dia.

THOMAS BERNHARD: Claro, naturalmente. *Escritores* trabalham à noite. Não passa pela cabeça de um pintor empunhar sua ferramenta de trabalho nesse horário.

(Um freguês entra no café e o cumprimenta. Juntos, eles lembram sua participação num evento de gala em 1964, organizado por artistas vienenses em prol do teatro do improviso dos Tschauner, o *Stegreiftheater*. Bernhard se lembra de ter feito o papel de um gendarme.)

WERNER WÖGERBAUER: O senhor mantém deliberadamente certa distância de outros autores vivos.

THOMAS BERNHARD: Não, não é nem um pouco deliberada. É algo que acontece por si só. Onde não há interesse tampouco pode haver disposição.

WERNER WÖGERBAUER: O senhor os xinga às vezes, Canetti, por exemplo, ou Handke.

THOMAS BERNHARD: Eu não xingo ninguém. São tolices. Quase todos os escritores são oportunistas. Eles se atrelam à direita ou à esquerda, marcham para lá e para cá e disso vão vivendo. É, sim, desagradável, por que não dizer? Um trabalha com sua enfermidade e sua morte e ganha lá seus prêmios, e o outro corre por aí pela paz e é, no fundo, um idiota vulgar. E daí?

WERNER WÖGERBAUER: De uma perspectiva estrangeira, é espantoso, porque, na França, o senhor e Handke são citados de um só fôlego.

THOMAS BERNHARD: Bom, esse fôlego vai mudar. Vai se renovar também. Hábitos assim duram décadas. Não há como erradicá-los. Hoje, quando o senhor abre um jornal, quase só falam de Thomas Mann. Ele morreu faz mais de trinta anos, mas isso não tem fim, é insuportável. E olhe que era um escritor pequeno-burguês, horrível, sem nenhum espírito, que escreveu apenas para pequeno-burgueses. O ambiente que ele descreve só interessa a pequeno-burgueses, é desprovido de intelecto e burro, um professor violinista que viaja sei lá para onde, ou uma família de Lübeck; adorável, mas em nada melhor que um Wilhelm Raabe. Seja o *Le Monde* ou o que for, é sempre… sempre Thomas Mann, a porcaria que ele escreveu sobre política e essas coisas. Era um sujeito todo teso, o típico pequeno-burguês alemão. E com uma mulher gananciosa. Para mim, é o que são esses escritores alemães. Sempre com uma mulher por trás, seja Mann ou Zuckmayer, sempre sentados ao lado de presidentes, a cada exposição idiota de artes plásticas, a cada inauguração de ponte — o que fazem os escritores ali? Sempre mancomunados com o Estado e os poderosos, sentados à esquerda ou à direita deles. O típico escritor de língua alemã. Se cabelos compridos estão na moda, ele usa cabelos compridos; se modernos são os cabelos curtos, seus cabelos são curtos. Se o governo é de esquerda, é para lá que ele corre, se é de direita, ele corre para lá, sempre a mesma coisa. Nunca tiveram caráter. Em geral, só os que morreram cedo. Se morreram com dezoito ou 24 anos, bom, aí não é tão difícil manter um caráter, porque difícil mesmo fica depois. Aí se tornam fracos. Até os 25, quando ninguém precisa de mais que uma calça velha, quando ainda correm descalços e ficam contentes com um gole de vinho e um copo d'água, não é tão difícil ter caráter. Mas depois... Aí, nenhum deles tem. Aos quarenta, já estão totalmente paralisados, em partidos políticos. E o café que bebem de manhã é pago pelo Estado. A cama em que dormem, também, as viagens de férias, também, o Estado paga por tudo isso. Nada mais é deles.

WERNER WÖGERBAUER: O senhor acredita que haja em seus textos algo que seja especificamente austríaco?

THOMAS BERNHARD: Não preciso acreditar. Sendo austríaco, é evidente que há. Não é em absoluto questão de acreditar.

WERNER WÖGERBAUER: Um autor alemão poderia escrever assim?

THOMAS BERNHARD: Não, com certeza, não, graças a Deus. Os alemães não têm musicalidade, é outra coisa, bem diferente. Isso é perceptível. Antes de abrir o livro, já se nota, até no próprio título, que é outra coisa, o fedor já é bem diferente.

WERNER WÖGERBAUER: Seu estilo é tão singular que já ensejou numerosos pastiches e paródias...

THOMAS BERNHARD: Bom, se se pode ganhar dinheiro com isso, tirar umas férias de verão, passar três dias numa boa hospedaria — infelizmente, só vão nas estreladas, onde uma refeição custa 2 mil xelins —, isso eu concedo a quem quer que se divirta dessa maneira.

WERNER WÖGERBAUER: Mas como surge algo de tão novo do material velho de uma língua? Há aí tradições às quais a gente se vincula, ainda que para contrariá-las?

THOMAS BERNHARD: Tradições existem sempre, conscientes ou inconscientes. A partir do momento em que, já desde criança, a gente começa a ler e a viver, tudo acontece por si só. E como de antemão jogamos fora e recusamos o que não nos agrada ou o que é ruim, sobra apenas aquilo a que a gente se apega. Se é algo idiota ou não, aí é outra história. Se é um caminho correto, não sabemos. Toda pessoa tem seu caminho e, para ela, todo e qualquer caminho é correto. No momento, creio, somos 4,5 bilhões, 4,5 bilhões de caminhos corretos. A infelicidade do ser humano é justamente não querer percorrer seu próprio caminho, mas sempre outro. Almejar sempre outra coisa que não o que ele próprio é. Cada um é uma grande personalidade, quer pinte, varra, escreva ou... As pessoas sempre querem outra coisa. Essa é a infelicidade do mundo.

WERNER WÖGERBAUER: Às vezes, tem-se a impressão de que o senhor cospe no prato em que comeu, quando, por exemplo, caracteriza Heidegger como "dono de uma fraca cabeça pré-alpina" [*Mestres antigos*] e...

THOMAS BERNHARD: Não comi desse prato. Por que haveria de ter me alimentado dele? É um sujeito impossível, não tinha ritmo nem coisa nenhuma. Viveu de dois ou três escritores, que explorou até o fim. O que teria sido sem eles?

WERNER WÖGERBAUER: Estava pensando na palavra "clareira" [*Lichtung*].

THOMAS BERNHARD: Também já existia antes de Heidegger, trezentos ou quinhentos anos antes. Ele não foi nada, foi um filisteu, um gorducho, nada de novo. Um exemplo de alguém que, sem nenhum escrúpulo, devora todos os frutos que outros guardaram, se empanturra e, graças a Deus, passa mal e explode. Tem dor de barriga.

WERNER WÖGERBAUER: O senhor falou em relação de amor e ódio com a Áustria. O que o senhor ainda ama nela?

THOMAS BERNHARD: Bem, amor e ódio é uma expressão que se explica a si mesma.

WERNER WÖGERBAUER: Mas há nela a componente "amor" também.

THOMAS BERNHARD: Provavelmente. Amor e ódio? A gente é simplesmente jogado de um lado para outro. É o melhor estímulo, o melhor impulso que se pode ter na vida. Se você só ama, está perdido; se só odeia, está perdido da mesma forma. Se, como eu, gosta de viver, então precisa viver numa relação constante de amor e ódio com todas as coisas. É uma espécie de corda bamba. Entregar-se diretamente seria a morte. Quando se gosta de viver não se quer estar morto. Todo mundo gosta de viver, até quem se matou, só que este deixou de ter a possibilidade. Porque aí não há como voltar atrás. (*Olhando para o gravador*) Está gravando ainda. O drama segue em frente. *Dramma giocoso!*

WERNER WÖGERBAUER: A realidade política austríaca é, em si, tão provocativa que não há como provocar mais.

THOMAS BERNHARD: Isso acaba de alguma forma entrando no trabalho. Com isso, a gente não precisa se preocupar. Flui para dentro do trabalho, como se diz tão bem. Não tem sentido fazer como aquele lá, o escultor idiota, sair correndo, gritar, pôr aquele cavalo estúpido ali e falar um monte de besteira, besteira primitiva; isso funciona por alguns dias, dura até depois de amanhã.

WERNER WÖGERBAUER: O senhor se refere a Hrdlicka?

THOMAS BERNHARD: Sim, sim, ele esteve aqui, vem cinco vezes por dia; quando cheguei, ele saiu, e agora veio de novo... cada um faz como quer. É um pobre sujeito, raspa a cabeça; passados dois anos, raspa tudo; depois, deixa crescer de novo por três anos. É pobre, afinal. Não tem sentido. Se isso é visível no trabalho da gente, então dura mais tempo. Bem, é difícil para os escultores. Precisam também lamber o rabo das câmaras municipais, senão não conseguem trabalho, o sujeito não pode esculpir alguma coisa na sua sala de estar. Isso é que é difícil. Escrever é mais fácil, porque você não precisa de nada nem de ninguém. Pode observar e, depois, fazer o que quiser com sua observação. Só precisa de uma máquina de escrever e, quando a coisa fica difícil, basta um lápis. Ou uma esferográfica, com dois xelins você compra uma.

WERNER WÖGERBAUER: Seu livro novo, *Extinção*, também fala de...

THOMAS BERNHARD: Uma extinção.

WERNER WÖGERBAUER: ... do problema dos velhos nazistas na Áustria.

THOMAS BERNHARD: É de fato um problema. Se alguém senta em alguma parte e começa a ouvir um pouco o que estão dizendo, pode muito bem, se quiser, se exaltar. Só que não tem sentido. É a mesma coisa em todo lugar. Na França também. Nazistas existem não só aqui, mas também na Inglaterra, na França, na Croácia e vai saber onde mais. Há pessoas boas e pessoas horrorosas. Só que as horrorosas predominam.

WERNER WÖGERBAUER: Para o senhor, nacional-socialismo é um conceito histórico ou um conceito pessoal?

THOMAS BERNHARD: Bom, isso a história mostra. Nazista, a gente sabe o que é; Jesus, também sabemos o que é. Cristão. Diga você "cristão", com duas sílabas, ou "nazista", com três, ambas soam igualmente bem e são, ambas, pavorosas.

WERNER WÖGERBAUER: A crítica já o caracterizou algumas vezes como um escritor anti-iluminista que despreza a humanidade.

THOMAS BERNHARD: Observe as pessoas que escrevem isso. São palhaços ordinários, primitivos e, além de tudo, pessoas de mau gosto, que não fazem ideia do que descrevem e do que leem. Não fazem ideia de com que estão de fato lidando.

Quando esquenta muito, tiram o casaco, sentam-se, suarentos, com suas barrigas gordas e suspensórios, são absolutamente vulgares, bebem uma garrafa atrás da outra, confraternizam com toda a gente, não é? São uma malta vil. Tanto faz como se chamam. Seja na Alemanha seja... bom, lá não tem isso.

WERNER WÖGERBAUER: Quando os críticos o acusam de tendências fascistoides...

THOMAS BERNHARD: Bom, fascista, aí não gosto da palavra, mas já fui chamado de tudo. Já fui chamado de comunista, de fascista, de anarquista, de tudo.

WERNER WÖGERBAUER: O que é para o senhor uma conversa?

THOMAS BERNHARD: Em geral, não converso. Porque pessoas que querem conversar já me são suspeitas de todo modo, porque uma conversa é algo que contém uma demanda, uma certa demanda, e uma demanda que as pessoas não satisfazem. Pode-se, sim, falar muito bem com gente simples. Mas, quando esse falar um com o outro pretende se transformar numa conversa, aí já fica terrível. "Sobre Deus e o mundo", diz a bela expressão; joga-se de tudo na conversa, um gira a coisa toda para um lado, outro, para outro, e o resultado é uma salsicha insuportável e fétida. Tanto faz com quem se conversa. Existem centenas de volumes dessas conversas reunidas. Editoras inteiras vivem dessas entrevistas. Saem como se fosse de um ânus, tudo prensado entre a primeira e a quarta capa. Tagarela-se sem parar. Isto aqui também não é conversa nenhuma.

WERNER WÖGERBAUER: Não, claro que não.

THOMAS BERNHARD: Aí, as pessoas dizem que ouviram essa ou aquela conversa ou entrevista, e todos que ouviram esquecem de imediato o que ouviram, porque não é nada. Tem as famosas *Nachtstücke*, em que as pessoas ficam ali sentadas por uma hora e meia, um filósofo e um pseudofilósofo, na maioria das vezes dois pseudofilósofos, vestindo pulôver de gola olímpica e gravata, e é uma besteira, porque tudo é afetação e idiotice, conversam sem parar, ficam falando e falando. Quando a gente lê no *Süddeutsche Zeitung* as entrevistas publicadas nas últimas três décadas, ninguém dá bola para uma única palavra de todas essas conversas e livros. Servem apenas aos que trabalham na indústria do papel, que com isso têm uma ocupação, o que pode fazer sentido. Porque esses têm uma vida horrorosa, perdem todos os membros, aos cinquenta em geral já não lhes resta nenhuma das pernas e perderam cinco dedos. Aquelas máquinas são atrozes. Mas isso tem pelo menos algum sentido, porque as famílias ganham alguma coisinha. Eu moro do lado de duas fábricas de papel, por isso sei como é. Em dez anos, você vai ver como foi tudo uma idiotice. Mas qualquer coisa leva as pessoas adiante, de alguma coisa elas têm de viver, e aí só fazem besteira na vida. A vida enfileira idiotices, muito pouco sentido, quase só idiotices. Tanto faz de quem se trata. Ainda que sejam pessoas grandiosas, supostamente grandiosas, como dizem ser todas elas, eu inclusive, Cioran, aforismos. Tudo uma mesquinhez que não leva a nada, só ao fim. Você pode se sentar em sua casa, arrumar seus livros na estante e, quando olhar para eles, vai pensar: "Que tristeza". Mas, ainda assim, segue girando o moinho, da mesma forma como a gente se acostuma a beber café ou chá de manhã — chá é mais inteligente, porque dá menos trabalho —, assim é com a escrita. Você vicia. É uma droga também.

WERNER WÖGERBAUER: A doença foi para sua escrita uma força motriz?

THOMAS BERNHARD: Sim, talvez, pode bem ser. Esteve comigo a vida inteira. E, como se vê, algumas pessoas padecem a vida toda de uma doença fatal, mas vivem uma eternidade. Isso sempre foi benéfico para elas. Uma doença é sempre um capital. Toda doença que se vence é uma grande história, ninguém pode lhe oferecer algo mais rentoso. Só não se pode contar com isso, porque uma hora dá errado. O que também é besteira, porque não se vai estar aqui para constatá-lo. Já será dinheiro em caixa.

WERNER WÖGERBAUER: Nos seus livros mais recentes, o ameaçador recua e reina uma alegria quase matemática, geométrica.

THOMAS BERNHARD: A gente vai envelhecendo, as coisas mudam. É por isso que mudar de tema não deve ser uma preocupação, porque é algo que acontece por si só, com as experiências que a gente vai vivendo. O escritor idiota, o pintor idiota, eles sempre procuram novos assuntos, novos motivos, mas só precisam de si mesmos, basta seguirem a própria vida. Quer sempre permanecer o mesmo, mas nunca quer escrever a mesma coisa. Essa é que é a questão, se é que há uma questão. Mas, se ele se comporta como um vendedor de roupas e vive disso, é o que vai fazer.

WERNER WÖGERBAUER: O senhor diz que gosta de falar com gente simples.

THOMAS BERNHARD: É sempre um prazer.

WERNER WÖGERBAUER: E encontra gente assim, simples, em Viena?

THOMAS BERNHARD: Agora tenho pessoas simples inclusive na minha casa. Isso é muito agradável, ainda que façam sujeira. Elas têm uma compreensão não corrompida.

WERNER WÖGERBAUER: Mas o senhor precisa pagar para que elas venham à sua casa.

THOMAS BERNHARD: Não preciso pagar minha gente simples. Disponho de centenas no campo e aonde quer que vá. Mas são pessoas nem sempre suportáveis. A gente precisa das duas coisas. Precisa conhecer o máximo possível. Estar de um lado e do outro. Se você só se relaciona com uma camada da sociedade, isso é idiota. Vai atrofiar. É preciso acolher e rejeitar continuamente tanto quanto possível. A maioria das pessoas comete o erro de permanecer somente em sua casta e em sua classe, de só se relacionar com açougueiros, se é açougueiro, ou com pedreiros, se é pedreiro, ou com trabalhadores não qualificados, se é um trabalhador não qualificado, ou com condes, se é conde, ou com reis...

WERNER WÖGERBAUER: Ou com escritores, se é escritor?

THOMAS BERNHARD: Bom, meu escritor sou eu, aí não preciso de ninguém. Como ninguém pode me ensinar ou dizer alguma coisa, não preciso ir atrás de nenhum. Como o ser humano é, em si e por si, hipócrita e bizarro, isso eu encontro em outro lugar. Não preciso de um escritor. Não tenho interesse em me sentar com alguém e ver prevalecer de antemão a inveja e o ressentimento, o que significa, portanto, que não tenho contato com escritores.

WERNER WÖGERBAUER: Eu lhe agradeço...

THOMAS BERNHARD: Como? Todos vivem até morrer. Entre uma coisa e outra, acontece um bocado. Mas, para a maioria, isso pouco interessa. Interessa em geral só a quem viveu. Na verdade, cada um se interessa apenas por si mesmo, mesmo quando se interessa por outras pessoas. É tudo uma questão de benefício indireto. É assim em toda parte, tanto faz onde, com as crianças no Sahel ou com a fome na Nicarágua. O sr. Ortega faz o mesmo teatro em benefício próprio que o sr. Reagan, qualquer que seja o ponto de vista. O ser humano só faz aquilo que acredita que, de alguma maneira, vai levá-lo adiante e sustentá-lo. Mesmo que você se torne freira ou monge, não vai ter outra coisa em mente, não resta nenhuma outra. Se quer ser um monge e servir às pessoas, vai, pelo contrário, se tornar particularmente abjeto e misantropo. Assim é, creio eu. Com a fé. É isso.

66.

Funchal, 2 de dezembro de 1986

Caro Claus Peymann,

Depois de um chá no Reid's, penso naturalmente, e com a maior intensidade, no que o futuro nos reserva!

O que vou fazer com minhas peças?

Leve em conta, por favor, que nem *Theatermacher* nem *Ritter, Dene, Voss* estarão perdidas *para sempre*, caso não sejam "escolhidas".

Enquanto você trabalha em seu *Ricardo III*, percorro em prosa um caminho como sempre pavoroso, levando as pancadas que eu mesmo me dou.

A partir do dia 19, você me encontra em Viena ou Ohlsdorf. Procure-me sem falta, se não quer me levar às raias do desespero.

Todos os desvios conduzem à morte.

Seu,
Thomas B.

67.
De uma catástrofe a outra

17 de janeiro de 1987

ASTA SCHEIB: Quem é Thomas Bernhard?

THOMAS BERNHARD: A gente nunca sabe quem é. Os outros é que dizem quem e o que somos, não é? E como nos dizem um milhão de vezes, se temos uma vida longa, já não fazemos ideia de quem somos. Cada um diz uma coisa. A gente também diz, a cada momento, uma coisa diferente.

ASTA SCHEIB: Existem pessoas de quem o senhor depende, que têm influência decisiva em sua vida?

THOMAS BERNHARD: Sempre dependemos de outras pessoas. Não há ninguém que não dependa de alguém. Uma pessoa que fica sempre sozinha consigo mesma perece logo, morre. Creio que para todos há pessoas decisivas. Eu tive duas em minha vida. Meu avô paterno e, depois, uma pessoa que conheci um ano antes da morte de minha mãe. Foi um vínculo que durou mais de 35 anos. Com essa pessoa relacionava-se tudo que me dizia respeito, foi com ela que aprendi tudo. Com sua morte, foi-se tudo. Aí, ficamos sozinhos. Primeiro, a gente quer morrer junto. Depois, sai à procura. Todos os que ainda restam, a gente transformou ao longo da vida em pessoas menos importantes. Aí, estamos sozinhos. E temos de nos haver com isso. Sempre que estava sozinho, sabia a todo momento que aquela pessoa me protegia, me apoiava, me dominava também. Então, tudo isso acabou. No cemitério, vemos fecharem a cova. Tudo que significou alguma coisa para nós se foi. Depois disso, acordamos toda manhã com um pesadelo. Não é que a gente queira impreterivelmente seguir vivendo. Mas tampouco queremos enfiar uma bala na cabeça ou nos enforcar. Isso nos parece vulgar, de mau gosto. Então, restam apenas os livros. Eles se precipitam sobre nós com todos os horrores que contêm. Mas seguimos vivendo exteriormente como se nada tivesse acontecido, porque, do contrário, seríamos devorados pelo entorno, que fica só à espreita, para ver se descobre fraquezas em nós. Quando as demonstramos, somos explorados sem cessar e afogados em hipocrisia. Hipocrisia chama-se, então, compaixão. Essa é a designação mais bela para a hipocrisia. Mas, como disse, é difícil estar de repente sozinho depois de 35 anos com uma pessoa. Isso é algo que só quem viveu experiência semelhante compreende. De repente, ficamos cem vezes mais desconfiados que antes. Por trás de cada manifestação humana, por assim dizer, suspeitamos haver alguma maldade. Ficamos ainda mais gélidos, mais ainda do que já nos acusavam de ser. Ainda mais inacessíveis. A única coisa que nos salva é não precisarmos morrer de fome. Agradável, essa vida com certeza não é. A isso se junta nossa própria fragilidade. Um desmantelamento total. Só entramos em edifícios que tenham elevador. Bebemos 250 ml de água ao meio-dia, 250 ml à tardezinha. Aí, conseguimos mais ou menos ir adiante. Se, porém, já ao meio-dia bebemos meio litro de água, a noite será terrível. Esses são os problemas a que a vida se reduz. Tomar comprimidos, não tomar, quando tomar, para quê. De um mês para outro, vamos ficando um pouco mais loucos, porque cada vez mais confusos.

ASTA SCHEIB: Quando foi a última vez que o senhor se alegrou?

THOMAS BERNHARD: Uma vez por dia a gente se alegra por estar vivo, por ainda não estar morto. É um capital improvável. Aprendi com a pessoa que perdi que a gente se aferra à vida até o fim. A rigor, todo mundo gosta de viver. A vida não é ruim a ponto de não nos aferrarmos a ela. A mola propulsora é a curiosidade. A gente quer saber: o que vem agora? É mais interessante saber como será amanhã do que como é hoje. Quanto mais velhos ficamos, mais interessante se torna a vida. O cérebro desenvolve-se surpreendentemente bem depois que o corpo pifa. Eu preferiria saber tudo. Sempre me empenhei por rapinar as pessoas, tirar delas tudo que elas têm dentro de si. Contanto que possa fazê-lo às escondidas. Quando as pessoas notam que você quer roubá-las, elas se fecham. Assim como todo mundo tranca a porta de casa quando uma pessoa suspeita se aproxima. Pode-se arrombar a porta também, se não tem outro jeito. E uma janela do porão sempre fica aberta. Isso também pode ser um grande atrativo.

ASTA SCHEIB: O senhor alguma vez quis ter uma família?

THOMAS BERNHARD: Sempre me contentei com a mera sobrevivência. Em ter uma família, não podia nem pensar. Não tinha saúde e, por isso, nenhuma vontade também de ter esse tipo de coisa. Nada mais me restou senão buscar refúgio no meu intelecto e fazer alguma coisa com ele, já que meu corpo não me dava nada. Estava vazio. E mais ou menos assim permaneceu durante décadas. Se isso é bom ou ruim, não se sabe. É apenas uma forma de viver. A vida conhece bilhões de formas de existir. Minha mãe morreu com 46 anos. Isso foi em 1950. Um ano antes, eu havia conhecido minha companheira. Começou com uma amizade, uma ligação muito forte com uma pessoa bem mais velha. Onde quer que eu estivesse no mundo, ela era meu centro, de onde eu tirava tudo. Quando as coisas ficavam difíceis, sempre sabia que podia contar com ela. Bastava pensar nela, nem precisava ir vê-la, e tudo ficava em ordem. Até hoje sigo vivendo com essa pessoa. Quando tenho algum problema, pergunto: O que você faria? Isso muitas vezes me conteve, me impediu de cometer horrores que a gente comete mesmo com a idade, porque trazemos em nós todas as possibilidades. Ela me continha, me disciplinava. E, por outro lado, me abriu o mundo.

ASTA SCHEIB: Em algum momento, o senhor se sentiu satisfeito com sua vida?

THOMAS BERNHARD: Nunca me senti satisfeito com minha vida. Mas sempre senti uma grande necessidade de proteção. Encontrei proteção na minha amiga. Além disso, ela sempre me punha para trabalhar. Ficava feliz ao ver que eu estava fazendo alguma coisa. Isso era fantástico. Viajamos juntos. Eu carregava suas malas pesadas, mas aprendi muita coisa. Na medida em que podemos dizer isso de nós mesmos, porque sempre é pouco ou quase nada. Mas, para mim, foi tudo. Quando eu tinha dezenove anos, ela me mostrou onde Pirandello morava na Sicília. Sem pedantismo, sem pretender me entulhar de conhecimento. Fazia isso como se de passagem. Estivemos em Roma, em Split — mas eram sobretudo viagens interiores que fazíamos. Vivíamos no campo, em alguma parte, com muita simplicidade. À noite, nevava na cama. Tínhamos esse pendor para a simplicidade. As vacas ficavam bem ao lado de onde dormíamos, vivíamos, tomávamos sopa, compartilhávamos muitos livros.

ASTA SCHEIB: O senhor alguma vez esteve em harmonia com sua existência de escritor?

THOMAS BERNHARD: Bem… a gente quer escrever cada vez melhor, senão enlouquece. Esse é um processo que acontece quando a gente fica mais velho. As composições devem se tornar cada vez mais rigorosas. Eu sempre tentei fazer melhor. Dar o passo seguinte baseado no anterior. Naturalmente, os temas são sempre os mesmos, isso é muito claro. Cada um tem apenas o seu próprio tema e é dentro dele que deve se mover. Aí, vai fazer isso bem. Ideias, foram muitas. A gente pode querer ser um monge, um ferroviário, um lenhador. Quer ser uma daquelas pessoas bem simples. Isso, naturalmente, é um equívoco, porque a gente não é. Quando se é uma pessoa como eu, naturalmente não há como se tornar ferroviário ou monge. Eu sempre fui um solitário. Apesar desse meu vínculo forte, sempre estive sozinho. No começo, naturalmente ainda acreditei que precisava ir a outros lugares, participar da conversa. Mas faz no mínimo 25 anos que quase não tenho contato com outros escritores.

ASTA SCHEIB: Um de seus temas centrais é a música. Quanto ela significa para o senhor?

THOMAS BERNHARD: Quando jovem, estudei música. Ela me perseguia desde a infância. Embora eu amasse a música, essa sua perseguição era uma caçada. Na verdade, fui estudar apenas para estar com pessoas da minha idade. O provável motivo foi a ligação com essa pessoa bem mais velha. Com os colegas de Mozarteum, toquei, cantei e fiz teatro. Depois, a música deixou de ser possível porque, já fisicamente, ela deixou de ser uma possibilidade. Só se pode fazer música quando se está continuamente na companhia de outras pessoas. Como eu não queria isso, a questão se resolveu por si só.

ASTA SCHEIB: Seus ataques sobretudo contra o Estado e a Igreja são por vezes bastante ásperos. Em *Extinção*, o catolicismo é descrito como "o grande destruidor da alma infantil, o grande inspirador de medo, o grande aniquilador do caráter da criança". Seu país, a Áustria, é para o senhor "um negócio inescrupuloso, no qual tudo é regateado e no qual todos são trapaceados em tudo". O senhor escreve isso por uma espécie de ódio universal?

THOMAS BERNHARD: Eu amo a Áustria. Isso não se pode negar. Só que a construção de Estado e Igreja — ela é tão pavorosa que só se pode odiá-la. Penso que todos os países e religiões que conhecemos bem são igualmente pavorosos. Com o tempo, percebemos que a construção é a mesma por toda parte. Seja numa ditadura seja numa democracia, para o indivíduo tudo é, no fundo, igualmente horrível. Ao menos quando examinado de perto. Mas não devemos nos curvar para examinar de perto, ou soltam os cachorros para cima de nós quando dizemos essas coisas publicamente.

ASTA SCHEIB: Para o senhor, não é importante ser aceito em seu país como escritor e como pessoa?

THOMAS BERNHARD: Por natureza, o ser humano anseia, desde o princípio, por amor. Pela atenção e pelo afeto que o mundo tem a oferecer. Quando somos privados disso, podemos dizer uma centena de vezes que somos frios, que não vemos nem ouvimos coisa nenhuma. Mas é algo que nos atinge com toda a força. Só que faz parte, não há como evitar. Quando a gente grita no meio da floresta, ouve de volta um eco. Se conhecemos a floresta, conhecemos também o eco. Em última instância, somos apaixonados também pelo ódio e pelo desprezo.

ASTA SCHEIB: É por isso que, em seus livros, o senhor começa por fazer tábula rasa? O senhor faz um evidente acerto de contas — bastante rude, aliás — com certas pessoas. Sente o resultado disso?

THOMAS BERNHARD: Sim. Às vezes, é quase insuportável. Ontem, uma mulher veio verdadeiramente para cima de mim, quando eu estava na cidade. Ela gritou: "Se o senhor continuar assim, vai ter uma morte horrorosa!". A gente está exposto a esse tipo de coisa. Ou então, você está sentado num banco de parque, leva um golpe por trás, assusta e ouve ainda alguém gritar: "Continue assim!". Somos nós mesmos que provocamos essas reações. Só que não contávamos com elas. Em Ohlsdorf, que é meu verdadeiro domicílio, quase não posso mais viver. As investidas, vindas de todos os lados, são insuportáveis. E os elogios são tão terríveis, falsos, hipócritas e egoístas quanto os xingamentos. O que acontece é que, se não vou abrir a porta de imediato, as pessoas ficam bravas e vão bater nas janelas. Primeiro batem, depois chamam, depois gritam e começam a espancar as janelas. Aí, ouve-se o motor do carro roncar, e lá se foram elas. Como, 22 anos atrás, fui idiota a ponto de divulgar meu endereço, não posso mais viver em Ohlsdorf. As pessoas ficam sentadas no muro. Logo de manhãzinha, quando vou até o portão, lá estão elas. Querem falar comigo, dizem. Ou aparecem nos fins de semana; da mesma forma como antes iam ver os macacos, agora vão ver escritores. Fica mais em conta. Viajam até Ohlsdorf e cercam minha casa. E eu espio por trás da cortina, como um prisioneiro ou um louco. Insuportável. Faz doze anos que não faço mais nenhuma leitura pública. Não consigo mais me sentar e ler minhas próprias coisas. Tampouco suporto aplausos. O aplauso é a recompensa do ator. Atores vivem disso. Eu prefiro os depósitos da editora. Mas o som das marchas, as multidões, as pessoas aplaudindo no teatro ou num concerto — isso me é insuportável. A desgraça, afinal, vem sempre das multidões aplaudindo em delírio. Todo horror provém do aplauso!

ASTA SCHEIB: Em *Extinção*, o senhor disse que, aos quarenta anos, devemos nos proclamar velhos loucos. Por quê?

THOMAS BERNHARD: Esse é o único método que torna tudo suportável. Você me perguntou como eu me vejo. Só posso dizer: como um louco. Aí, tudo bem. Somente me vendo como um louco, um velho louco. Um louco jovem não é interessante. Ele ainda nem é reconhecido como louco.

ASTA SCHEIB: O escrever, sobretudo em seus livros mais antigos, como *A respiração* ou *O frio*, foi também um meio de se haver com sua doença?

THOMAS BERNHARD: Meu avô era escritor. Somente depois da sua morte me atrevi a escrever. Quando eu tinha dezoito anos, inauguraram na aldeia natal dele uma placa em sua homenagem. Depois da solenidade, foram todos para o restaurante que pertencia à minha tia. Lá estava eu também, e minha tia disse aos jornalistas presentes: "Ali está o neto. Não vai ser nada. Mas talvez saiba escrever". Um deles respondeu: "Então mande ele me procurar na segunda-feira". E fui incumbido de escrever sobre um campo de refugiados. Já no dia seguinte meu relato estava no jornal. Nunca mais em toda a minha vida experimentei tamanha exaltação. Esse sentimento grandioso de escrever uma coisa que, durante a noite, é impressa, ainda que mutilada e abreviada. Mas, seja como for, lá estava ela no jornal. De Thomas Bernhard. Aquilo me abriu o apetite. E segui cobrindo os tribunais e escrevendo minhas matérias por dois anos. Mais tarde, elas se fizeram presentes na escritura da minha prosa. Um capital inestimável. Creio que ali estão as raízes.

ASTA SCHEIB: Como é hoje, quando críticos como Reich-Ranicki ou Benjamin Henrichs escrevem maravilhados sobre o senhor? É o mesmo sentimento de exaltação?

THOMAS BERNHARD: Não sinto mais exaltação nenhuma lendo os críticos. No começo, sim, porque a gente acredita nessas coisas todas. Mas, depois de trinta anos de altos e baixos, aí você percebe os mecanismos. O sujeito manda lá um serviçal e diz a ele: "Quero uma crítica negativa". É assim que funciona.

ASTA SCHEIB: O senhor se irrita com as críticas ásperas?

THOMAS BERNHARD: Sim. Ainda hoje caio em todas as armadilhas. Jornais sempre me fascinaram, desde a juventude. Quase não suporto passar um único dia sem um jornal. Com o passar do tempo, a gente fica conhecendo as pessoas nas redações. Eu talvez nunca as tenha visto, mas sei como é no teatro, nos bastidores de uma redação, conheço donos de editoras, editores, o negócio em si. A inteligência sempre fica pelo caminho. O bom gosto fica pelo caminho. A poesia fica pelo caminho. Exércitos de editores e críticos passam por cima disso tudo. Passam por cima de todos os cadáveres daqueles que fazem algo de criativo. Isso, aliás, também é fascinante. Me atinge, sim, mas já não perturba meu trabalho.

ASTA SCHEIB: Num discurso, o senhor disse certa vez: "Tudo que temos a relatar é que somos deploráveis". O senhor escreve para dar testemunho de suas derrotas?

THOMAS BERNHARD: Não, tudo que faço é tão somente por mim mesmo. Todas as pessoas fazem as coisas por elas mesmas. Caminhem elas na corda bamba, assem pão, confiram as passagens no trem ou façam acrobacias aéreas. Só que, nos eventos de acrobacias aéreas, as pessoas olham para o alto. Enquanto o acrobata voa bonito lá em cima, elas ficam esperando que ele caia. Com os escritores, é a mesma coisa. Mas, ao contrário do acrobata em voo, que mergulha e, então, em geral, se estropia e morre uma única vez, o escritor também se estropia e morre, mas sempre ressuscita. Há sempre outro evento. Quanto mais velho fica, mais alto ele voa. Até que, um dia, não o veem mais e perguntam: "Engraçado, por que ele não cai mais?". Escrever me dá prazer. Isso não é novidade. É a única corda à qual ainda sigo pendurado, mas naturalmente já se vê seu esgarçar-se. Assim é. Não se vive para sempre. Mas, enquanto viver, vou viver de escrever. É minha existência. Há meses ou pausas anuais em que não consigo escrever. Isso é pavoroso. Mas, em algum momento, torno a conseguir. E, de novo, surge alguma coisa. Esse ritmo é pavoroso e, ao mesmo tempo, uma coisa monumental, que outros talvez não vivam.

ASTA SCHEIB: Com poucas exceções, as mulheres que o senhor retrata em seus livros não são necessariamente afáveis. Isso reflete sua experiência?

THOMAS BERNHARD: Só posso dizer que, há mais ou menos 25 anos, convivo apenas com mulheres em minha vida. Não suporto homens. Não tolero suas conversas. Elas me deixam louco. Homens falam sempre das mesmas coisas. Sobre sua profissão ou sobre mulheres. Deles, não se ouve nada de especial. Reuniões masculinas me são insuportáveis. Aí, prefiro ouvir mulheres tagarelando. Útil para mim foi apenas o contato com mulheres. E foi com elas que aprendi tudo — depois do meu avô. Não acredito que tenha aprendido alguma coisa com homens. Eles sempre me deram nos nervos. É curioso. Depois do meu avô, simplesmente não houve mais nenhum. Salvação e proteção, sempre procurei com as mulheres, que me são superiores em muita coisa. Acima de tudo, elas tendem a me deixar em paz. Perto delas, consigo trabalhar. Perto de um homem, eu jamais conseguiria produzir alguma coisa.

ASTA SCHEIB: Depois da morte de sua companheira, há alguma pessoa de quem o senhor não possa prescindir?

THOMAS BERNHARD: Não. Quero dizer, poderia me cercar de centenas de pessoas, fazer milhares de coisas ao mesmo tempo, mas nada me seria mais atroz. Faz pouco tempo, sonhei que a pessoa que perdi estava de volta. Disse-lhe que o tempo que ela estivera ausente tinha sido o mais horroroso para mim. Como se tivesse sido apenas um interlúdio e a companheira morta fosse agora tornar a viver comigo. Foi uma coisa tão poderosa. Não se pode ter de volta. Tudo aquilo não é mais possível, de forma alguma. Hoje, assumo o ponto de vista de um observador no interior de um espaço bastante estreito, a partir do qual contemplo o mundo. É só.

ASTA SCHEIB: O senhor acredita que pode haver alguma forma de existência também depois da morte?

THOMAS BERNHARD: Não. Graças a Deus, não. A vida é maravilhosa. Mas o pensamento mais belo é o de que ela termina em definitivo. Esse é o maior consolo que levo comigo. Mas sinto uma vontade enorme de viver. Sempre foi assim, à parte aquelas fases em que tive pensamentos e intenções suicidas. Isso foi aos dezenove, com muita força aos 26 e, de novo, aos quarenta anos. Mas agora estou atrelado à vida. Quando se vê uma pessoa que precisou partir deste mundo mas agarrando-se com toda a força à vida, aí se compreende isso. A coisa mais grandiosa que já vivi foi ter tido a mão dessa pessoa na minha mão, sentir seu pulso, senti-lo mais lento, ainda mais lento e, depois, parar. É algo tão gigantesco. Depois, a mão dela ainda na sua, entra o auxiliar de enfermagem com a etiqueta numerada para o cadáver. A enfermeira o empurra para fora e diz: "Volte mais tarde". Aí somos confrontados outra vez e de imediato com a vida. A gente se levanta muito tranquilamente, arruma as coisas, o auxiliar volta e enfia o número do cadáver no dedão do pé. A gente arruma a mesinha de cabeceira, a enfermeira diz: "O senhor tem de levar o iogurte também". Lá fora, em círculos, as gralhas passam guinchando — assim mesmo, como numa peça de teatro. Depois vem a consciência pesada. Um morto nos deixa com uma culpa imensa. Todos os lugares em que estive com ela, onde escrevi meus livros, não posso mais visitá-los. Cada livro meu surgiu num lugar diferente. Em Viena, em Bruxelas, em alguma parte da Iugoslávia, na Polônia. Nunca tive propriamente uma escrivaninha. Se conseguia escrever, para mim tanto fazia onde. Escrevi até mesmo no meio do maior barulho. Aí, um guindaste não me incomoda, nem uma multidão estridente, nem um bonde guinchando, nem uma lavanderia ou um abatedouro logo abaixo. Sempre gostei de trabalhar em países cuja língua não compreendo. Sempre funcionou como um grande estímulo. Uma estranheza na qual eu me sentia cem por cento em casa. Achava ideal quando morávamos juntos num hotel, minha companheira passava horas passeando, e eu podia trabalhar. Muitas vezes, nos encontrávamos apenas para as refeições. Ela ficava feliz quando via que eu estava conseguindo trabalhar. Com frequência, passávamos de quatro a cinco meses num país. Esses eram os pontos altos. Enquanto se escreve, tem-se muitas vezes uma sensação fantástica, magnífica. E quando se tem ao lado alguém que preza isso e nos deixa em paz — isso é o ideal. Nunca tive crítico melhor do que ela. Não há como comparar isso com uma crítica idiota, pública, que não se aprofunda. Daquela mulher vinha sempre uma crítica muito poderosa, positiva, que me era útil. Ela me conhecia, afinal, com todos os meus defeitos. Disso eu sinto falta. Em nosso apartamento em Viena, nesse sempre me dá prazer ficar. Ele me dá proteção. É provável que por termos vivido juntos ali por anos. Hoje, é o único ninho que resta de nossa vida em comum. O cemitério tampouco fica muito longe. É uma grande vantagem ter experimentado algo assim uma vez na vida. Depois disso, as coisas nem sequer nos afetam. Não nos interessa nem o sucesso nem o fracasso, nem o teatro nem seus diretores, nem os editores de jornal nem os críticos. Na verdade, nada mais nos interessa. Só o que interessa é ainda ter dinheiro no banco e poder viver. Minha ambição, de todo modo, já não era tão grande como antes. Mas, com essa morte, ela se foi em definitivo. Nada mais impressiona. A gente ainda se alegra com velhos filósofos, um ou outro aforismo. É quase como quando nos salvamos pela música. Por algumas horas, entramos numa atmosfera maravilhosa. Ainda tenho uns poucos projetos. Antes, eram quatro ou cinco, hoje são dois ou três. Mas não são imprescindíveis. Nem eu nem o mundo clamamos por eles. Se sentir vontade, ainda faço alguma coisa; se não sentir ou não puder mais, acabou-se. O que quer que a gente escreva — é tudo uma catástrofe. Isso é que é deprimente no destino de um escritor. Nunca se consegue pôr no papel o que se pensou ou imaginou. Em sua maior parte, isso se perde a caminho do papel. O que produzimos é apenas um decalque pálido e risível daquilo que havíamos imaginado. Isso é o que mais deprime um autor como eu. A rigor, a gente não consegue se comunicar. Ninguém jamais conseguiu. Em língua alemã, menos ainda, porque é uma língua engessada, pesada; horrível, na verdade. Uma língua horrorosa, que mata tudo quanto é leve e maravilhoso. Pode-se apenas sublimá-la com um ritmo capaz de dar-lhe musicalidade.

Quando escrevo, o resultado nunca é o que imaginei. Isso é menos deprimente nos livros, porque a gente acredita que o leitor tem sua própria fantasia. Nele, talvez a flor ainda nasça. Ao passo que, no palco, no teatro, nada sai do chão, a não ser a cortina que sobe. Restam os atores humanos, que se atormentaram durante meses até a estreia. Essas pessoas deveriam ser as personagens que criamos. Mas não são. As personagens na cabeça, aquelas que tudo podiam, compõem-se de repente de carne, água e ossos. São pesadas. Na cabeça, a peça era poética, grandiosa, mas os atores são transpositores cumprindo uma função meramente profissional, tradutores. Uma tradução não tem muito a ver com seu original. Assim, uma peça de teatro no palco tampouco tem a ver com aquilo que o autor inventou. As tábuas do chamado palco que é o mundo sempre foram apenas tábuas para mim, tábuas que aniquilaram tudo em mim. Tudo é pisoteado no palco. É sempre uma catástrofe.

ASTA SCHEIB: E, no entanto, o senhor segue escrevendo. Livros e peças. De uma catástrofe a outra?

THOMAS BERNHARD: Sim.

68.

... *ainda que apenas como primeiro baixo*
Carta de Thomas Bernhard ao *Süddeutsche Zeitung* sobre sua carreira como cantor

20 de fevereiro de 1987

Exmo. Caderno de Cultura,

Há dois ou três dias, o sr. Otto F. Beer, de Viena, escreveu que a Ópera Estatal Vienense vai levar ao palco da chamada Künstlerhaus, em meados de março, a primeira apresentação da ópera *Die Nachtausgabe* [A edição noturna], de Peter Ronnefeld. O sr. Beer está enganado... A première dessa ópera teve lugar no Landestheater de Salzburgo em 1957, durante o Festival de Salzburgo, e eu próprio interpretei o único papel falado, embora provavelmente cantasse melhor do que todos os outros participantes; minha voz de baixo estava então justamente no auge de seu desenvolvimento e, no mesmo ano, cantei no Festival, no Mozarteum, na première de um oratório de Gnecchi juntamente com Teresa Stich-Randall, uma das cantoras mais famosas de todos os tempos, amiga do então presidente do Mozarteum, Paumgartner. Assim, naquele ano, atuei logo em duas estreias, para a glória do Festival de Salzburgo, como hoje penso.

É provável que eu não tenha cantado na première de *Nachtausgabe* porque cantava no oratório de Gnecchi — e, aliás, de fraque, uma peça de vestuário que nunca tinha trajado antes nem tornei a vestir depois. Ocorre-me também que, naquele ano, cantei ainda na *Grande Missa em dó menor* de Mozart na igreja de São Pedro, ainda que apenas como primeiro baixo, mas, de todo modo, ao lado da célebre Maria Stader, que era tão famosa quanto baixinha e precisava atuar sobre um banquinho para que pudessem vê-la.

A *Nachtausgabe* a ser apresentada em março em Viena não constitui, portanto, uma première, e sim uma reapresentação. Em 1957, eu poderia ter imaginado tudo, menos que, trinta anos mais tarde, essa ópera recebesse nova montagem, e agora até mesmo na horripilante Viena.

Peter Ronnefeld foi um de meus melhores amigos quando eu era estudante no Mozarteum, nunca mais ri tanto na minha vida como ri com ele, que, já aos vinte anos, foi assistente de Karajan na Ópera de Viena e, ali, com trinta e poucos anos, regeu óperas italianas melhor do que a maioria de seus colegas italianistas, sobretudo *La Cenerentola* de Rossini e outras. Acima de tudo, era também um *Klavierspieler*, ou seja, um pianista, extraordinário, o melhor de todos quando tocava piano a quatro mãos com Hubertus Böse. Além de rir mais com ele do que com a maioria das demais pessoas — que, é sabido, em geral são estúpidas demais para rir —, conversávamos muito sobre música e, musicalmente, levamos um ao outro às alturas, por assim dizer.

Além de *Nachtausgabe*, Ronnefeld escreveu uma ópera intitulada *Die Ameise* [A formiga], apresentada pela primeira vez na chamada Deutsche Oper am Rhein, creio que em Düsseldorf. Tratava-se de uma ópera baseada inteiramente nas piadas que Ronnefeld e eu fazíamos nas horas vagas daquela loucura do Mozarteum; montou-a o sr. Liebeneiner, e a regência ficou a cargo do sr. Erede, um regente absolutamente italiano. O libreto foi composto pelo sr. Bletschacher (ou Pletschacher?), outro bom amigo de Peter Ronnefeld e, mais tarde, diretor de dramaturgia na Ópera de Viena.

Peter Ronnefeld morreu aos 26 anos. Eu o vi pela última vez há cerca de trinta anos, num vagão-restaurante a caminho de Düsseldorf, justamente para um ensaio de *Die Ameise*. Na época, ele tinha acabado de ser nomeado diretor musical geral (!) em Kiel e, enquanto comíamos uma rabada, ele me disse: "Imagine você, eu estava prestes a contratar o Krebs (um dos melhores cantores de oratório de seu tempo), porque precisava dele para a *Paixão segundo são João*, e o médico com quem estive de manhã me disse que esse eu já tinha!".* Ronnefeld foi fazer uma cirurgia para remover uma marca de nascença e não deveria ter feito isso, porque, meio ano depois, estava morto.

Há poucos meses, li que morreu seu filho (em Hamburgo), também ele com menos de trinta anos. Quem é que sabe se, como o pai, não tinha removido uma marca de nascença. De todo modo, morreram cedo os Ronnefeld. Quase não adiantou serem tão musicais como poucos na Europa Central.

Aguardo ansiosamente a reestreia de *Nachtausgabe* em Viena. Na première, em Salzburgo — que não poderia ter recebido público mais distinto, de Schuricht e Szell a Boris Blacher e Einem —, na qual, em vez de aparecer como ator no ato do tribunal, como indicado na partitura, acabei por me enrolar na cortina do Landestheater no fim do último ato, para gáudio de todos os técnicos de palco e desespero do diretor, que se chamava simplesmente Tuttenberg,** a ópera ainda se intitulava *Echo Nachtausgabe*. Por que ela agora se chama apenas *Die Nachtausgabe*, não tenho como saber, porque desconheço o pensamento tanto dos descendentes de Ronnefeld como da Ópera Estatal de Viena. Desejo o maior sucesso possível à peça, porque Peter Ronnefeld era um sujeito genial, e saúdo o horrível *Süddeutsche Zeitung*, que me proporciona aqui, todo dia, um prazer absolutamente singular.

---

* Aqui, sobrenome, mas o substantivo *Krebs* também significa "câncer" em alemão. ** Em tradução literal, "montanha de tetas".

69.
Bernhard contra o Europalia
Bruxelas não verá *Theatermacher*?

6 de agosto de 1987

Caro Claus Peymann,

Você está planejando para setembro uma viagem a Bruxelas para apresentar minha peça *Theatermacher* no chamado Europalia, contra o qual eu *até hoje* nada tinha a objetar, mas agora sou obrigado a protestar veementemente e lhe peço que, em nenhuma circunstância, leve a cabo essa apresentação, que a cancele o mais rápido possível, porque, contrariamente ao que eu, de boa-fé, supunha — isto é, que o Europalia de Bruxelas (onde muitas vezes morei longamente e com grande proveito!) era *um evento exclusivamente belga* —, li hoje no Bräunerhof que o "Europalia 1987" nada mais é do que expressão cultural, na qualidade de autopromoção inflada, do atual Estado austríaco que tanto me repugna.

O sr. Walter Zettel, na condição de "responsável pelas apresentações no Europalia", escreve em sua língua própria no *Wiener Journal* que, *"para as diferentes áreas da cultura no Europalia, foram designados quatro secretários-executivos"*; ou seja, o próprio sr. Zettel para as exposições, o sr. Wolfgang Kraus para literatura, o sr. Urbach para o teatro etc. Justamente essas figuras pavorosas da burocracia cultural austríaca, agarradas ao Estado austríaco como sanguessugas nacionais aprovadas e incorporadas, desde sempre hipócritas e incompetentes, eu as odeio há décadas como à proverbial e famigerada peste, razão pela qual, até onde minha memória alcança, sempre as evitei, fosse onde fosse.

283

À parte o fato de, em abnegação doentia, eu estar vinculado a meus endereços residenciais e ser apaixonado e louco por esse povo e por esse país, há décadas não quero ter nada a ver com o Estado austríaco, como tantas vezes busquei explicar a você, décadas nas quais, com uma intensidade que beira a loucura, tive de defender meu trabalho sem cessar *desse arremedo de Estado*, o que me custou a maior parte de minhas forças, e defendê-lo precisamente desse Estado que pisoteia e despreza de todas as formas a inteligência e a arte e que, como vejo agora, entope descarada, grosseira e estupidamente esse "Europalia 1987" com o auxílio de um exército de diligentes funcionários ministeriais de primeira e, portanto, da pior categoria. Com esse Estado, que, com sua tuberculose galopante e em sua condição que hoje torna tudo horroroso, perverso e miserável, me é já toda manhã um pesadelo e que, a cada novo dia, dá à luz toda uma série de crimes políticos ridículos e vis, não vou a Bruxelas nem permito que vá até lá minha *Theatermacher*. Sempre caminhei sozinho e na *contra*mão desse Estado hostil ao intelecto e à arte, e também no futuro não darei um único passo a seu lado.

Caro Claus Peymann, só posso repetir sem cessar que esse Estado já se transformou, em todos os seus componentes, numa catástrofe nacional, numa farsa ridícula e hipócrita, irreconhecível em sua mutilação e, de fato, arruinado por tempo incalculável. Não posso me deixar usar e *executar* em Bruxelas por essa polícia cultural que são os funcionários ministeriais austríacos. Para mim, é absolutamente impensável que minha peça *Theatermacher* seja representada nesse Europalia infestado por nada mais que nossa mortal estupidez católica e nacional-socialista. Dispense-me (e a si próprio!) desse pesadelo, leve minha *Theatermacher* para qualquer parte, mesmo que seja para o inferno, mas não para Bruxelas agora em setembro.

Thomas Bernhard

70.

Bernhard
Ohlsdorf

20 de agosto de 1987

Exmo. senhor ministro,
Em 19 de agosto, ou seja, ontem, recebi, num envelope de seu ministério (Zl. 21.21.02/I-V.6/87) um convite da cidade do Rio de Janeiro, que anexo a esta carta, para o dia 23 de novembro deste ano, solicitando que, até meados de agosto, eu comunique à prefeitura do Rio de Janeiro se o aceito ou não. Perplexo com a exiguidade do prazo, descobri que a carta dos brasileiros foi postada já em *22 de julho* na av. Atlântica, 3804, Rio de Janeiro, ou ali foi entregue nessa data, isto é, já naquele momento, a uma representação do Estado austríaco. Como só ontem, *19 de agosto*, recebi a carta em Ohlsdorf, com carimbo vienense de anteontem, dia 18, eu me pergunto *por que, por qual motivo* e *onde* os funcionários do Ministério das Relações Exteriores austríaco esqueceram a carta dos brasileiros. Estes, na certa confiantes na nação cultural austríaca, escolheram o caminho postal pela via do Ministério das Relações Exteriores, por intermédio da embaixada ou do consulado, acreditando-se seguros de que, assim, a carta me seria entregue de pronto e de imediato. Mas o périplo de sua carta pelas representações diplomáticas durou quatro semanas!

À parte o fato de que agora, considerando-se o prazo, já me é provavelmente impossível viajar para o Rio e, portanto, aceitar o convite do Brasil, vejo o procedimento postal das autoridades de seu ministério como inacreditavelmente escandaloso.

Cabe, porém, esclarecer também por que a carta brasileira me foi enviada aberta, sem o envelope dos brasileiros e *sem nenhum comentário* quatro semanas após a data da expedição ou do recebimento. Justamente o fato de o conteúdo da carta dos brasileiros só poder ser do conhecimento dos funcionários do Ministério das Relações Exteriores, uma vez que ela estava aberta, torna essa retenção de quatro semanas ainda mais incompreensível e escandalosa. Creio que não é todo dia nem todo ano que um escritor austríaco é convidado para ir ao Rio de Janeiro por causa de seu trabalho intelectual. Aos brasileiros — aos quais sempre me senti profundamente ligado por minha predileção pelo mundo lusófono — será difícil explicar o procedimento pelo qual uma carta por eles entregue às representações austríacas no Brasil, precisamente para possibilitar sua pronta expedição, e passando ainda pelo Ministério das Relações Exteriores em Viena, necessita de quatro semanas para chegar a seu destinatário em Ohlsdorf, sobretudo considerando-se que a Áustria, tanto antes como agora, se apresenta no exterior como uma nação dedicada à cultura.

A história dessa carta brasileira torna a manifestar com clareza a hostilidade à cultura e ao intelecto que caracteriza este Estado. Peço ao senhor que esclareça esse assunto em seu ministério.

Com evidente indignação, seu
Thomas Bernhard

71.
Minha Áustria feliz

A revolta contra o *Tartufo* do sr. Peymann —
carta de um leitor enraivecido

11 de março de 1988

Enquanto a leitura matinal do *El País*, acompanhada de um *café preto grande* na praça do mercado de Pollença, me fez absolutamente feliz com a precisão de um relógio suíço, já logo a seguir, ao abrir pela primeira vez a edição desta semana do *Die Zeit*, enchi-me por completo de horror e repugnância por tudo que é impresso nos jornais, na medida em que o senhor, senhor editor, não se furta a dar espaço ao sr. Peymann, o mais terrível dos superintendentes do Burgtheater, e a seu telex enlouquecido e infernal, comunicando que ele encenará o *Tartufo*. Como o senhor sabe, o sr. Peymann padece da incurável enfermidade dos clássicos, que, como o senhor também sabe, intensificou-se e atingiu nele nos últimos meses um estágio maligno-galopante, e noto que, até o fim de sua vida, ele não vai mais parar de encenar todos esses clássicos repugnantes, primitivos e ordinários, os ingleses, os franceses e os espanhóis, os conhecidos e famigerados Shakespeare, Molière, Lope de Vega etc., infelizmente impossíveis de aniquilar em seu primitivismo, em sua vulgaridade e em sua debilidade. Na minha opinião, esses escritores de peças terríveis envenenaram por completo os teatros de toda a Europa e, na verdade, do mundo todo, e, aliás, por tempo indeterminado, nunca mais se poderá livrá-los dessa epidemia de clássicos, infelizmente! Tchernóbil, essa besteirinha soviético-ortodoxa, não é nada perto de uma dessas peças de Shakespeare a ir pelos ares pelo menos uma vez por dia em algum lugar do mundo, uma *Tempestade* de Shakespeare faz mais mal à Europa do que dez usinas de Tchernóbil ou mesmo do que catástrofes na Basileia, acredite. Shakespeare contaminou e aniquilou o mundo teatral por séculos, quando não para toda a eternidade, acredite! O sr. Peymann anuncia, portanto, que em março vai encenar o *Tartufo*, de resto uma das peças de teatro mais idiotas jamais escritas e levadas ao palco, acredite o senhor. Peças de teatro em geral, não importa de quem, são o que de mais idiota se pode levar ao palco, acredite, porque eu sei como é grandioso quando se leva ao palco um copo de cerveja, acredite, mas nunca uma peça de teatro. O sr. Peymann quer, pois, apresentar o *Tartufo* em março no Burgtheater, como está dito, e precisamente esse é o motivo do meu desespero, quando não de minha aniquilação, acredite, porque ele havia me prometido que, em março, *uma única peça será representada no Burgtheater*, qual seja: minha *Áustria feliz!*, acredite em mim. Será que o sr. Peymann se esqueceu de que o Estado austríaco pagou-me em subvenções 38 milhões de xelins por essa minha peça e por minha própria encenação, como reparação, por assim dizer, pelo fato de o Estado austríaco, como ele sabe, ter perpetrado contra mim quase tudo quanto se pode perpetrar? Esqueceu-se o sr. Peymann de que ele me prometeu, somente a mim e a minha encenação, a data de *11 de março de 1988* como data da estreia? Se o sr. Peymann de fato montar o *Tartufo* (com o elenco anunciado, ainda muito mais risível do que já é), isso com toda a certeza e da forma mais absoluta significará minha aniquilação, acredite! Sim, porque o sr. Peymann sabe que faz cinco meses que estou ensaiando minha peça aqui em Maiorca, minha *Áustria feliz*, para a qual, acredite, encontrei elenco completo. Diante do fato de que o sr. Peymann vai agora encenar o *Tartufo* com o sr. Waldheim, não tenho como não lhe revelar um segredo até agora mantido em sigilo absoluto, conforme acordado com o sr. Peymann, e trata-se do seguinte: há cinco meses, ensaio na *finca católica* aqui em Pollença minha *Áustria feliz*, e o senhor não vai acreditar, mas com os srs. Waldheim e Kreisky nos papéis principais. O sr. Kreisky faz em minha peça o papel do *Grande Dúbio*, o sr. Waldheim, o do *Acepipe Matreiro*, e o sr. Heller, eu o comprometi com o papel do porqueiro. O sr. Heller trabalhará de graça, o sr. Waldheim recebeu um adiantamento de 6 milhões de xelins e o sr. Kreisky, de apenas 3 milhões, o que corresponde à remuneração habitual, acredite! Os dois senhores exigiram honorários *inteiramente livres de impostos*, o sr. Waldheim numa conta-corrente em Liechtenstein, o sr. Kreisky, numa conta-corrente em Andorra. As somas já foram depositadas em outubro. Ao sr. Heller, paguei 3 milhões *para os cegos em Hamburgo*, acredite, e ele os aceitou agradecido! Para mim, creia-me, ele é o mais importante de todos os austríacos. O sr. Waldheim fez questão de que fosse dinheiro sujo, o sr. Kreisky também. Como o sr. Kreisky está em casa em Maiorca, como o senhor sabe, decidi ensaiar minha peça aqui. Ele, de resto, não hesitou nem um segundo em concordar, a velha raposa. Primeiro, ensaiei só com ele; depois, com Waldheim; e, por fim, com Vranitzky também. E desfrutei aqui das condições mais magníficas para ensaiar. *Finalmente, uma grande peça de minha autoria dirigida por mim mesmo e numa atmosfera que beira a ideal!* Além disso, nevou quase sem parar nas últimas semanas, uma raridade em Pollença, e a *finca católica* parecia-me o tempo todo uma cabana a mais de 2 mil metros de altura nos Alpes. As condições ideais para os ensaios: numa ilha do Mediterrâneo e, no entanto, no alto dos Alpes — imagine só! Infelizmente, são tantos atuando em minha *Áustria feliz* que nem sou capaz de enumerá-los, mas são mais de trezentos atores, creio que 329, mas os principais já mencionei. Waldheim, Kreisky e, além destes, Vranitzky, o sr. Mock e o papa, que se prontificou a participar do ensaio geral, e creia, o papa já esteve várias vezes aqui e desempenhou magnificamente seu papel. Chegou com o texto todo decorado, no meio da noite, claro, assim como o sr. Waldheim, que mandei trazer de avião para cá três vezes por semana, não de Roma, como o papa, mas de Viena, e é preciso dizer que os custos das respectivas passagens foram pagos pelo Estado austríaco e pelo Vaticano, porque seriam demasiado altos para mim. O sr. Waldheim sempre chegou pontualmente às dezoito, no crepúsculo, portanto, a fim de ainda poder dar uma cavalgada antes do ensaio. O que me possibilitou observar que o sr. Waldheim, se não é incapaz de cavalgar, cavalga na verdade muito mal, embora tenha declarado que o faz bem, e, em minha peça, ele precisa *cavalgar, cavalgar e cavalgar!* — o senhor não vai acreditar. Já o papa faz na peça apenas um papel secundário, entra em cena uma única vez e beija o solo austríaco. Mas também isso precisa ser ensaiado, acredite! Para tanto, já mandei trazer o papa de avião umas sete vezes. Creia, ele já beija muito bem o solo austríaco. O sr. Vranitzky, que o senhor conhece como chanceler austríaco, dança com o sr. Kreisky uma assim chamada valsa reversa, da direita para a esquerda, o que os dois ainda não conseguem fazer, mas, até 11 de março, espero que também isso dê certo. Quando digo que o sr. Kreisky participa de tudo com grande entusiasmo, assim como o sr. Waldheim, o papa e o sr. Vranitzky, é provável que o senhor não me creia, senhor editor. Minha peça tem apenas dois atos; o primeiro se passa *ao amanhecer* na Ballhausplatz; o segundo, no crepúsculo, no Hofburg. *Ao amanhecer*, o papel principal é do sr. Kreisky; *no crepúsculo*, do sr. Waldheim. O sr. Vranitzky está sempre presente, ao longo da peça toda, sem que tenha algo a dizer. Como, porém, o senhor sabe, os chamados papéis mudos são os mais difíceis, razão pela qual ensaio com o sr. Vranitzky já desde outubro na *finca católica*. O sr. Vranitzky recusou toda e qualquer remuneração, o que justificou alegando já possuir mais dinheiro do que jamais seria possível aceitar, e eu realmente acredito nisso. É a pessoa ideal para o papel mudo, por assim dizer, porque, como sabe o senhor, ele tem dificuldade para falar, e eu não quis obrigá-lo a dizer frases pela metade ou ainda menores, porque estas são ditas em minha peça por alguém que me esqueci de mencionar: Groher, o arcebispo de Viena. Esse homem, acredite, demonstrou aqui o maior talento teatral com que já deparei. Reescrevi para Groher muitas das cenas destinadas originalmente ao sr. Vranitzky. O sr. Groher se entende até com o papa, com o qual, depois do ensaio, sempre toma uma garrafa de Coca-Cola (gelada), ou apenas metade dela, porque a outra metade insistem em enviar para os sedentos da Eritreia. O senhor vê que aqui, de fato, se pensa em tudo, inclusive no altruísmo, que naturalmente desempenha papel central em minha peça, o senhor não vai acreditar. De início, também quis destinar um dos papéis principais a seu presidente, o sr. Von Weizsäcker, mas depois não consegui me decidir a tanto. O sr. Waldheim entra cavalgando na cena inicial, à qual o sr. Kreisky põe fim ao, enfastiado com a Áustria e tendo lhe voltado as costas em Maiorca, caminhar para sua mulher, que, deitada na espreguiçadeira junto da parede da casa, acaba de acordar. A ela, diz então: *Áustria feliz*. No começo do segundo ato, o sr. Vranitzky pula na piscina inflável da família Kreisky e espirra água em todos, dos pés à cabeça, de modo que os Kreisky partem em fuga. O segundo ato se chama "Crepúsculo" porque, nele, todos se dão conta de que a Áustria está perdida. *Áustria feliz*, portanto, nada mais é que ironia. Nesse sentido, é também uma peça clássica, como as peças dos clássicos. Só que minha peça clássica é atual, ao passo que as demais pertencem indiscutivelmente ao passado. Se o senhor considerar que sete meses de ensaios com Waldheim, Kreisky, Vranitzky, Groher e consortes (sem esquecer o bispo auxiliar de Viena, sr. Krenn, que em minha peça faz o Mata-ratos Arquiepiscopal!) já quase me levaram às raias do esgotamento total e praticamente acabaram com minha subvenção estatal de 38 milhões, compreenderá, espero, minha ira com o sr. Peymann, que quer encenar o *Tartufo* em vez de minha peça. Meu trabalho está quase terminado e atingiria seu ponto ideal justamente no dia 11 de março de 1988; assim, eu subiria ao palco do Burgtheater em 11 de março de 1988 como *uma festa para toda a Áustria*. Eu próprio assumi em minha peça o papel do desmancha-prazeres! Mas vejo agora, mediante a leitura de sua notícia de jornal de 26 de fevereiro, que todo o meu empenho, que como sempre foi naturalmente um empenho total, foi em vão. Uma pena não apenas pelos ensaios com a mais fantástica das trupes teatrais, mas também pela subvenção de 38 milhões do Estado austríaco, que, na medida em que Peymann vai agora encenar o *Tartufo* no Burgtheater, e não minha *Áustria feliz*, se perdeu. Desperdiça-se assim uma das grandes oportunidades do teatro que é o mundo, e isso por culpa do sr. Peymann!

P.S.: Com o sr. Peymann, tratei o aluguel do Burgtheater por todo o mês de março de 1988, mas ele não cumpre contratos! O sr. Waldheim tirou férias do Hofburg por todo o mês de março para poder fazer o papel do *Acepipe Matreiro* em minha peça, assim como o sr. Vranitzky licenciou-se da Ballhausplatz. E, na catedral de Santo Estêvão, não haverá missa nem sermões da Quaresma por todo o mês de março, porque incorporei os srs. Groher e Krenn a meu elenco, e, o senhor não vai acreditar, por uma bagatela! No "Crepúsculo", Waldheim (como *Acepipe Matreiro*), *já em pijama de flanela*, será esganado por Kreisky, o *Grande Dúbio*, e pelos Meninos Cantores de Viena ao som da Filarmônica de Viena tocando metade da *Eroica*. A sra. Waldheim (chamada *Nazista Precoce* em minha peça) precipita-se do aposento presidencial do Hofburg rumo à Ballhausplatz.

Como já fez milhares de vezes antes, o sr. Peymann rompeu o contrato referente a minha *Áustria feliz* e, como milhares de vezes no passado, não cumpriu sua promessa no tocante a minha peça. O sr. Peymann não cumpre sua palavra, é um cínico descumpridor de contratos! Seu *Tartufo*, em 11 de março, me aniquilou! Nunca mais vou encenar *Áustria feliz*, nem que no futuro ele me peça de joelhos, porque nunca mais vou conseguir reunir esse elenco ideal e porque nunca mais vou sentir vontade de encenar uma peça que só uma vez senti vontade de encenar, acredite! Perdi sete meses da minha vida pelo fato de o sr. Peymann faltar com sua palavra e ignorar um contrato, acredite! Com esse *Tartufo* no dia 11 de março, o sr. Peymann não aniquilou apenas minha peça, mas também toda a minha existência! Agora, nada mais me resta senão queimar minha *Áustria feliz* no forno de pão preto da *finca católica*, esquecer minha encenação, subir nas rochas em Formentera e de seu pico mais atroz pular no mar, e isso em consequência desse descaramento do sr. Peymann, o maior do milênio. Passe bem, meu senhor, que é apenas o editor, ao passo que eu, o redator desta carta, sou um autor teatral destroçado, verdadeiramente aniquilado por um superintendente qualquer do Burgtheater!

Seu,
Thomas Bernhard

72.
O bonde é uma preciosidade

12 de janeiro de 1989

Toda vez que retorno do exterior, penso estar voltando para uma das regiões mais belas do mundo, e Gmunden, no que se refere a cidade e região, é com toda a certeza o auge absoluto, mesmo em se tratando de Salzkammergut. Para meu horror, fico sabendo hoje por seu jornal, pelo qual tenho sempre grande apreço, que o bonde vai parar de funcionar. Infortúnio maior não poderia suceder a essa cidade que amo! Precisamente o bonde é um dos símbolos mais marcantes da cidade, e dele faço uso regular com enorme prazer quando chego à estação ferroviária. O bonde é uma preciosidade, insubstituível, e, sem ele, Gmunden perderia uma de suas principais atrações para velhos e moços. Também sou da opinião, como já escreveu outro leitor, de que a linha do bonde deveria voltar a se estender até a praça da Câmara Municipal. Isso significaria, não apenas para os habitantes de Gmunden, mas também para todos que visitam a cidade, a restituição de um benefício que nos faz falta há tantos anos, na qualidade de um deleite para os olhos. Com a preservação do bonde e sua extensão até a praça da Câmara Municipal, Gmunden não apenas estaria em conformidade com seu tempo, como também avançaria muito além dele.

Thomas Bernhard
Gmunden
Lerchenfeldgasse

Anexo e notas

1. O original datilografado, de posse do Arquivo Thomas Bernhard em Gmunden, exibe o título: *Thomas Bernhard: Jean Arthur Rimbaud. Zum 100. Geburtstag* [Thomas Bernhard: Jean Arthur Rimbaud. Por ocasião de seu 100º aniversário]. Bernhard deu essa palestra, promovida pelo "Círculo Bergen", numa terça-feira, em 9 de novembro de 1954, às 19h30, no Hotel Pitter de Salzburgo, por ocasião do centésimo aniversário do nascimento de Rimbaud (10/10/1854-10/11/1891). Em meados da década de 1950, o "Círculo Bergen", organizado por Renée Bergen e Hildegard Brenner, oferecia um foro público a artistas plásticos e literatos, sempre no Hotel Pitter. Publicado postumamente: *Die Zeit*, 14 maio 2009.

2. *Münchner Merkur*, 16 fev. 1955, ass.: Thomas Bernhard.

3. *Die Furche*, Viena, 23 jul. 1955, ass.: Thomas Bernhard.

4. *Die Furche*, Viena, 30 jul. 1955, ass.: Thomas Bernhard.

5. *Die Furche*, Viena, 3 dez. 1955, ass.: Thomas Bernhard, Salzburgo. Esse artigo rendeu a Bernhard um primeiro processo judicial: em janeiro de 1956, o então superintendente do Landestheater de Salzburgo, Peter Stanchina, entrou com uma ação contra Bernhard em Viena por "ofensa à honra". O processo arrastou-se por duas instâncias e foi, por fim, resolvido por meio de um acordo em julho de 1959. Bernhard refere-se a esse processo em seu artigo "Nada mudou na Áustria", de 1969 (ver texto nº 18, p. 82).

6. *Berichte und Informationen* [Relatos e informações], Österreichische Forschungsinstitut für Wirtschaft und Politik (org.), 1957, p. 14. A edição antepôs ao texto a seguinte observação:

> Aqui, um jovem escritor fala a outros jovens escritores. Vale-se da linguagem da juventude, com toda a sua retórica inflamada. Não há, porém, a disposição da nova geração para solicitar favores, a ânsia por uma colocação em lugar da intensidade vital, de efetivamente desafiar um jovem espírito ardente? Acreditamos ser lícito acolher aqui também uma tal manifestação.

7. *Der Akademiker. Zeitschrift des österreichischen Akademikerbundes*, Viena, fev. 1957.

8. *Morgen. Monatsschrift Freier Akademiker*, ano 15, out. 1959, p. 5. Texto não assinado. Os livros de Thomas Bernhard indicados nesse perfil não foram publicados. Um mês depois, em 7 de novembro de 1959, a revista *Morgen* publicou uma reação a "Cabeças jovens":

> Uma carta do Café Hawelka
>
> Viena, novembro de 1959
>
> À redação da *Morgen*, revista mensal dos acadêmicos independentes
>
> Rara é a ocasião em que se revela apropriado dirigir uma carta aberta às redações de jornais ou revistas. Desta vez, porém, o silêncio significaria indolência digna de castigo. O primeiro número de seu 15º ano parece almejar um rompimento com a tradição. Até o momento, a rubrica "Cabeças jovens" tem apresentado em textos dignos as trajetórias de jovens personalidades, possibilitando-nos, assim,

muitos encontros interessantes. Se a personalidade mais recente que os senhores pretenderam nos apresentar é "muito agradável", isso decerto mereceria discussão. Os senhores escrevem frases — atendo-se certamente às declarações de Thomas Bernhard — pelas quais, na nossa opinião, sua redação não pode responder.

Já de início, uma delas salta-nos aos olhos e nos "ofusca": "O tempo que passou em Viena, ele o considera perdido, na medida em que, em sua arquitetura digna de admiração, foi obrigado a se encontrar com os habitantes da cidade". Lembramo-nos bem de, em passado recente, um importante *Führer* — que esta cidade não reconheceu como artista — ter pronunciado máximas de semelhante lavra; também ele sentia-se melhor na província, em "sua Flachgau" (porque a salvo), do que na atmosfera cosmopolita dos cafés vienenses. E o texto prossegue: "Incapazes de compor um hino (o que Bernhard entende como "hino"?), desprovidos de intelecto, incensam-se uns aos outros às mesas sobressalentes (?) e nas colunas dos jornais mais imundos, menos espirituosos e mais desimportantes do mundo (refere-se ele à *Neue Freie Presse*?)".

Em que medida o elogio barato de Bernhard a Christine Lavant, que todos nós apreciamos muito, efetivamente presta a ela um serviço, não se sabe. No que tange ao único poeta vivo de renome mundial — não encontrado —, gostaríamos de remeter Bernhard a si mesmo. Ah, quão próxima está a excelência!

Se não tivéssemos prosseguido com a leitura, teríamos poupado os senhores desta carta, mas o que vem agora é, para sermos delicados, o fim da picada, como diríamos em nossos cafés bolorentos: "Acha Doderer aborrecido, e todos os demais, presunçosos (sic!) e, além disso, de pouco valor". Mas quem seriam eles? Felix Braun, A. P. Gütersloh, George Saiko, Alexander Lernet-Holenia ou Herbert Eisenreich?

Na primavera de 1960, a editora Otto Müller deve publicar o poema "O mistério da Semana Santa". O que pensa esse autor de um poema, ao que parece, cristão? Como dar crédito a seu poema, se, na revista dos senhores, ele faz rufar dessa forma os tambores do ódio?

Em consonância com a liberdade democrática de manifestar nossa opinião, solicitamos aos senhores que publiquem esta carta,

saudando-os respeitosamente
Jeannie *Ebner* H. C. *Artmann* Gerald
Bisinger Elfriede *Gerstl* Kurt *Klinger*

Wieland Schmied (o então editor da revista *Morgen*) nomeia Thomas Bernhard como o autor do perfil publicado. Em 22 de julho de 1992, Schmied enviou a Siegfried Unseld textos do "primeiro" Bernhard e, numa carta anexa, escreveu: "[...] por fim, também da *Morgen*, um 'perfil' redigido pelo próprio autor — e a reação proveniente do Café Hawelka".

9. *Wochenpresse*, Viena, 13 ago. 1960. Com essa carta, Thomas Bernhard respondia à crítica de Wolf in der Maur à encenação de sua ópera curta *Köpfe* [Cabeças] e de três de suas peças de um único ato — *Frühling* [Primavera], *Rosa*, *Die Erfundene* [A inventada] — no Tonhof de Maria Saal (perto de Klagenfurt), de propriedade de Gerhard Lampersberg. Intitulada "Theater am Tonhof. Die Frage bleibt offen" (Teatro no Tonhof. A pergunta permanece sem resposta), a crítica havia sido publicada em 6 de agosto de 1960 na *Wochenpresse*. Nela, entre outras coisas, dizia-se:

Público e críticos locais permanecem perplexos diante das obras apresentadas, uma vez que tanto a música serial de Lampersberg ("Nem uma única nota é repetida", explica o compositor) como os textos de Thomas revelam-se inteiramente abstratos e, no entanto, por meio de frases e trechos fulgurantes, propõem pensamentos assaz realistas, os quais, por sua vez, nos seduzem a procurar atrás da cortina, em meio ao fluxo de palavras e notas seriais, alguma formulação plenamente definida. Ambos juram que aquilo que fazem não é apenas moderno, mas também arte contemporânea por excelência. Mas ambos percorrem caminhos volta e meia já trilhados com persistência, e desde o começo dos anos 1920, por artistas afeitos ao experimentalismo e por seus epígonos, sem jamais alcançar "valor duradouro". Bernhard, que publicou na Frick "poemas" quase tachistas, mostra-se obscuro e misterioso em suas peças de um único ato, às quais adiciona muita psicologia e muito simbolismo. [...] Como tantas vezes em tais ocasiões, a pergunta sobre se, num sentido mais profundo, tudo isso é necessário permanece sem resposta.

10. Publicado postumamente em "Feder und Faust" [A pena e o punho], de Karl-Markus Gauß, em *Die Presse*, 4 set. 1995. Com esse telegrama, Thomas Bernhard cumprimentava o escritor Michael Guttenbrunner, que, numa cerimônia em homenagem a Musil ocorrida em 28 de novembro de 1960 na galeria vienense Würthle, tinha dado dois safanões no arquivista de Klagenfurt Karl Dinklage. Diversos jornais relataram o episódio em suas edições de 29 e 30 de novembro. Guttenbrunner exasperara-se tanto com a publicação mutilada de um de seus poemas quanto com o fato de Dinklage, um ex-nacional-socialista, adornar-se do exilado Musil. Por lesão corporal leve, o escritor foi condenado sumariamente a três dias de prisão. Como Guttenbrunner, em seu depoimento ao tribunal, caracterizou Dinklage como "nacional-bestialista", o advogado deste último tornou a mover uma ação contra ele.

Em decorrência de um acordo, o escritor precisou por fim se declarar disposto a retirar o epíteto e a pagar uma multa de 3 mil xelins, doados à sociedade protetora dos animais.

11. Discurso proferido por ocasião da outorga do prêmio de literatura da Fundação Rudolf Alexander Schroeder da Cidade Livre e Hanseática de Bremen. Publicado originalmente em *Jahresring*, 1965/66, Stuttgart, 1965, pp. 243-5. No Brasil, em *Meus prêmios* (São Paulo: Companhia das Letras, 2011), pp. 89-91.

12. *Wort in der Zeit*, Viena, 1966, n<u>o</u> 1, pp. 11-3, número dedicado ao tema "A politização de nossa cultura".

13. *Neues Forum*, Viena, ano XV, n<u>o</u> 169-170, jan.-fev. 1968, pp. 95-7. Nota preliminar da edição dizia:

> Para nossa série de textos de autores austríacos sobre a paisagem de sua infância, já contribuíram até o momento Albert Paris Gütersloh ("Auf dem Linienwall", XIII, 145), Alexander Lernet-Holenia ("Blätter der Erinnerung", XIII, 146) e Fritz Hochwälder ("Auf den Gassen...", XIII, 148-9).

Sobre o autor, uma nota de pé de página informava:

> *Thomas Bernhard*, nascido de pais austríacos em 1931 em Heerlen, na Holanda, publicou dois romances, *Frost* e *Perturbação*, e um conto, *Amras*, na editora Insel de Frankfurt, além de um volume de *Prosa* na Biblioteca Suhrkamp [!]. Em 1965, recebeu o prêmio literário da Cidade Livre e Hanseática de Bremen.

14. Publicação póstuma: *Von einer Katastrophe in die andere* [De uma catástrofe a outra], Sepp Dreissinger (org.), Weitra, 1992, pp. 19-34.

15. *Der Spiegel*, Hamburgo, n<u>o</u> 22, 29 maio 1967, p. 23. Com essa carta do leitor enviada à *Spiegel*, Thomas Bernhard reagiu

à resenha de *Perturbação* publicada no nº 19 da revista, de 1º de maio de 1967, de autoria de Herbert Eisenreich. A resenha intitulava-se "Irrsinn im Alpenland" [Loucura nos Alpes] e era precedida da seguinte nota:

O escritor austríaco Herbert Eisenreich, 42, escreveu contos, o romance *Auch in ihrer Sünde*, ensaios e peças radiofônicas. Em 1965, foi agraciado com o grande prêmio da arte da Renânia do Norte-Vestfália. Mora em Sandl, na Alta Áustria. O escritor Thomas Bernhard, 36, que mora em Ohlsdorf, na Alta Áustria, ficou conhecido por seu romance *Frost*, pelo qual ganhou o prêmio literário da cidade de Bremen em 1965. Seu novo romance, *Perturbação*, é a mais interessante entre as poucas novidades de importância desta primavera em matéria de prosa moderna alemã.

Entre outras coisas, a resenha dizia:

Nas cenas breves da introdução amontoa-se em torno das regiões interiores da alma a realidade exterior: vida profissional e amorosa, família, casa e, sobretudo, o sólido cotidiano — perto a ponto de se poder apanhá-lo, cheirá-lo, saboreá-lo (por exemplo, o procedimento oficial após o homicídio). Mas, no palácio do príncipe, o mundo interior esparrama-se consideravelmente rumo ao nebuloso, uma vez que praticamente nenhum mundo exterior lhe corresponde. Por certo, não esperávamos uma resposta para a questão do estar doente, mas esperávamos, sim, uma concretização, um seu aguçamento extremo; o autor, no entanto, a desgasta com palavras, e o faz com coerência tamanha que nem saberíamos dizer do que o príncipe fala durante horas, que dirá então por que o faz. Na verdade, nem fala, desova um sem-número de palavras e frases que, como não resultam da experiência sensível nem incluem o mundo exterior, pode-se trocar à vontade, permutar, modificar — o que, de resto, o romance faz repetidas vezes. O que esse solilóquio, portanto, nos oferece nada mais é que uma difamação do homem concreto, inútil tanto para o conhecimento como para o autoconhecimento (além de tediosa), uma difamação em que, note-se de passagem, se revela um sentimento antirracional, anticivilizatório e antiurbano que, no campo político, está na raiz de todo totalitarismo (verde, marrom, vermelho ou qualquer outro). E, de fato, pululam nesse livro invectivas (inteiramente imotivadas, ainda por cima) contra a ideia e a realidade do Estado organizado democraticamente, e invectivas que só diferem daquelas de certos jovens poetas alemães ocidentais de pensamento a-histórico pela melhor qualidade de seu alemão. Com Thomas Bernhard, a selva torna a irromper em meio à literatura decididamente urbana da Áustria.

16. *Frankfurter Allgemeine Zeitung*, 19 mar. 1968. O jornal publicou o discurso vienense dentro de um artigo de Karl Heinz Bohrer intitulado "Des Dichters Fluch. Staatspreisträger Thomas Bernhard und eine inkriminierte Rede" [A maldição do poeta. O ganhador do prêmio Nacional, Thomas Bernhard, e um discurso incriminador]. Bohrer escreveu:

> Surrealistas de Viena à parte, Thomas Bernhard é a figura solitária mais interessante da literatura austríaca e, além disso, um dos mais talentosos escritores de língua alemã. Depois de ter sido agraciado com o prêmio Charles Veillon, com o prêmio da cidade de Bremen e com a dotação da Confederação Alemã da Indústria, esse preferido da crítica recebeu há pouco tempo o prêmio Nacional Austríaco de Literatura de 1967. Destinado a contemplar um romance,

o prêmio lhe foi concedido pelo júri pelo romance *Frost*, publicado em 1963, depois do qual Thomas Bernhard lançou ainda três outros volumes em prosa: a novela *Amras*, um volume de contos intitulado *Prosa* e outro romance, *Perturbação*. Em sua linguagem, desorientação, doença e um cenário bizarro da existência perdida se apresentam de forma concreta, marcante e agressiva, sem os volteios da moda com os quais muito se aprecia tratar temas assim. Isso para relatar os antecedentes do episódio austríaco de que se trata aqui e que poderia, ele próprio, fornecer a matéria para uma nova narrativa de Thomas Bernhard.

A entrega do prêmio Nacional a Thomas Bernhard transformou-se num escândalo pelo qual os revoltados participantes da cena responsabilizam o próprio autor. Aconteceu o que se segue. O autor Thomas Bernhard não fez um discurso de agradecimento convencional; em vez disso, produziu em prosa uma peça polêmica e triste que se poderia encontrar nos livros pelos quais ele agora é publicamente agraciado. Seu discurso incriminador diz o seguinte:

[...]

Essas foram as palavras de Thomas Bernhard, dirigidas ao ministro da Educação austríaco, que, depois do discurso, deixou a sala furioso e exclamou: "Apesar de tudo, temos orgulho de ser austríacos!". O público o aplaudiu. Não houve bufê frio. O agraciado foi chamado de "Dutschke" e "Hundertwasser".

Nesse meio-tempo, Bernhard, que também foi agraciado com o prêmio Anton Wildgans (30 mil xelins), ficou sabendo que a entrega solene na Casa da Indústria tampouco vai acontecer. Depois do discurso reproduzido acima, o ministro da Educação cancelou sua participação no evento, e Bernhard recebeu uma carta da Associação dos Industriais Austríacos cancelando a cerimônia. O restante do prêmio, no valor de 10 mil xelins, e os diplomas lhe serão enviados pelo correio.

Não se trata aqui de censurar as reações, e sim de assinalar o caráter mais geral do caso. Em que medida — há que se perguntar — permite-se ao poeta a tão propalada liberdade de expressão? Quando ela deixa de ser permitida? Quando ele se mostra o que é? Como poeta? Que valor tem a verdade de uma sociedade que crê poder premiar impunemente um escritor cuja obra nada mais é que uma queixa contra essa mesma sociedade? Nesse caso particular, a reação é ainda mais contraditória, porque Bernhard não fez um discurso verdadeiramente político, mas antes supôs estar diante de uma audiência disposta a ouvir seu manifesto existencial, sua tristeza austríaca, sua relação com a morte, ao passo que ela evidentemente ansiava apenas pelo bufê. Essas pessoas não leram seus livros? Toda e qualquer resposta seria esclarecedora.

Esse mesmo discurso foi republicado posteriormente em *Neues Forum*, Viena, ano XV, nº 175, p. 349, com o título "Der Wahrheit und dem Tod auf der Spur. Zwei Reden" [Na pista da verdade e da morte. Dois discursos]. Numa nota de rodapé, a edição assinalava:

O mais curto dos dois textos aqui reproduzidos, *Thomas Bernhard* pronunciou-o como discurso de agradecimento por ocasião da outorga do prêmio Nacional Austríaco de Literatura de 1967 (ver também "A imortalidade é impossível", da série "Paisagem da infância", *Neues Forum*, 1968, p. 95 [ver texto nº 13, p. 49]). O mais extenso foi escrito como discurso de agradecimento pelo prêmio Wildgans da Indústria Austríaca de 1968 [ver texto nº 17, p. 74]. A solenidade de entrega, no entanto, foi cancelada sem indicação do motivo, mas supostamente porque o primeiro discurso tinha provocado um incidente: fora do protocolo da cerimônia, o ministro da Educação, dr. Piffl-Perčević, respondera com duas frases às declarações de Thomas Bernhard, sendo aplaudido pela maior parte do público. As conversas durante a recepção que se seguiu à outorga do prêmio mostraram a intensidade da irritação causada pelo discurso e pelo episódio. Duas questões permaneceram irresolvidas: a da propriedade da ocasião e, mais importante, a de qual sociedade pode se permitir renunciar a tais irritações.

Bernhard explicitou diversas vezes seu ponto de vista sobre o escândalo acarretado por seu discurso. (Ver Thomas Bernhard, Siegfried Unseld, *Der Briefwechsel*. Frankfurt am Main: Suhrkamp, 2009, pp. 65-9; Thomas Bernhard, *O sobrinho de Wittgenstein*. Rio de Janeiro: Rocco, 1992; e id., *Meus prêmios*. São Paulo: Companhia das Letras, 2011, pp. 52-65 e 92-3.)

17. *Neues Forum*, Viena, ano XV, nº 173, pp. 347-9. Thomas Bernhard escreveu esse discurso para a solenidade de entrega do prêmio Anton Wildgans da Associação da Indústria Austríaca, em 1968. Em decorrência dos acontecimentos quando da outorga do prêmio Nacional Austríaco, em 4 de março de 1967, porém, a solenidade foi cancelada. Sob o título escolhido pela redação, a revista publicou primeiramente o discurso redigido para o recebimento do prêmio Wildgans e, logo a seguir, o discurso relativo ao prêmio Nacional [ver texto nº 16, p. 72]. Precede ambos os discursos a seguinte nota da redação:

Com prêmios e distinções, a sociedade reverencia seus artistas; isso os obriga a reverenciar a sociedade em que vivem? Pode-se agradecer as distinções (e a soma em dinheiro a elas vinculadas) com palavras bem escolhidas ou sentir-se obrigado, perante a própria obra — premiada — e a sociedade que a premia, a expressar esse agradecimento dizendo-se o que se julga ser a verdade. Quando um autor da estatura de *Thomas Bernhard* dirige palavras de desespero a sua pátria — no quinquagésimo ano da República austríaca —, isso é motivo para reflexão. Que essas reflexões encontrem seu caminho até nossa redação; nós as publicaremos com prazer, sejam elas favoráveis ou desfavoráveis, como contribuições para a discussão em nosso cinquentenário.

18. *Theater 1969. Bilanz und Chronik der Saison 1968/69.* Número especial da revista *Theater heute*, p. 144. No início desse artigo, Thomas Bernhard faz referência a sua contribuição publicada em 3 de dezembro de 1955 no semanário *Die Furche*: "Salzburgo espera por uma peça de teatro" (ver texto nº 5, p. 28). A caracterização da revista como um "expoente da estupidez perversa católico-nazista" levou a um segundo processo contra o autor por "ofensa à honra", dessa vez de um órgão da imprensa. A queixa foi apresentada em Wels, em 22 de janeiro de 1970, pelo então redator-chefe da *Furche* Willy Lorenz. A audiência principal teve lugar em 11 de março de 1970, em Viena, e terminou num acordo.

19. Discurso de agradecimento proferido em Darmstadt, em 17 de outubro de 1970, por ocasião da outorga do prêmio Georg Büchner da Academia Alemã de Língua e Literatura. Publicado originalmente em *Jahrbuch 1970 der Deutschen Akademie für Sprache und Dichtung*, Heidelberg/Darmstadt, 1971, pp. 83 ss. Thomas Bernhard descreve a cerimônia em *Meus prêmios* (São Paulo: Companhia das Letras, 2011), pp. 82-5 e 94-6.

20. *Ver Sacrum*, Viena, 1971, p. 47.

21. *Oberösterreichische Nachrichten*, 9 ago. 1972. A reprodução do telegrama é precedida do seguinte texto:

Depois da remoção de sua peça *Der Ignorant und der Wahnsinnige* da programação do Festival de Salzburgo, o autor da peça, Thomas Bernhard, enviou na segunda-feira, por volta das dezessete horas, o seguinte telegrama — reproduzido aqui literalmente e repassado também à Agência de Notícias Áustria — ao presidente do Festival, Josef Kaut:

No final do texto do telegrama, o jornal acrescentou: "Voltaremos a esse assunto quando as águas desse primeiro e acalorado embate, de consequências jurídicas ainda imprevisíveis, tiverem se acalmado". Thomas Bernhard referia-se ao "escândalo das luzes de emergência". No final da estreia de sua peça *Der Ignorant und der Wahnsinnige* (direção de Claus Peymann, cenografia de Karl-Ernst Herrmann) no Festival de Salzburgo, em 29 de julho de 1972, não reinava no Landestheater a "escuridão total" exigida pelo autor em suas instruções para a encenação: as luzes de emergência do teatro permaneceram acesas. Em consequência disso, diretor e atores recusaram-se a se apresentar novamente, caso a iluminação de emergência não fosse desligada. Por isso, em 2 de agosto de 1972, Bernhard telegrafou ao presidente do Festival: "uma sociedade que não suporta dois minutos de escuridão pode ficar sem minha peça stop tenho plena confiança em diretor e atores stop eles tomarão a decisão irrevogável sobre futuras apresentações". Kaut se recusou a considerar a exigência, de modo que a estreia foi a única apresentação (além de uma gravação para a televisão). O Festival processou diretor e atores, demandando reparação por quebra de contrato; os acusados, por sua vez, entraram com uma ação contra o Festival.

22. *Frankfurter Allgemeine Zeitung*, 12 ago. 1974. O texto é precedido da seguinte contextualização por parte da redação do jornal:

Ó Augsburgo

Augsburgo é uma "aldeiazinha bolorenta" ou uma "joia de cidade"? Que ninguém venha dizer que é questão de gosto. Já não é o caso. Augsburgo tem um prefeito que precisa saber a resposta. Ele insiste em que a sua é "uma joia de cidade", e quem afirma o contrário, quem fala, por exemplo, em "aldeiazinha bolorenta e repugnante, essa cloaca do Lech", esse ele quer proibir de se manifestar. Na justiça, claro. Mas quem diz algo assim? Thomas Bernhard. É o que todo mundo pode ler em sua peça mais recente, *Die Macht der Gewohnheit*, e o que muitos puderam ouvir quando, há pouco tempo, a comédia estreou em Salzburgo, sob os aplausos de crítica e público. Thomas Bernhard, portanto: o macambúzio austríaco, pessimista digno de condenação e derrotista irresponsável. Não lhe basta ofender já há anos sua pátria e seus compatriotas, chamar o Estado austríaco de "uma imbecilidade inconcebível", seus habitantes de "sub-humanos"; não lhe basta xingar o povo americano de "lixo anacrônico", ofender profundamente e sem cessar a Igreja, os sindicatos, a humanidade toda, enfim, em seus romances e contos, pintá-la das cores mais sombrias, duvidar seriamente da capacidade humana para a felicidade e ver, por toda parte, apenas morte e loucura; só isso, pois, não lhe basta, agora ele ofende também a cidade de Augsburgo. Na verdade, isso só pode decorrer do fato de Thomas Bernhard não conhecer Augsburgo. O que seria mais óbvio, portanto, do que convidar o autor a passar uns poucos dias ali, às custas da própria cidade, a fim de que ele se convença de que Augsburgo não é "bolorenta", e sim "uma joia"? Apenas por segurança, o prefeito ao mesmo tempo instruiu seu departamento jurídico a examinar a possibilidade de tomar medidas legais contra Bernhard e contra outras apresentações de sua peça. Concebível é, no entanto, que não haja apenas juristas em Augsburgo, mas também pessoas que possam ir até seu prefeito e explicar-lhe uma variedade de coisas. Por exemplo, que Thomas Bernhard não é um autor contemporâneo desimportante; ou que existe uma diferença entre uma manifestação artística e outra, política e pública. Nesse meio-tempo, Thomas Bernhard nos telegrafa impassível:

Em 27 de julho de 1974, estreava no Festival de Salzburgo a peça de Bernhard *Die Macht der Gewohnheit*, com direção de Dieter Dorn, cenografia de Wilfried Minks e com Bernhard Minetti no papel do diretor de circo Caribaldi. Este, com seu chamado "Amanhã, Augsburgo" espalhado por toda a peça — Augsburgo é sua próxima parada —, conclama seus companheiros a ensaiar o quinteto "A truta". Augsburgo é caracterizada com as palavras: "Afinal, tem algum médico em Augsburgo? Essa aldeiazinha bolorenta e repugnante, essa cloaca do Lech, tem um reumatologista?". Essa manifestação do diretor do circo provocou um escândalo na cidade. O então prefeito, Hans Breuer, escreveu uma carta a Siegfried Unseld em 7 de agosto de 1974:

Exmo. sr. Unseld!
Quão abstrata ou concreta é a coletividade chamada cidade? Possui ela, como comunidade viva de seus cidadãos, uma honra que possa ser ofendida? O prestígio e a economia de uma cidade sofrem prejuízo quando, na ribalta pública, se falam inverdades difamatórias a seu respeito? Essas são perguntas interessantes para jornalistas, juristas e, no momento, também para nosso departamento jurídico municipal. Antes de mais nada, porém, quero me dirigir ao senhor, a fim de salvaguardar os interesses da cidade de Augsburgo e de seus cidadãos.

Este é o motivo de minha carta: sua editora, exmo. sr. Unseld, publicou a peça *Die Macht der Gewohnheit* de Thomas Bernhard, que acaba de estrear em Salzburgo. Nela — se a imprensa escrita e o rádio citam corretamente o que ouviram na estreia —, a cidade de Augsburgo é difamada como aldeiazinha bolorenta e repugnante, e seus habitantes são xingados como os mais repelentes e malcheirosos entre todos aqueles que frequentam o circo. Mesmo para uma comédia, essas palavras me parecem demasiado maldosas, palavras que o sr. Bernhard não poderia justificar nem sequer remetendo às liberdades de um autor.

Nem mesmo o poeta Bert Brecht afirmou que Augsburgo é uma cloaca do Lech, e Brecht, que era uma pessoa crítica, a conhecia. Nasceu num canal do rio Lech e cresceu perto do fosso da cidade. Sou obrigado a supor que o sr. Thomas Bernhard nem conhece nossa Augsburgo.

Por isso, gostaria de convidar o sr. Bernhard a visitá-la em breve e passar três dias aqui como nosso hóspede. A cidade de Augsburgo arcará com os custos de sua estadia e mostraremos a ele de bom grado tudo que ele possa querer ver; vamos levá-lo ao Lech e apresentá-lo a pessoas de todas as camadas de nossa população. O sr. Bernhard logo vai ver, cheirar e sentir que, embora marcada por 2 mil anos de história, Augsburgo é uma joia de cidade, uma metrópole alegre, dotada de água pura da fonte e de cidadãos asseados. E que ela absolutamente não cheira tão mal assim.

De resto, reumatologistas temos também.

Assim, permita-me pedir ao senhor, ilustríssimo sr. Unseld, que gentilmente repasse este convite ao sr. Bernhard. Aguardo ansiosamente sua resposta e a dele.

Sobre quando e como Thomas Bernhard visitou Augsburgo, ver texto nº 23, pp. 92-4.

23. *Augsburger Allgemeine Zeitung*, 7 set. 1974. Ver também pp. 309-12 deste volume.

24. *Die Berühmten* estreou em 8 de junho de 1976 no Theater an der Wien, com direção de Peter Lotschak e dentro da programação do Festival de Viena.

25. ORF [rádio e televisão austríacos], 12 set. 1975. Em livro, *Thomas Bernhard und Salzburg*, Manfred Mittermayer e Sabine Veits-Falk (orgs.), Salzburgo, 2001, pp. 245-51.

26. *Theater 1975. Bilanz und Chronik der Saison 1974/75*. Número especial da revista *Theater heute*, p. 38. Para a *Theater heute*, os críticos haviam escolhido Bernhard Minetti como "ator da temporada 1974/1975". Em consequência disso, o editor da revista, Henning Rischbieter, solicitou autorização para publicar um trecho de *Minetti*, cuja estreia a revista anunciava para 31 de dezembro de 1975 em Stuttgart (em consonância com os planos originais do autor). *Minetti*, com Bernhard Minetti, estreou na verdade em 1º de setembro de 1976 no Württembergisches Staatstheater de Stuttgart, com direção de Claus Peymann. Sobre seu "insulto ao público", Thomas Bernhard manifestou-se no programa *Aspekte*, do canal de televisão ZDF, ver texto nº 27, pp. 112-4.

27. ZDF, 12 set. 1975. Também em *Theater heute*, nº 11, nov. 1975, p. 79. A transcrição da entrevista concedida ao canal de televisão alemão faz-se acompanhar de uma nota editorial: "No programa *Aspekte*, da ZDF, Thomas Bernhard foi perguntado sobre suas manifestações e as de Heiner Müller acerca do público no número especial 'Theater 1975'".

28. *Die Zeit*, Hamburgo, 27 fev. 1976. Com o título "O ofício do poeta", o jornal *Die Zeit* havia publicado em 6 de fevereiro o discurso de Elias Canetti por ocasião da outorga do título de doutor honoris causa pela Universidade de Munique. Nele, Canetti dirige-se diretamente a Bernhard ao falar em "alguém que escreve", uma caracterização de si próprio que Bernhard

utilizara no documentário *Thomas Bernhard: Drei Tage* [Ferry Radax, 1970]. Canetti prossegue:

> Outros, porém, [...] que conceberam livros amargos e talentosos, muito em breve passaram a gozar de grande prestígio e, como "alguém que escreve", faziam justamente aquilo que antes os poetas costumavam fazer: em vez de se calarem, continuavam escrevendo sempre o mesmo livro. Por mais que a humanidade lhes parecesse incorrigível e digna de morte, restava a ela ainda uma função: aplaudi-los.

29. *Die Presse*, Viena, 2 jun. 1976. Logo abaixo da carta, o jornal acrescentou a observação: "O escritor enviou carta de conteúdo idêntico ao chanceler, dr. Kreisky. A redação". Essa carta desencadeou outra, enviada ao *Die Presse* por Traudl Lenz (5 jun. 1976), na qual, entre outras coisas, se diz:

> Como, na noite da leitura de Th. Bernhard na Universidade de Lisboa, estavam em nossa casa, como convidados, tanto o senhor embaixador dr. Weinberger como o diretor do Instituto Alemão de Cultura, eu presumo que o jantar para o qual o sr. Bernhard foi supostamente convidado e desconvidado há de ter sido o nosso. Fiquei muito perplexo com o fato de o sr. Bernhard ter se sentido desconvidado, uma vez que não houve de nossa parte um convite propriamente dito. [...] Até o momento em que entrou em nossa casa, o sr. dr. Weinberger não sabia quem eram os demais convidados e, portanto, não pode ter exercido influência nenhuma na escolha desses convivas. [...] Seguirei nutrindo interesse pela obra de Thomas Bernhard, como um dos representantes da literatura austríaca contemporânea, mas julgo sua forma de agir estranha e decepcionante para uma pessoa adulta e um autor a ser levado a sério [...].

Ver também texto nº 30, p. 119.

30. *Die Presse*, Viena, 5 jun. 1976, "Cartas a *Die Presse*". Ao texto da carta juntou-se a seguinte nota:

A "mutilação" consistiu na supressão da fórmula "Exmo. senhor Chanceler" e em metade de uma frase que continha injúrias verbais relacionadas ao embaixador Weinberger suscetíveis de processo judicial. Que uma carta do autor ao chanceler seria enviada também a este último pelo próprio autor era o que se havia de supor. A publicação sob o título "Carta aberta" em *Die Presse* só é possível como anúncio pago — que o sr. Bernhard assim desejasse, não é de forma alguma o que se pode depreender de sua carta à redação. E quanto a *com toda justiça* ou *com toda a justiça*, isso não é da alçada da editoria, e sim dos revisores; quando, em casos assim, um autor demanda expressamente determinada grafia, o habitual é que ele sublinhe com pontos a passagem em questão, o que Thomas Bernhard não fez. Infelizmente, não foi possível contatar o sr. Bernhard, que não tem telefone em Ohlsdorf; foi-lhe enviada uma comunicação por carta. (A redação.)

A nota da redação não correspondia aos fatos. A porção suprimida da frase não dizia respeito ao embaixador austríaco, e sim a todos os austríacos. A oração completa diz (sublinha-se a seguir a passagem suprimida em *Die Presse*, ver texto nº 29, p. 116): "O saldo dessa incapacidade dos austríacos — para não dizer de sua idiotice e vileza —, foi, como tantas vezes, provocar gargalhadas nos alemães". (Citação extraída da cópia de Thomas Bernhard da carta, preservada no Arquivo Thomas Bernhard em Gmunden.)

31. *Münchner Merkur*, 24-25 jul. 1976. Sobre *Die Berühmten*, ver texto nº 24, p. 95. Sobre os acontecimentos em Lisboa, ver texto nº 30, p. 119.

32. *Frankfurter Allgemeine Zeitung*, 3 nov. 1976. Acompanha o texto esta nota da redação: "A contribuição acima foi escrita para nossa discussão sobre o teatro alemão contemporâneo, cuja tese 'O deserto vive!' recebeu como resposta indicações de uma estiagem da produção contemporânea".

33. *Bremer Zeitung*, 24 dez. 1976.

34. Publicado postumamente: *Die Furche*, 9 fev. 2006. Thomas Bernhard pronunciou esse necrológio a Carl Zuckmayer no domingo 30 de janeiro de 1977, às onze horas, na Schauspielhaus de Zurique. Ali, teve lugar uma "homenagem" ao autor, falecido em 18 de janeiro, pouco depois de seu octogésimo aniversário, e sepultado alguns dias mais tarde em Saas-Fee. A cerimônia começou com o discurso de Thomas Bernhard. Depois, leram trechos da obra de Zuckmayer Peter Ehrlich, Margrit Ensinger, Gustav Knuth, Hans-Gerd Kübel, Leopold Lindtberg, Helmut Lohner, Dorothea Parton, Gert Westphal e Hans-Dieter Zeidler. A citação no final do discurso é de *Die langen Wege. Ein Stück Rechenschaft*, publicado no fim de 1952 e cuja versão abreviada Zuckmayer havia lido na igreja de São Paulo por ocasião da outorga do prêmio Goethe da cidade de Frankfurt, em 28 de agosto de 1952. Thomas Bernhard deu o manuscrito de seu discurso de presente a seu editor Siegfried Unseld, que estava entre os presentes à cerimônia e guardou o documento em sua coleção de originais.

35. *Die Zeit*, Hamburgo, 7 out. 1977. Esse telegrama foi a reação de Thomas Bernhard a um artigo de Benjamin Henrichs publicado no *Die Zeit* de 23 de agosto de 1977 com o título "Hexenjagd, schwäbisch" [Caça às bruxas à moda suábia]:

Também em Stuttgart descobriu-se um simpatizante [dos membros condenados da RAF, a Fração do Exército Vermelho]: o diretor de teatro Claus Peymann. O presidente do sindicato dos policiais imputa-lhe "afinidade intelectual com o terrorismo", e sua exoneração imediata é exigida por membros da câmara estadual; o governo estadual — de todo modo, mais moderado — insiste numa "desvinculação a mais rápida possível" de Peymann. Este, no entanto, quer cumprir seu contrato até o fim, em agosto de 1979. Somente então deixará Stuttgart em definitivo, cidade cujo teatro ele e seus colaboradores transformaram em poucos anos no mais bem-sucedido da República Federal da Alemanha.

A ira popular é grande e justificada. Afinal, Claus Peymann apoiou ativamente o terror: em junho, doou cem marcos para o tratamento odontológico de prisioneiros de Stammheim. Tratamento odontológico! [...] Peymann declarou publicamente: "Não me deixo rotular como simpatizante, o que não sou. A máxima de meu trabalho artístico é ser contra a irracionalidade, a violência e contra todo e qualquer crime. [...]". Isso é claro e convincente, daí a gratidão por um pretexto burocrático: Peymann não deve ser exonerado por sua doação, e sim por ter pendurado a petição da sra. Ensslin [a mãe de Gudrun Ensslin] no quadro de avisos do teatro.

36. *Die Zeit*, Hamburgo, 17 fev. 1978.

37. ORF, 12 abr. 1978. Em livro, *Von einer Katastrophe in die andere*, Sepp Dreissinger (org.), Weitra, 1992, pp. 49-62. A entrevista foi conduzida por Brigitte Hofer. À primeira edição impressa acrescentou-se a seguinte observação:

Em 12 de abril de 1978, Thomas Bernhard fez uma leitura na Sociedade Austríaca de Literatura. No final da manhã, Brigitte Hofer encontrou-se com ele no Café Bräunerhof para uma entrevista. Como o café tornou-se muito barulhento, os dois deram prosseguimento a sua conversa no carro de Brigitte Hofer — de início, sobre o programa que anunciava a leitura de trechos de *A respiração*. Segue-se a transcrição não abreviada da conversa:

O livro de Thomas Bernhard citado no começo da entrevista, *Die Billigesser*, foi publicado em maio de 1980.
38. *Les Nouvelles littéraires*, ano 56, nº 2641, 22-29 jun. 1978. Com tradução para o alemão de Monika Natter, publicado em *Von einer Katastrophe in die andere*, Sepp Dreissinger (org.), Weitra, 1992, pp. 63-7. Nicole Casanova, que conduziu a entrevista, acrescentou a seguinte nota introdutória à tradução alemã:

> Todos os pedidos de entrevista que fiz a Thomas Bernhard permaneceram sem resposta. Quando Wolfgang Schaffler, então diretor da Residenz Verlag, notou como eu estava perdida, ele enviou o seguinte telegrama a Thomas Bernhard: "Nicole Casanova vai até o senhor em 17 de maio, às … horas". A mim, disse: "Pode ir tranquila, você vai ver!". E foi assim que parti de carro, de aldeia em aldeia, sem saber ao certo se, no fim, encontraria alguém.
>
> A propriedade rural de Thomas Bernhard lembrou-me as propriedades fortificadas do passado, e talvez tivesse sido isso originalmente. Ninguém foi me receber no portão, tampouco pude ver pessoa alguma no pátio, que deflagrou em mim a associação com uma praça de touros dividida em "sol y sombra". Esperei um momento e vi, então, do lado ensolarado, uma portinha que parecia conduzir aos cômodos da casa. Estava com a mão na maçaneta, prestes a entrar, quando de repente Thomas Bernhard surgiu atrás de mim. Agora estava claro que ele havia se escondido do lado da sombra, no celeiro. O horror diante daquela minha invasão deve tê-lo arrancado de seu esconderijo. Fosse eu mais tímida, teria partido sem tê-lo visto — isso, pelo menos, admito.

Devo acrescentar que, no primeiro momento, pensei na aparição de Nosferatu no filme homônimo — mas Nosferatu havia tido a delicadeza de postar-se à entrada, ainda que de forma algo abrupta...

A entrevista teve lugar ao ar livre; sentamo-nos um diante do outro a uma mesinha de metal do lado ensolarado, o que serviu de pretexto para que Thomas Bernhard não tirasse seus óculos de sol.

Com certeza, eu o incomodei bastante, e minha invasão lhe foi muito desagradável. Não obstante, ele foi muito afável, respondeu com paciência e detalhadamente as minhas perguntas e não me deu a perceber em momento algum que eu o estava incomodando.

39. *Oberösterreichische Nachrichten*, Linz, 22 jan. 1979. A redação do jornal acrescentou a seguinte apresentação à carta de Bernhard: "Nesta carta aberta, Thomas Bernhard toma posição acerca do processo que a filha do falecido presidente do Supremo Tribunal Estadual Reinulf Zamponi ameaça mover contra ele. (A esse respeito, leia também nossa coluna 'Habe die Ehre')".

Sob o título "Exemplo — para quem?", na coluna "Habe die Ehre" do mesmo dia, Reinhold Tauber escreveu:

Que eu saiba, até hoje ninguém que se ocupou do livro interpretou as histórias [em *O imitador de vozes*] como crônicas de acontecimentos reais, relatos sobre pessoas efetivamente existentes. Caso se instaure de fato um processo, o juiz encarregado será outra vez obrigado a estabelecer um parâmetro, terá de inventar um modelo de espartilho no interior do qual o artista possa se mover. Não é tarefa divertida.

Em seguida ao comentário, o *Oberösterreichische Nachrichten* publicou o texto "Exemplo". *O imitador de vozes*, uma coletânea de textos curtos que o autor alega ter escrito em cinco dias, chegara às livrarias em 21 de setembro de 1978. Na primeira edição, o texto intitulado "Exemplo" dizia:

> [...] o juiz Zamponi, titular do Supremo Tribunal Estadual e durante muitos anos figura dominante do Tribunal Estadual de Salzburgo, [...] tornou a se levantar, depois de proferida a sentença, para dizer que pretendia naquele momento instituir um exemplo. Então, após anúncio tão incomum, num piscar de olhos enfiou a mão por baixo da toga, sacou do bolso do paletó um revólver destravado e, para horror de todos os presentes à sala, disparou contra a têmpora esquerda. Morreu na hora. (Thomas Bernhard, *O imitador de vozes*. São Paulo: Companhia das Letras, 2009, pp. 27-8.)

Em seu texto ficcional, Bernhard se valera do nome de Reinulf Zamponi, que havia sido recentemente presidente do Supremo Tribunal Estadual de Linz e ali falecera em 1977. Em sua edição de 20 de janeiro de 1979, sob a manchete "Filha do presidente do STE Zamponi processa autor Thomas Bernhard", o *Salzburger Nachrichten* relatava:

> Depois do processo movido contra ele pelo padre da cidade de Salzburgo Franz Wesenauer, em decorrência de passagem incriminadora no livro "A causa", a filha do presidente do Supremo Tribunal Estadual de Linz, dr. Reinulf Zamponi, falecido há dois anos, processa agora Thomas Bernhard por ofensa à honra.

A queixa foi retirada quando Bernhard, como sugere na carta, trocou o nome do presidente do Supremo Tribunal Estadual para Ferrari.

40. *Die Zeit*, Hamburgo, 29 jun. 1979. O texto da entrevista foi apresentado da seguinte forma pela redação do jornal:

> Nesta semana (em 6 de julho de 1979), estreia em Stuttgart, sob os cuidados de Peymann, a nova peça de Thomas Bernhard *Vor dem Ruhestand* [Antes da aposentadoria]. Em nossa entrevista, Bernhard, o grande inacessível, fala pela primeira vez também de assuntos não referentes a seus livros — fala de si, sobre suicídio, sexualidade, sobre o ato de escrever e sobre a solidão.

A carta de Bernhard ao *Die Zeit* mencionada na entrevista é reproduzida num box no meio do texto. Ver texto nº 41, p. 177.

41. *Die Zeit*, Hamburgo, 29 jun. 1979. Ver texto nº 41, p. 177.

42. *Die Zeit*, Hamburgo, 31 ago. 1979. A matéria em questão intitulava-se "O duplo sr. Bernhard/ Uma falsificação, uma correspondência de verão e um duplo final feliz". Sobre o título da matéria, lia-se: "Chegou até nós um manuscrito — revelou-se, porém, que o autor a quem agradecemos pelo envio não o havia escrito. Mas, horrorizado e honrado pelo fato de já ter encontrado um imitador, ele terminou de escrevê-lo".

A seguir, vinha o seguinte texto:

Thomas Bernhard
4694 Ohlsdorf
Alta Áustria
Ohlsdorf
Prezados senhores,

É-me desta vez impossível, a minha pessoa e a minha mente sensível, privar-lhes, até em complemento a seu relato, de minha experiência de viagem; sinto-me simplesmente no dever de comunicar-lhes o que segue. Não posso poupar-lhes, prezados senhores, dessa história natural! Com as máximas gentileza e modéstia, e naturalmente consternado, gostaria de pedir-lhes — e espero que seja possível fazê-lo — que publiquem em seu jornal (e em qual outro haveria de ser?) os fatos de que se trata aqui, não desprovidos de certo caráter picante; são eventos e acontecimentos a registrar, e efetivamente registrados, com o maior fanatismo pela verdade e a maior clareza possível, assim como com todo o devido cuidado e a devida consideração, eventos estes relativos a minha

"Visita a uma hospedaria de aldeia em Pinzgau".

Depois de, em meados de abril e a convite da Sociedade Austríaca de Literatura em S., eu ter de fato proferido uma palestra sobre meu trabalho e discutido com convidados provenientes de diversos países, revelou-se novamente, durante os preparativos para o jantar conjunto que se seguiria e encerraria o evento no chamado salão da única hospedaria de S., quão rapidamente um grupo e uma atmosfera de modo geral propícios, em si e por si profícuos e, nesse caso, ali instalados, podem de repente se tornar sombrios.

Assim se deu que o chamado maître, que naturalmente passara por mim no exercício de sua função, de início não tomou conhecimento de minha pessoa. Mas só podia ter me visto. Isso eu notei. Não estávamos sentados a nossa mesinha fazia muito tempo quando, de repente, minha pessoa foi destratada pela esposa do dono da hospedaria e coproprietária do estabelecimento (sra. M. T.!), sendo publicamente exposta ao desdém generalizado dos habitantes locais casualmente presentes no salão na medida em que essa senhora passou a se referir a mim, pelas costas mas muito clara e inequivocamente, como "uma *pessoa destrutiva e horrorosa*", isto é, começou, pois, a se manifestar negativamente a meu respeito. Era-lhe (à coproprietária) incompreensível o que *aquela pessoa*, assim ela se referia a mim, estava fazendo ali, naquela região; de todo modo, se dependesse dela, mais nenhuma pessoa *daquele tipo* apareceria por ali, nem *uma única*, porque aquilo era "mais desvantajoso do que vantajoso" para as hospedarias, e assim por diante. As palavras ofensivas e a plena consciência de que, como membro de um grupo de clientes pagantes numa hospedaria pública, eu era atacado em voz cada vez mais alta e com clareza e persistência crescentes por alguém da casa (e chamava a atenção que, com o passar do tempo e de forma cada vez mais inquietante para mim, ela, a coproprietária, falasse cada vez mais de mim e de nada mais), fizeram-me, por fim e compreensivelmente, procurar o ar livre, e isso com o estômago ainda vazio.

Com efeito, eu deveria ter tomado o cuidado de não utilizar palavras que a irritassem (ou quaisquer outras) — a ela, a coproprietária. Soube também, para o que me chamaram a atenção depois de minha efetiva exclusão do jantar mencionado acima (e como chegou a meus ouvidos por mais de uma fonte), que, no bojo dessa ridicularização de minha pessoa, ela, em sua disposição doentia contra mim e em consonância com sua maneira pedante e desavergonhada, ainda tentou várias vezes fazer uso farto da possibilidade de me tornar desprezível também aos representantes da Sociedade Austríaca de Literatura, e em especial aos convidados e amigos estrangeiros, tendo abertamente, depois da tarde que passamos juntos, só se referido a mim como àquele "*sujeito horroroso, verdadeiramente assustador*" (o que só se pode caracterizar como, no mínimo, uma gigantesca e monstruosa falta de educação e uma burrice!), embora a coproprietária até então nem sequer me conhecesse e essa mesma coproprietária, como bem sei, nunca tivesse lido uma única linha de minha autoria, mas, ainda assim, só se referia a minha existência, com a qual até aquele momento ela havia tido um contato tão somente superficial e, portanto, incapaz de irritá-la ou inquietá-la, como uma *"existência horrorosa e doentia"*. O saldo foi, como tantas vezes, provocar gargalhadas nos alemães.

Lá fora, eu pressionava as costas contra a parede do estabelecimento... Não cabe refletir sobre o assunto! Mas aquela voz em meu ouvido, que espetava como se proveniente de uma sombra (uma sombra humana!) cravando-se cada vez *mais fundo em mim*, constante e persistentemente, penetrando-me cada vez mais profunda e inescrupulosamente, cada vez mais grosseira e desconsideradamente até a mais funda profundeza de meu ser, mas na verdade com crescente refinamento e a mais inacreditável perseverança, levando-me por fim às raias do descritível e do suportável, inflamando meu corpo de dentro para fora — aquela voz, pois, de início me irritara, obrigando-me então a andar *para um lado e outro*, a andar *adiante* (para fora da hospedaria!), o que era uma forma de seguir *acossando-me*. Agora, por um lado, pessoas definitivamente já não se viam, *mais nenhuma*, ao passo que, por outro, cachorros latiam, uivavam por toda parte sem nenhuma consideração. O vento quente e seco!, logo pensei. O barulho inteiramente animalesco dos currais e chiqueiros, então audível ali e *por toda parte*, à beira ora do Salzach ora do Inn, audível a todo momento e por toda parte naquela paisagem febril de Salzburgo, da Alta Áustria, da Alta Baviera, e audível também já à minha chegada pela manhã, deflagrado por aquele vendaval quente, pensei, um barulho sobretudo de bois e vacas, porcos, galinhas etc. O tom doentio daquela barulheira etc. O insulto à minha pessoa na verdade só pode representar, nesse caso, e deixando de lado as dezenas e dezenas de outros convites que recebo, naturalmente também um insulto a todos da Sociedade Austríaca de Literatura, penso eu, na medida em que, é sabido, ela me convidara com toda a cordialidade etc. Com toda a humildade, e naturalmente consternado também, eu pergunto se pode ser tarefa de uma gastrônoma, ainda que seja em S., desdenhar de fregueses diante de outros fregueses, em vez de ser-lhes naturalmente útil ou de simplesmente deixá-los em paz, ou, o que é ainda pior, desdenhar deles em público.

Sob a pressão do conhecido e crescente recrudescimento da estação do ano nessa região, sobretudo no fim do inverno — estávamos, afinal, em meados de abril —, e, portanto, das temperaturas letais ali reinantes nessa estação, a despeito do vento quente, e, somando-se a isso, da ausência completa de qualquer refeição desde o meio-dia e do inesperado crepúsculo que, por alguma insondável lei da física, de repente se abateu sobre S., esses pensamentos por fim provocaram-me, muito lógica e naturalmente, calafrios. Minhas experiências com o mundo dos donos de hospedarias são, de resto, as mais grotescas há muitos anos, ou seja, não são das melhores, mas hoje me pergunto por que, na verdade, elas têm sempre de ser as piores possíveis.

E foi então que vi de fato um velho apoiado numa bengala, supostamente um aldeão, saindo a contragosto, conforme acreditei, de um pedaço de floresta. "Estou procurando a hospedaria", disse-lhe logo. Ele me examinou e o levou consigo. Ele (o velho) era freguês da hospedaria, disse-me sem demora. E só podia ser um pensamento equivocado (ou extravagante) alguém desembarcar em S. em busca de repouso, ele chamou a minha atenção, não sem certa dose de humor. "*Naquela* hospedaria?"

Ninguém podia ser jovem a ponto de não perceber de imediato que aquilo naturalmente era absurdo. "*Nesta* região?" Embora ele me deixasse caminhar à sua frente e só de vez em quando ordenasse "esquerda" ou "direita", de repente comecei a me interessar mais e mais por aquele homem, ainda que tivesse acabado de conhecê-lo. "Faço este caminho todo dia", ele disse, "ando por ele há décadas. Poderia percorrê-lo de olhos fechados." Tentei saber mais sobre o motivo pelo qual ele agora estava em S. "Por causa da minha enfermidade, e por todos os outros motivos", ele respondeu. Naturalmente, eu não esperava informação mais detalhada que essa. Mas uma coisa senti de imediato: a esse homem, posso dizer a verdade com toda a franqueza, sem revelar quem *realmente* sou; posso de pronto dizer-lhe tudo que penso, e não estava pensando nada de bom. Ela lavava a louça muito mal, ele me disse várias vezes. As janelas, deixava-as fechadas o ano todo. E, voltando a falar da aldeia, disse ainda: "De todo modo, é preciso trazer alguma coisa para ler ou algum trabalho. O senhor não trouxe nada?". E mais tarde um pouco, já no momento em que entrávamos no chamado vestíbulo, e eu, então, olhei momentânea e literalmente como se para uma tragédia, uma tragédia primordial que de repente adentra um vestíbulo, ele disse palavras que poderiam ser minhas: "Uns poucos passos para dentro, para fora, para um lado, para outro, para não ter de morrer de frio... A boca permanece fechada, o resto enfurece...".* O que atrai um homem como ele para uma região como essa?

---

* Aqui e em diversas passagens anteriores deste parágrafo, citações literais do romance *Frost*.

Na manhã seguinte, desci no primeiro ônibus da tediosa e montanhosa S. de volta para casa, onde me aguardava uma montanha de trabalhos e pensamentos pendentes.

Na crença de que "Visita a uma hospedaria de aldeia em Pinzgau" era de autoria de Thomas Bernhard, a editora Petra Kipphoff escreveu-lhe a seguinte carta:

Ao senhor
Thomas Bernhard
A-4694 Ohlsdorf
26 de junho de 1979

Caro sr. Bernhard,
Representando o afável oportunista na posição de chefe de editoria, e em minha própria existência autônoma como oportunista afável [segundo a expressão utilizada por Bernhard na entrevista "A floresta é grande, a escuridão também", ver texto nº 40, p. 163], li seu relato sobre a visita a uma hospedaria de aldeia em Pinzgau com aquele prazer frívolo que é o avesso do estado de ânimo mencionado aí acima e, a partir desta semana, do conhecimento também dos leitores do *Zeit* graças à entrevista do senhor. Nós gostaríamos muito de publicar esse relato das bases da existência — e digamos isso com a clareza da verdade e a despeito da necessária cautela. Mas, precisamente nesta semana, estamos publicando um bocado de Bernhard e, na semana que vem, seu mui estimado nome seguirá recheando fartamente as páginas do jornal em razão da estreia de *Ruhestand*. Em outras palavras (e nestas também): a história natural vai permanecer guardada por umas poucas semanas para, então, fazer-se verdadeiro auxílio à vida daqueles que viajam em férias e se veem sentados eles próprios numa hospedaria de aldeia.

Espero que o senhor esteja de acordo e desejo-lhe um ótimo verão.

Sua,

Petra Kipphoff

P.S.: Leitores mais minuciosos, contudo, sentirão falta do menu completo em seu relato.

Em carta ao *Die Zeit* (26 out. 1979), o jornalista vienense Karl Woisetschläger identificou-se como o falso Bernhard.
43. *Frankfurter Allgemeine Zeitung*, 26 nov. 1979 (excerto). Sob o título "Bernhard se retira. Carta aberta à Academia de Língua e Literatura", o jornal relata:

No encontro de outono da Academia Alemã de Língua e Literatura, juntamente com Raymond Aron e Sir Karl Popper, o ex-presidente alemão Walter Scheel foi eleito novo membro da instituição, o que motivou o escritor Thomas Bernhard a se desligar da academia. Em carta aberta, ele o explica da seguinte maneira:

44. *Die Zeit*, Hamburgo, 24 fev. 1989 (publicado postumamente).
45. *Frankfurter Allgemeine Zeitung*, 7 dez. 1979. Precede o texto, a seguinte nota do jornal:

O desligamento ostensivo do escritor Thomas Bernhard da Academia Alemã de Língua e Literatura (Darmstadt) causou grande sensação não apenas no mundo literário. A Academia deu aqui resposta pormenorizada à declaração de Bernhard (FAZ, 28 de novembro). De Creta, Bernhard enviou ontem à redação a seguinte réplica. Nela, ele fundamenta em mais detalhes seu desligamento, confirmando a suposição de que a eleição do ex-presidente Walter Scheel como membro honorário da Academia forneceu apenas o pretexto para sua saída. A redação.

No Brasil, em *Meus prêmios* (São Paulo: Companhia das Letras, 2011), pp. 97-9.

46. *Der Spiegel*, Hamburgo, 23 jun. 1980. A entrevista foi conduzida pelos editores da *Spiegel* Erich Böhme e Hellmuth Karasek. A redação da revista inseriu na publicação um boxe com o seguinte texto:

> Thomas Bernhard mora a duas horas de viagem de Viena e a duas horas de Munique, numa solitária propriedade rural na aldeia de Ohlsdorf, na Alta Áustria — o grande solitário da literatura contemporânea não possui nem mesmo conexão telefônica com o mundo exterior. No momento, Claus Peymann, com farta experiência em Bernhard, ensaia com Edith Heerdegen e Bernhard Minetti uma nova peça do autor no teatro de Bochum com o título sarcástico de *Die Weltverbesserer* [O reformador do mundo]; a estreia está marcada para setembro. [A primeira apresentação aconteceu em 6 de setembro de 1980.] Também em Bochum, já está em preparação a peça seguinte: *Über allen Gipfeln ist Ruh* [*Por todos estes montes reina paz*, cuja estreia ocorreu em 25 de junho de 1982.] No ano passado, Bernhard, que tematiza tanto obsessões do fazer artístico como a doença, a experiência da dor e os horrores da decomposição, desligou-se da Academia Alemã de Língua e Literatura expelindo veneno e bile, assim como atestou a incapacidade dos teatros vienenses de encenar suas peças.

A "peça sobre Filbinger" mencionada na entrevista é *Vor dem Ruhestand* (ver também texto nº 35, p. 142); quanto à "pecinha" publicada no *Die Zeit* em 29 de dezembro de 1979, trata-se de *Der deutsche Mittagstisch* [A mesa do almoço alemã]; a tese de Ria Endres foi publicada em 1980 com o título *Am Ende angekommen. Dargestellt am wahnhaften Dunkel der Männerporträts des Thomas Bernhard* [Chegando ao fim. A escuridão obsessiva dos retratos masculinos de Thomas Bernhard].

47. *Problemkatalog. Bedingungen der Literaturproduktion in Österreich. Arbeitsunterlage zum Ersten Österreichischen Schriftstellerkongreß vom 6. bis 8. März 1981 in Wien*, Gerhard Ruiss e Johannes A. Vyoral (orgs.), Viena, 1981, pp. 245 ss.

48. *profil*, Viena, 26 jan. 1981. Acima do título da matéria, a redação da revista assinalou: "Thomas Bernhard, às vésperas de fazer cinquenta, reflete sobre Bruno Kreisky, que acaba de fazer setenta anos — valendo-se do livro comemorativo de autoria de Roth e Turrini".

À resenha de Bernhard, segue-se o complemento:

> É tradição consagrada da *profil* que "contribuições de colaboradores" solicitadas por nós sejam publicadas mesmo quando a opinião nelas expressa contradiz a da redação. Esse é o caso desse texto de Thomas Bernhard.
>
> H.V. [Helmut Voska]

Essa "contribuição do colaborador" ensejou muitas cartas de leitores, que a *profil* publicou ao longo das duas semanas seguintes. A própria revista semanal via a "Áustria revoltada" ("Österreich in Aufruhr", *profil*, 16 fev. 1981). Wolf in der Maur (ver texto nº 9, p. 37, e p. 300), na época superintendente da ORF I, chegou a cogitar publicamente a possibilidade de não levar ao ar o retrato de Bernhard feito por Krista Fleischmann por ocasião do quinquagésimo aniversário do escritor (*Monologe auf Mallorca*).

49. *Autorensolidarität. Erster Österreichischer Schriftstellerkongreß, 6. bis 8. März 1981. Resolutionen* ("Zirkular Nr. 5"), Heinz Lunzer, Alfred Pfoser e Gerhard Renner (orgs.),Viena, 1981, p. 46.

50. *Wiener Journal*, nº 5, fev. 1981, p. 28. A seguinte nota foi acrescentada à publicação da carta do leitor:

Stelzhamer naturalmente se chama Stelzhamer, e não Stelzhammer. Pedimos desculpa por esse erro (revelador?). Mas refutamos a "afetação desonesta": quem não é capaz (ou não gosta) de expressar seu patriotismo de forma tão sutil e dialética como Thomas Bernhard não é logo e necessariamente suspeito de parvoíce e hipocrisia. Era disso, afinal, que se tratava em nosso nº 3.

A redação

51. *profil*, Viena, 23 mar. 1981. A carta do leitor foi precedida da seguinte observação: "Na *profil* 4/81, Thomas Bernhard escreveu sobre o livro de Turrini e Roth acerca de Kreisky. Sua crítica ao livro transformou-se em crítica ao chanceler e desencadeou uma onda de cartas de leitores à revista".

52. *Die Zeit*, Hamburgo, 1 jan. 1982. A redação do jornal pediu a cinco autores um poema sobre o fim do ano. O título sobreposto a todos os poemas dizia: *Trauer, die jetzt im Kalten spricht. Fünf deutsche Gedichte zum Jahresende* [Tristeza que agora se expressa no frio. Cinco poemas alemães sobre o fim do ano].

53. *Mein(e) Feind(e). Literaturalmanach 1982*. Salzburgo: Residenz Verlag, 1982, p. 28.

54. Publicado originalmente em tradução francesa: *Le Monde*, Paris, 7 jan. 1983. Primeira publicação em alemão, com tradução de Andres Müry: *Von einer Katastrophe in die andere*, Sepp Dreissinger (org.), Weitra, 1992, pp. 104-13. Precede a tradução alemã a seguinte observação do entrevistador, Jean-Louis de Rambures:

Para poder encontrar Thomas Bernhard pela primeira vez, precisei negociar um ano inteiro. Seu editor alemão repetia sem cessar que, na prática, era uma empreitada impossível. Além disso, ele jamais dera uma entrevista a um jornalista francês.

E então, um belo dia, meu telefone tocou: "Thomas Bernhard está à sua espera. Não perca tempo, porque ele pode mudar de ideia a qualquer momento".

Meu coração disparou quando cheguei à sua casa, um complexo quadrangular com um pátio no meio, grande, meio monastério, meio prisão, numa propriedade rural em plena paisagem pré-alpina de Salzburgo. Uma vez, ele não tinha deixado seu próprio editor esperando uma manhã inteira com as provas debaixo do braço? Na soleira da porta, Thomas Bernhard ri: "Admita: dei um susto em você, não foi?".

A entrevista foi muito estimulante. Thomas Bernhard fala como escreve. Quando o artigo foi publicado no *Le Monde*, eu não esperava reação nenhuma da parte dele. Tinha escrito que ele nunca respondia cartas. Maior ainda foi, pois, minha surpresa quando encontrei linhas carinhosas em minha caixa postal. "Não posso acreditar que eu disse tudo isso que você publicou", escreveu ele. "Mas tampouco posso jurar que aquelas frases não são minhas..."

55. *profil*, Viena, nº 16, 14 maio 1984. Texto de autoria duvidosa.
56. *Abendjournal*, ORF, 29 ago. 1984. Em livro, *Von einer Katastrophe in die andere*, Sepp Dreissinger (org.), Weitra, 1992, pp. 114-8. A entrevistadora, Brigitte Hofer, escreveu a seguinte introdução:

A vida cultural austríaca ganhou mais um escândalo. Por solicitação de um querelante não nomeado, o livro mais recente do escritor Thomas Bernhard, intitulado *Derrubar*

332

árvores, foi hoje alvo de apreensão judicial com base numa liminar. O querelante sentiu-se ofendido com o romance, que critica duramente o universo austríaco dos produtores de cultura. Bernhard ataca o mundo vienense da arte em geral e, em particular, o Burgtheater de Viena. O livro, publicado pela editora alemã Suhrkamp, foi distribuído poucos dias atrás às livrarias, das quais agora desaparece.

Uma reunião noturna na Gentzgasse vienense. Para o jantar, aguarda-se um proeminente ator do Burgtheater que, depois da estreia de *O pato selvagem*, pretende ali se misturar a convidados ilustres — eis aí o ponto de partida e o contexto mais amplo do livro mais recente de Thomas Bernhard, *Derrubar árvores*, que, como várias outras obras do grande e singular escritor, faz um acerto de contas nada delicado com a Áustria, com sua cultura e com sua vida cultural.

A título de exemplo, uma citação: "Para a maioria, ser artista significa, na Áustria, sujeitar-se ao Estado, seja ele qual for, e se deixar sustentar por ele a vida toda. Na Áustria, ser artista é tomar o caminho vil e hipócrita do oportunismo estatal, pavimentado com bolsas e prêmios, revestido de honrarias e condecorações e que termina num túmulo de honra no cemitério central".

Entre os alvos dos ataques de Thomas Bernhard encontram-se dessa vez sobretudo os artistas e os funcionários da cultura — escritores, atores do Burgtheater, compositores, todos com nomes fictícios. Um deles sentiu-se descrito por Bernhard a ponto de ser reconhecido e o processou. Seu advogado, o dr. Erwin Morent, declara: "Eu não posso revelar o nome de meu cliente. Posso apenas dizer que a obra de Thomas Bernhard é um *roman à clef* que infringe em nível altamente pessoal os direitos de meu cliente. Havendo *periculum in mora*, o Tribunal Estadual de Viena emitiu uma liminar. Por esse motivo, as autoridades da área de segurança, isto é, polícia e gendarmes, já foram solicitadas a recolher os romances e a impedir o prosseguimento de sua venda nas livrarias".

O contexto mais amplo: Em 21 de agosto de 1984, o compositor Gerhard Lampersberg, amigo de Thomas Bernhard nos anos 1950, deu entrada no Tribunal Estadual de Viena num processo contra Thomas Bernhard e Siegfried Unseld por ofensa à honra e difamação no romance *Derrubar árvores*, solicitando ao mesmo tempo uma liminar. Esta foi concedida em 27 de agosto de 1984, e o livro foi apreendido em todas as livrarias austríacas em 29 de agosto. Hans Haider, crítico do jornal vienense *Die Presse* que dispunha de um exemplar para a imprensa, informara Gerhard Lampersberg sobre o conteúdo de *Derrubar árvores* (ver textos nº 57-8, pp. 230-4). Lampersberg retirou a queixa no início de 1985.

57. *Die Presse*, Viena, 9 nov. 1984. Carta publicada com o título "Bernhard proíbe distribuição de seus livros na Áustria" e precedida da seguinte nota:

Numa declaração enviada a *Die Presse* na quinta-feira, o escritor austríaco Thomas Bernhard informou ter instruído seu editor Siegfried Unseld, da editora Suhrkamp de Frankfurt, a, de agora em diante, não mais distribuir seus livros na Áustria. A declaração, contendo o título "Proibição", relaciona-se à apreensão na Áustria da obra mais recente do autor, *Derrubar árvores*, e diz o seguinte:

58. *Frankfurter Allgemeine Zeitung*, 15 nov. 1984. A redação do jornal acrescentou: "O dr. Hans Haider é editor de cultura do diário vienense *Die Presse*".

59. Publicado em tradução francesa em *Le Monde*, Paris, 2 fev. 1985. Primeira publicação em língua alemã, com tradução

de Monika Natter (nota preliminar) e Isabelle Pignal, *Von einer Katastrophe in die andere*, Sepp Dreissinger (org.), Weitra, 1992, pp. 119-23.
60. *Die Presse*, Viena, 13 set. 1985. A redação do jornal acrescentou ao texto, intitulado "Bernhard: um problema", a seguinte observação:

> Existem pessoas que se levantam e se curvam em direção a Salzburgo — ou a Freilassing — quando ouvem seu nome, aquele do, assim creem elas, único dramaturgo austríaco contemporâneo de primeira categoria. Outras caracterizam-no como um autor amplamente superestimado e capaz de cuspir no prato em que comeu. Seja como for, Thomas Bernhard é um problema. Até onde pode ir a crítica à Áustria? Até onde vão as fronteiras da tolerância (ou do bom gosto)? *Sit venia verbo*, poderíamos dizer: as leis que vigem para os artistas são outras, em geral feitas por eles próprios. Para *Die Presse*, no entanto, o acesso de fúria verbalizado por Bernhard contra o ministro das Finanças Vranitzky é uma peça de época, ainda que nem um pouco divertida. É antes uma provocação, mas que nós entendemos fornecer matéria para debate. As interpretações podem ir até as raias do autodesmascaramento, mas, enquanto documento de como — e quanto — um escritor pode odiar, até mesmo seu país, a réplica de Thomas Bernhard é bastante interessante.
>
> t.c. [Thomas Chorherr]

No início de sua exposição, Thomas Bernhard refere-se ao cabaretista austríaco Werner Schneyder, que, num programa de televisão, havia falado na concessão de subvenções públicas para a montagem de peças de Bernhard. No dia seguinte, 11 de setembro de 1985, por ocasião da abertura da Feira de Outono de Viena, Franz Vranitzky, o ministro das Finanças, fez referência à première de *Der Theatermacher* em Salzburgo e criticou o fato de, na Áustria, ser possível a alguém, "num renomado evento cultural austríaco e apropriando-se de uns bons xelins pagos pelo contribuinte, libertar-se das próprias inibições por meio da escrita".

61. *Die Presse*, Viena, 25 set. 1985. Logo abaixo do título, a redação acrescentou a seguinte observação:

> Novo ataque do escritor
> Thomas Bernhard encaminhou a *Die Presse* a seguinte "resposta", como réplica às manifestações do ministro da Educação, Moritz, sobre a obra *Mestres antigos* e sobre a pessoa de seu autor.

Em resposta ao artigo de Thomas Bernhard "Vranitzky. Uma réplica" (ver texto nº 60, p. 238), Herbert Moritz, ministro austríaco da Educação, da Arte e do Desporto de 1984 a 1987 e membro do SPÖ, havia declarado à ORF, em 20 de setembro de 1985, que o autor tornava-se cada vez mais objeto de interesse da ciência e que, com isso, não se referia aos estudos literários. Também Werner Schneyder voltou a se manifestar.

62. Öi, mar. 1986. Em papel, "Lesezirkel" (Suplemento do *Wiener Zeitung*), nº 20, set. 1986 (tema do caderno: "Literatura jovem na Áustria"), p. 25.

63. Publicação póstuma: Gerhard Ruiss, Johannes Vyoral, *Der Zeit ihre Kunst. Der Kunst ihre Freiheit. Der Freiheit ihre Grenzen? Zensurversuche und -modelle der Gegenwart*, Viena, 1990, p. 142.

64. Posicionamento enviado por escrito ao programa televisivo *Zeit im Bild* (ORF), em 4 de abril de 1986. Em livro, Ruiss, Vyoral, loc. cit.

65. Publicado em tradução francesa em: *Cahiers l'Envers du miroir*, nº 1: *Thomas Bernhard*, Hervé Lenormand e Werner

Wögerbauer (orgs.), Saint-Nazaire, 1987. Em alemão, *Kultur & Gespenster*, nº 2, outono 2006, pp. 178-88. Wögerbauer escreveu a seguinte introdução à entrevista:

Viena, Café Bräunerhof, 15 de julho de 1986, começo da manhã. Thomas Bernhard combinara comigo um horário não muito definido para a entrevista. No momento, estava pintando sua casa em Viena, de branco, "naturalmente". Como não suportava a presença dos pintores ali, fugiria logo de manhã cedo para o café. Quando cheguei ao Bräunerhof, ele já estava instalado perto da entrada, onde o ar, disse-me, era melhor. Diante dele erguiam-se pilhas de jornais, por cujas páginas passava rapidamente os olhos, quase rasgando-as ao folheá-las. Uma entrevista? Estava de acordo, hoje estava disposto a concedê-la. Mas curta e direta.

66. Publicação póstuma: *Die Zeit*, Hamburgo, 24 fev. 1989.

67. *Süddeutsche Zeitung*, 17-18 jan. 1987. A entrevista foi precedida do seguinte texto:

Quem tenta se aproximar de Thomas Bernhard valendo-se de material de arquivo põe-se numa situação complicada. Em vez de defrontá-lo como leitor de suas obras, leva um sem-número de Thomas Bernhards em sua mala de viagem rumo a Viena: o "grande solitário ranzinza", o "trágico alegre", o "humorista macabro", o "rebelde sofredor" (Marcel Reich-Ranicki), o "misantropo atestado pelo Estado" (Ulrich Weinzierl), o "virtuose do desespero e maneirista do mau humor" (Eberhard Falcke), o "comediante apaixonado pela escuridão" (Franz Josef Görtz) ou "o triturador misantropo de palavras" (Sigrid Löffler).
A leitura dos críticos de sua volumosa obra em prosa e de suas peças tantas vezes encenadas alterna o doce com

o amargo. E então, sentados diante de colunas espelhadas num hotel da Kärntner Strasse, ficamos à espera do escritor. Talvez ele já nos tenha visto no espelho e achado a visão tão repugnante como a de Caecilia e Amalia em seu romance mais recente, *Extinção*. E, por isso, talvez já tenha ido embora faz tempo. Mas, de repente, ali está ele, e seu sorriso aberto extingue todos os retratos lidos a seu respeito. Queremos saber dele próprio: quem é Thomas Bernhard?

68. *Süddeutsche Zeitung*, Munique, 3 mar. 1987.

69. *Die Presse*, Viena, 6 ago. 1987.

70. *Basta*, Viena, n⁰ 10, 30 set. 1987, p. 216. Sob o título "No inferno de Viena", a revista fala da peça *Elisabeth II* que Claus Peymann se propunha a encenar pela primeira vez no Burgtheater. Sobre a carta de Thomas Bernhard, diz:

Do entorno de Thomas Bernhard, chegou até nós para publicação uma daquelas raras cartas que o mestre da polêmica muito de vez em nunca deseja passar adiante pela via de algum veículo público de seu agrado. O destinatário é Alois Mock, cujo Ministério das Relações Exteriores deu a uma carta endereçada a Bernhard da cidade do Rio de Janeiro o inconfundível tratamento austríaco: negligente, ignorante e desrespeitoso. Um verdadeiro retrato dos costumes alpinos.

71. *Die Zeit*, Hamburgo, 11 mar. 1988.

72. *Salzkammergut-Zeitung*, Gmunden, 12 jan. 1989. Título dado pela redação do jornal.

Sobre esta coletânea

Os textos "públicos" de Thomas Bernhard aqui reunidos saíram originalmente em jornais, revistas e coletâneas diversas, em parte de difícil acesso. No contato com os meios de comunicação, Bernhard serviu-se de uma variedade de gêneros literários e formatos jornalísticos, desde discursos solenes pronunciados em caráter oficial até cartas espontâneas de leitor denunciando injúrias, da polêmica contribuição a um caderno de cultura até a entrevista em que fala despreocupada e livremente, do panegírico incondicional enriquecido de memórias pessoais à carta aberta ácida e sem concessões. A ordem cronológica dos textos permite acompanhar uma continuidade que se estende por mais de três décadas e meia, inclusive em seu trato com a língua alemã.

Cada manifestação é publicada aqui em forma idêntica à de sua publicação original. Onde necessário, notas editoriais foram acrescentadas entre colchetes. Títulos, subtítulos, observações preliminares e comentários encontram-se no anexo.

Neste, informa-se o contexto de cada publicação. Além de local e data da publicação original, apresentam-se aí a história de cada texto e as reações dos diretamente atingidos. Por razões de espaço, tivemos de renunciar à tentativa de reproduzir aqui, ainda que apenas em linhas gerais, a ressonância que cada escrito alcançou na mídia. A edição comentada em detalhes ficou, assim, restrita ao volume 33 da edição completa das obras de Thomas Bernhard (Suhrkamp).

339

Ortografia e pontuação seguem as das publicações originais. Erros de grafia, sintaxe e pontuação ambígua foram corrigidos. Agradecemos em especial a Theresia Klugsberger, Heidrun Isabella Stiftner, Astrid Wallner, Eckart Früh, Wieland Schmied e Thomas Wiedenholzer.

Os organizadores
(Wolfram Bayer, Raimund Fellinger e Martin Huber)

≡ Bundesministerium
Kunst, Kultur,
öffentlicher Dienst und Sport

Publicação apoiada pelo Ministério Federal da Arte,
Cultura, Serviço Público e Esporte da Áustria

Der Wahrheit auf der Spur: Reden, Leserbriefe, Interviews,
Feuilletons © Insel Verlag Frankfurt am Main, 1967
Todos os direitos reservados e controlados por Insel Verlag Berlin.

Todos os direitos desta edição reservados à Todavia.

Grafia atualizada segundo o Acordo Ortográfico da Língua
Portuguesa de 1990, que entrou em vigor no Brasil em 2009.

As citações de textos da obra *Meus prêmios*, de Thomas Bernhard,
foram gentilmente cedidas pela editora Companhia das Letras.

capa
Bloco Gráfico
foto de capa
Akg-images/ Brigitte Hellgoth
preparação
Márcia Copola
revisão
Jane Pessoa
Paula Queiroz

Dados Internacionais de Catalogação na Publicação (CIP)

Bernhard, Thomas (1931-1989)
Na pista da verdade : discursos, cartas, entrevistas e
artigos / Thomas Bernhard ; Tradução Sergio Tellaroli ;
organização Wolfram Bayer, Raimund Fellinger e Martin
Huber — 1. ed. — São Paulo : Todavia, 2025.

Título original: Der Wahrheit auf der Spur
ISBN 978-65-5692-561-5

1. Literatura austríaca. 2. Ensaios. 3. Artigo.
I. Tellaroli, Sergio. II. Título.

CDD 834

Índice para catálogo sistemático:
1. Literatura austríaca : Ensaios 834

Bruna Heller — Bibliotecária — CRB 10/2348

todavia
Rua Luís Anhaia, 44
05433.020 São Paulo SP
T. 55 11. 3094 0500
www.todavialivros.com.br

fonte
Register*
papel
Munken print cream
80 g/m²
impressão
Geográfica

Todos os direitos reservados e controlados por Insel Verlag Berlin.

Todos os direitos desta edição reservados à Todavia.

Grafia atualizada segundo o Acordo Ortográfico da Língua
Portuguesa de 1990, que entrou em vigor no Brasil em 2009.

As citações de textos da obra *Meus prêmios*, de Thomas Bernhard,
foram gentilmente cedidas pela editora Companhia das Letras.

capa
Bloco Gráfico
foto de capa
Akg-images/ Brigitte Hellgoth
preparação
Márcia Copola
revisão
Jane Pessoa
Paula Queiroz

Dados Internacionais de Catalogação na Publicação (CIP)

Bernhard, Thomas (1931-1989)
    Na pista da verdade : discursos, cartas, entrevistas e
artigos / Thomas Bernhard ; Tradução Sergio Tellaroli ;
organização Wolfram Bayer, Raimund Fellinger e Martin
Huber — 1. ed. — São Paulo : Todavia, 2025.

Título original: Der Wahrheit auf der Spur
ISBN 978-65-5692-561-5

1. Literatura austríaca. 2. Ensaios. 3. Artigo.
I. Tellaroli, Sergio. II. Título.

CDD 834

Índice para catálogo sistemático:
1. Literatura austríaca : Ensaios 834

Bruna Heller — Bibliotecária — CRB 10/2348

todavia
Rua Luís Anhaia, 44
05433.020 São Paulo SP
T. 55 11. 3094 0500
www.todavialivros.com.br

Der Wahrheit auf der Spur: Reden, Leserbriefe, Interviews, Feuilletons © Insel Verlag Frankfurt am Main, 1967

fonte
Register*
papel
Munken print cream
80 g/m²
impressão
Geográfica